Agent Garbo:The Brilliant, Eccentric Secret Agent Who Tricked Hitler and Saved D-Day
Copyright © 2012 by Stephan Talty
Original English edition published by Houghton Mifflin Harcourt, New York.

Simplified Chinese Translation Copyright © 2015 by XIYUAN PUBLISHING HOUSE.
This Simplified Chinese language edition published in agreement with Waxman Literary Agency, through The Grayhawk Agency.
All rights reserved.

代号 AGENT GARBO "嘉宝"

The Brilliant, Eccentric Secret Agent Who Tricked Hitler and Saved D-Day

Stephan Talty

[美] 史蒂芬·塔尔蒂 著
陈怡玲 译

西苑出版社
XIYUAN PUBLISHING HOUSE

图书在版编目（CIP）数据

代号"嘉宝"/（美）塔尔蒂（Talty, S.）著；陈怡玲译 .— 北京：西苑出版社，2015.7

书名原文：Agent Garbo: The Brilliant, Eccentric Secret Agent Who Tricked Hitler and Saved D-Day

ISBN 978-7-5151-0436-2

Ⅰ.①代… Ⅱ.①塔… ②陈… Ⅲ.①加西亚—传记 Ⅳ.① K835.518.9

中国版本图书馆 CIP 数据核字（2014）第 117158 号

代号"嘉宝"

著　　者	［美］史蒂芬·塔尔蒂
译　　者	陈怡玲
责任编辑	李　涛
出版发行	西苑出版社
通讯地址	北京市朝阳区利泽东二路3号
邮政编码	100102
电　　话	010-57280420
传　　真	010-88637120
网　　址	www.xiyuanpublishinghouse.com
印　　刷	北京金瀑印刷有限责任公司
经　　销	全国新华书店
开　　本	710毫米×1000毫米　1/16
字　　数	300千字
印　　张	17
版　　次	2015年7月第1版
印　　次	2015年7月第1次印刷
书　　号	ISBN 978-7-5151-0436-2
定　　价	39.80元

（凡西苑出版社图书如有缺漏页、残破等质量问题，本社邮购部负责调换）

版权所有　翻印必究

谨献良师益友阿尔菲·怀特（Alfie Wright）

▲ 婴儿时期的胡安·普吉,与母亲、哥哥华金和姐姐博纳文图拉(©塔玛拉·克莱斯勒)

▲ 狂欢节上,幼年幻想家普吉身着小丑服装(©塔玛拉·克莱斯勒)

▲ 青年普吉(右上)与家人和朋友的合影(©塔玛拉·克莱斯勒)

▲ 普吉（正中）与哥哥华金（左二）共度轻松一刻（©塔玛拉·克莱斯勒）

▲ 普吉与朋友（左一）和哥哥华金的合影（©塔玛拉·克莱斯勒）

▲ 性感迷人、胸怀抱负而又性情多变的婀瑞思利
 （©玛丽亚·克莱斯勒）

▲ 西班牙数年萧条内战前，英姿飒爽、满怀自信的普吉
 （©塔玛拉·克莱斯勒）

▲ 阿勃维尔发给"嘉宝"的一封政治问卷的破译稿
（© 英国国家档案馆）

▲ 身着西班牙共和军中尉制服的普吉
（© 塔玛拉·克莱斯勒）

▲ 二战时期举世无双的陆军上校大卫·斯特兰奇韦斯
（© 加米特·西格尔）

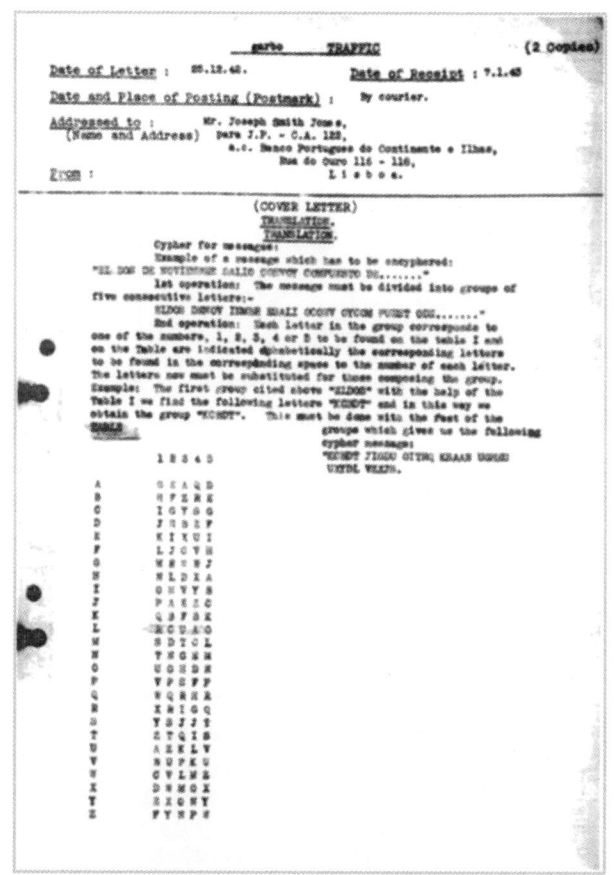

▲ 一封带密码表的阿勃维尔电报（© 英国国家档案馆）

▲ 昔日满怀抱负的艺术家兼艺术商汤米·哈里斯
（© 何塞·安东尼奥·布赛斯及其妻子）

▲ 青年汤米·哈里斯身着西班牙服饰的自画像
（© 何塞·安东尼奥·布赛斯及其妻子）

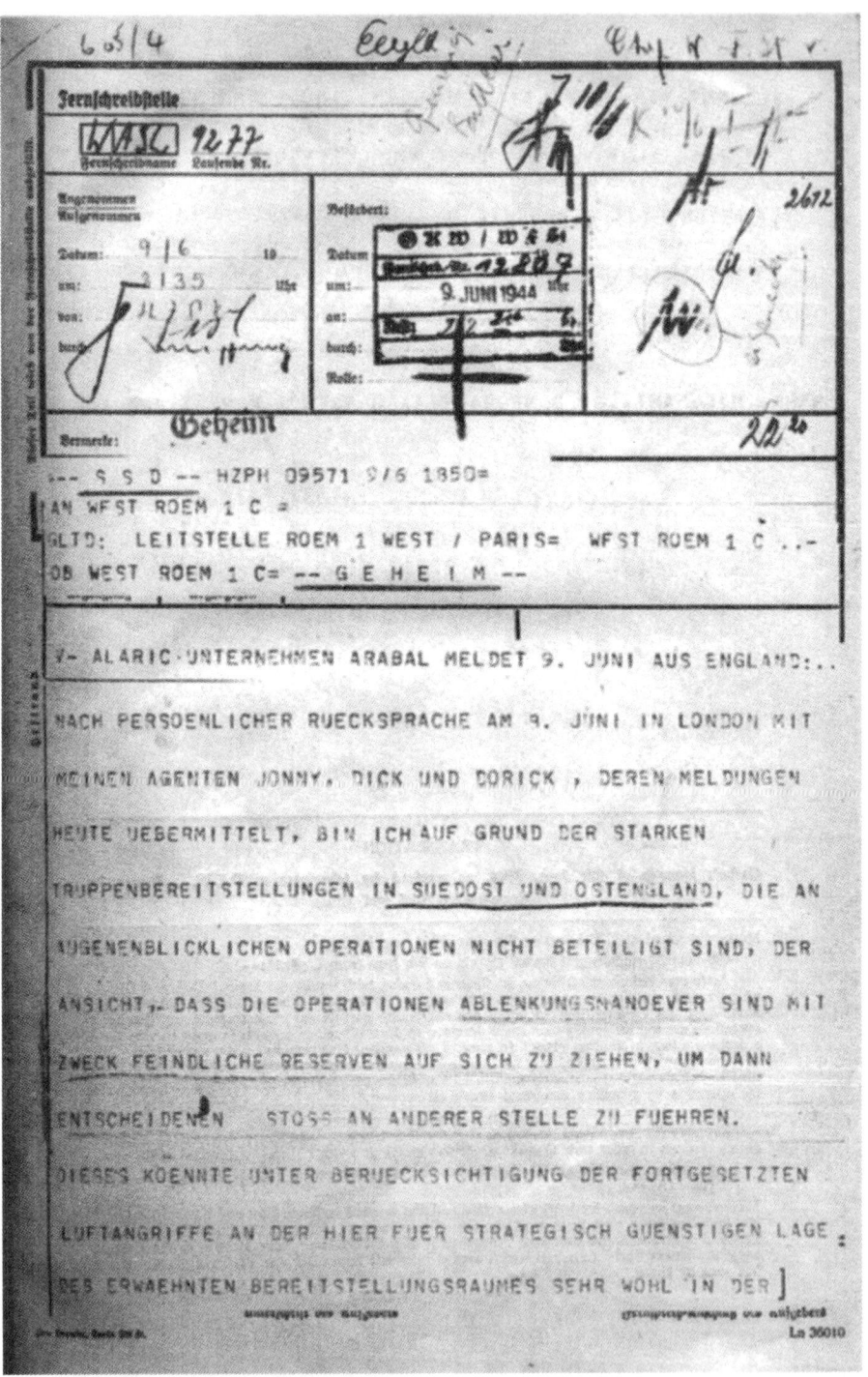

▲ 1944年6月9日,普吉发出的称6月6日诺曼底登陆行动纯属佯攻的著名电文。德方给他的秘密代号为"阿拉里克"(Alaric),在左上方清晰可见(© Heritage Image Partnership)

▲ 二战后隐居委内瑞拉的普吉
（©塔玛拉·克莱斯勒）

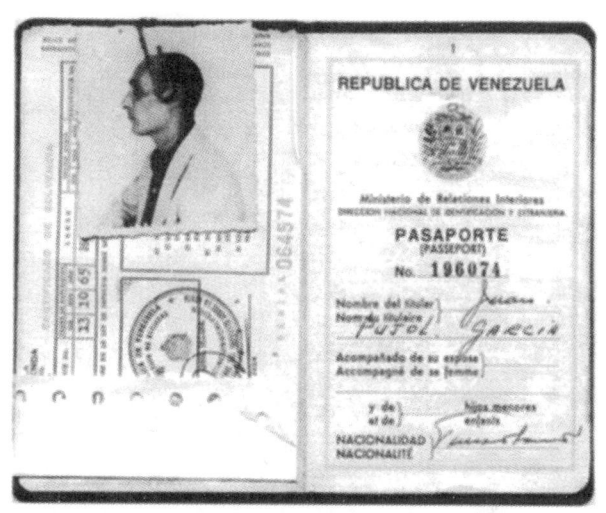

▲ 前间谍（普吉）的委内瑞拉护照（©塔玛拉·克莱斯勒）

▲ 普吉与妻子卡门·西莉亚、女儿玛丽亚·艾琳娜、儿子卡洛斯在委内瑞拉的合影
（©塔玛拉·克莱斯勒）

▲ 1984年，在庆祝诺曼底登陆胜利40周年庆典上，参与过该行动的老兵簇拥着普吉（©塔玛拉·克莱斯勒）

▲ 以"嘉宝"身份为人熟知的普吉（左），在观看诺曼底死难者纪念碑（©塔玛拉·克莱斯勒）

目 录

CONTENTS

人物介绍 / i
前　言 / v

第一章　间谍形成 / 1

一、巴塞罗那的"汤姆·米克斯" / 3

二、沙场练兵 / 10

三、婀瑞思利 / 20

四、白色之城 / 32

五、间谍游戏 / 40

六、龙潭蛇窖 / 52

第二章　"嘉宝"崛起 / 61

一、初生牛犊 / 63

二、间谍系统 / 78

三、初露锋芒 / 87

四、帝国保安部和阿勃维尔 / 94

五、游戏预演 / 104

第三章　远洋战线 / 115

一、帽徽行动 / 117

二、亲情欺骗 / 125

三、制胜一击 / 133

四、搅局者 / 143

五、幽灵部队 / 156

六、登陆日前夕 / 163

七、集结号 / 174

八、囚徒 / 184

九、决战时刻 / 193

十、大杀器 / 208

第四章　功成身退 / 217

一、生前与身后 / 219

二、"嘉宝"归来 / 225

附录一　情报机构 / 237

附录二　"嘉宝"间谍网 / 239

致　　谢 / 241

参考文献 / 243

人物介绍

CAST OF CHARACTERS

轴心国（The Axis）主要人物

阿尔弗雷德·约德尔（Alfred Jodl）：纳粹德国高级指挥部参谋长，负责执行希特勒的战略指令。纽伦堡审判后以战争罪被处决。

弗里德里希·纳佩–瑞迪（Friedrich Knappe-Ratey）：代号"费德里科"（Federico）。纳粹德国反间谍机关间谍，负责审查胡安·普吉，也是其在马德里站的两个主要联络人之一。

卡尔–埃里希·库伦塔尔（Karl-Erich Kühlenthal）：纳粹德国反间谍机关马德里站副指挥官。"嘉宝"的直接操控者。

亚历克西斯·巴伦·冯·罗恩尼（Alexis Baron von Roenne）：纳粹德国首席情报官员，负责西线外国军队情报。

埃尔温·隆美尔（Erwin Rommel）：绰号"沙漠之狐"（the Desert Fox）。纳粹德国陆军元帅，领导位于中东的德意志非洲军团，并率领B集团军在纳粹占领的法国领土组织防御。

格特·冯·伦德施泰特（Gerd von Rundstedt）：普鲁士贵族。纳粹德国陆军元帅，统帅西线军队。

盟军（The Allies）主要人物

约翰尼·贝文（Johnny Bevan）：曾为股票经纪人，伦敦监督处负责人，诱骗密谋的主导者。

德斯蒙德·布里斯托（Desmond Bristow）：军情六处伊比利亚分部

代号"嘉宝"
Agent Garbo: The Brilliant, Eccentric Secret Agent Who Tricked Hitler and Saved D-Day

的间谍,伦敦地区向胡安·普吉盘问情报工作的第一人。

布鲁特斯(Brutus):本名罗曼·加比-切尔尼亚夫斯基(Roman Garby-Czerniawski)。原波兰空军上尉,二战时期为效力于盟军的双面间谍,是坚忍行动中在英国南部建立虚假作战序列的关键间谍。

达德利·克拉克(Dudley Clarke):英国陆军准将,突击队A军团的创建者,盟军诱骗军队采用的多数理论和实践均由他开创。

汤米·哈里斯(Tommy Harris):军情五处官员,是"嘉宝行动"中普吉的密切战友。

爱德华·克莱斯勒(Edward Kreisler):有政治背景的美国企业家兼画廊老板,是婀瑞思利·普吉的第二任丈夫。

盖伊·里德尔(Guy Liddell):军情五处的反间谍活动头目。

约翰·塞西尔·麦斯特曼(J. C. Masterman):牛津大学导师,XX委员会(又称"双十委员会")主席。

西里尔·米尔斯(Cyril Mills):军情五处官员,第一个被指派给普吉的人员,后被汤米·哈里斯所取代。

金·菲尔比(Kim Philby):军情六处官员,伊比利亚地区头目,后被揭露曾为苏联国家安全委员会间谍。

婀瑞思利·普吉(Araceli Pujol):胡安·普吉之妻及其早期同谋者。

胡安·普吉(Juan Pujol):西班牙籍双面间谍,为军情五处效力期间代号"嘉宝"(Garbo)。

基恩·瑞索-吉尔(Gene Risso-Gill):军情六处驻里斯本官员,1941年成为第一个审问普吉的官员。

塔尔·罗伯逊(T. A."Tar"Robertson):军情五处双面间谍组情报官员,掌控所有在英双面间谍。

陆军中校罗宾·斯蒂芬斯(Robin Stephens):伦敦南部020营地——轴心国间谍疑犯审讯中心头目。

大卫·斯特兰奇韦斯(David Strangeways):英国陆军上校,二战期间R军团首领。他改写了坚忍行动的全盘计划,是坚忍行动中许多环节的执行者。

泰特（Tate）：本名沃尔夫·施密特（Wulf Schmidt）。军情五处双面间谍，在被遣往020营地途中，跳伞着陆英国，随后加入盟军成为其间谍。

奈杰尔·韦斯特（Nigel West）：英国作家，情报史学家。真名鲁伯特·阿拉森（Rupert Allason）。1984年，正是他重新找到了胡安·普吉。

前　言

INTRODUCTION

1944年隆冬，不列颠尚无降雪。面对即将开始的反攻欧洲行动，盟军最高指挥官德怀特·艾森豪威尔焦虑着该如何挽救身处炼狱的伦敦。时值1月，距诺曼底登陆日（D-Day）已不足半年。在艾森豪威尔看来，似乎这座城市的任何一名官员和要员都有资格冲进他忙乱的办公室，亲手揪住他的耳朵。络绎不绝的登门造访者滋扰了艾森豪威尔及其下属，繁忙的打字声、脚步声和各种人声组成的嗡鸣持续不断，充斥着格罗夫那广场20号的这间小屋。美国驻英大使约翰·怀南特的办公室的敲门声一刻未停。丘吉尔也束手无策。这天，艾森豪威尔低头看了眼任命书——行动中心的诺尔·维尔德即将上任。他脑海深处隐约浮现出一条指令：诱骗。

匿身暗处的间谍们奔走在欧洲大陆，誓言要玩弄希特勒于股掌，在硝烟中力挽狂澜。对于这样的诱骗行动，多数人一开始就心存怀疑。上将乔治·巴顿尽管不情愿，还是被安排到这场诱骗行动中，成为一支莫须有的名曰"美国第一集团军"的百万之师的首领。综合对艾森豪威尔的最初印象，加上对当下许多政治、军事领导行动的评价——"这该死的保密工作真令人烦不胜烦。"巴顿写道，"我怀疑这会把所有人都玩进去。"

艾森豪威尔原也心存疑虑，直到他亲眼见证了该计划在地中海地区的成效才有所改观。但1944年1月的时局仍有许多令他忧虑的地方：破坏者的行动，法国铁道现状，仅凭寥寥数艘登陆艇就扬言要在入侵爆发前阻止这场行动。因此，艾森豪威尔每天的时间和精力还是消耗在了这

代号"嘉宝"
Agent Garbo: The Brilliant, Eccentric Secret Agent Who Tricked Hitler and Saved D-Day

些迫在眉睫的现实问题而非间谍行动上。

艾森豪威尔,这位尽管谢顶却依旧英俊潇洒、神采奕奕的将军,面露自信地大步穿梭在司令总部,一如人们形容他的那样,"像一台活生生的发电机,精力充沛。饱含活力,谈笑风生。精于细节,记忆非凡。敢于设想,勇气过人。"他的下属钦慕他永不服输的乐观精神。然而,在他的内心深处,在给母亲的私人信件里,却充斥着即将发生的一切对他的精神折磨。每天,他能抽掉四包骆驼牌香烟,有记者随后形容他"体态佝偻……好像他肩章上的每一颗星都有如千钧"。

如果盟军可以拿下诺曼底海岸,艾森豪威尔其实也渴望加入战斗。法兰西对他而言是故地重游。艾森豪威尔曾在法国待过一年,对此连他的追随者都鲜为知晓。1928至1929年的法国适逢旖旎时节,彼时的艾森豪威尔身材消瘦,尚未完全谢顶。他与一个部队司机穿梭于波尔多和阿基坦区域,在乡间小路的草地边上享用野餐。他生涩的法语让当地农户听得气急败坏,直到他露出灿烂一笑才赢得人心。那年时值繁华的20世纪20年代末,是他一生中最美好的时光之一。这个职业军官在法国写了一本旅游指南,介绍了一战战场和美军墓地——美军烈士家属在这一简朴肃穆之地告慰亡灵。

这段任职时期看似愉快,但很快艾森豪威尔对法国的记忆便罩上了一层阴影:如果登陆行动未能告捷,新的美军墓地将在诺曼底滩头和灌木墙间遍地发芽,像当地的风信子一样随处可见。法国西部将成为整整一代美国士兵的墓园,而这些士兵恰恰是艾森豪威尔倚重到一有机会就赶去视察慰问的人。

反攻行动的数据令人胆寒。艾森豪威尔希望行动的首日就能有五个师顺利登陆。因为在法国和其他低地国家,等待他的是德军的五十六个师。其中最关键的应该是第十四军团——由比利时坦浩特的第一装甲部队到亚眠第二装甲部队再到法国蓬图瓦兹第一一六装甲师集结起来的军团。这些地方艾森豪威尔再熟悉不过了。有十支德国装甲部队"被视为集中控制的移动预备林,其作用在于将反攻的兵力打回海上,不让他们有时间安营扎寨"。盟军预计多数"预备林"会在盟军反攻后一周内被派往诺曼底桥头堡。而这一周无疑是至关重要的决定性时刻。

如果诺尔·维尔德和他的诱骗伎俩不能成功瞒过敌人，掩饰反攻的真实目的，那些德国师旅便会大举南下，试着在途中和诺曼底小镇上，将盟军反攻部队一举消灭。而如果诱骗行动成功，装甲部队则会留守在原地，等候莫须有的"登陆"。但是，如何成功实现这一切呢？谁能在柏林高官双目灼灼的注视下将史上最庞大的反攻部队伪装起来呢？

最后，陆军中校维尔德敲开了艾森豪威尔的门。他是一个"举止优雅的瘦矮个"，也是伊顿公学的老校友——尽管这点并没有特别打动艾森豪威尔。两人交谈了一会儿后，艾森豪威尔提出了一个小小的请求。"我只有一事相求，"他说，"请在行动的前两天帮忙牵制住德国第十五军团，让我免受其乱。"维尔德回以敬礼，退出了房间。

与维尔德的交谈只是艾森豪威尔当天众多会晤中的一次，他甚至可能转眼就忘了。但只要这位将军稍加细想，应该会明白，要在四十八小时的黄金时间内不受第十五军团的干扰，这个请求可不小呢。

同一天，大热门艾森豪威尔总部开外约两公里，一个其貌不扬，名叫胡安·普吉的人正乘坐地铁前往杰明街一家毫不起眼的办公室上班。尽管矮小瘦弱，普吉却表现得像一个没落的欧洲贵族，在战火中的伦敦，等待自身未知的结局。他两肩后倾，唇上天然的弧度带着一抹胜利的微笑。这个年轻的西班牙人脸带稚气，前额宽大，鼻梁突出，下巴结实。他五官中最具特色的便是那双眼睛——淡褐色的瞳孔微微泛着绿斑，不时眨眼的瞬间带有几分戏谑，令人难以洞穿。普吉每天往返于公司和在亨顿的家，家里有两个年幼的小孩和一个容貌不俗却郁郁寡欢的娇妻。

如果说艾森豪威尔是欧洲战场盟军的最高指挥官——战舰上的舵手、坦克上的枪手，甚至所有医务人员全都严格听从他的指挥，那么与之相对应，普吉则是一个虚拟世界的绝对君主。他是全盘诱骗计划的核心，意在蛊惑希特勒使其相信盟军将在法国加莱海岸发动进攻而非诺曼底。他的任务是牵制住第十五军团，将这个艾森豪威尔的心腹大患扼制在行动之外。只有中校维尔德等极少数人知道普吉的真实身份。行走在伦敦

代号"嘉宝"
Agent Garbo: The Brilliant, Eccentric Secret Agent Who Tricked Hitler and Saved D-Day

街头,他不被人知晓,也不受保护。这个杰出的间谍,三年前还只是一个失意的家禽农户,后来在马德里一间破旅馆做管理员,如今他却是盟军反情报局的中坚力量。丘吉尔是普吉冒险精神的热切追随者,约翰·埃德加·胡佛更是嚷嚷着希望有朝一日能与普吉会面。赐予普吉代号"嘉宝"的英国官员认为他实乃"世界最佳影帝"。

在蛊惑希特勒的进程中,嘉宝让自己置身于一个离奇万分的虚拟世界,里面的配角包括数个双面间谍、一个神秘的有着一半犹太血统的情报官员绰号"耶稣"(Jesus)、大量的辅助道具和经过特训的突击队员。他给自己捏造的团队加上了一个莫须有的27岁副代理人,还有一个宣传员,负责为嘉宝安插于多佛和爱丁堡执行间谍任务的密报地毯式地搜寻栖身之所。然而,普吉几乎还是成功地骗取了德国人的信任。德国反间谍情报机关相信了嘉宝及他描述的一切。他们坚信嘉宝是自己在英国的秘密武器,是一个给他们发送了多封无可估价的密报(其实是在军情五处帮助下精心设计的)、招募了多个颇具价值的线报(其实纯属虚构)的间谍大师和狂热的法西斯主义追随者,一定能为他们奉上盟军反攻行动的时间和地点。希特勒深信,如果能获知艾森豪威尔部队的登陆时间和地点,纳粹的胜利就万无一失了。

在艾森豪威尔看来,希特勒像一串难解的密码,几近疯魔:"权迷心窍的利己主义者,行事疯狂。"普吉应对军官的经验没有美国人那么丰富,但论及对付法西斯分子的经验他就技高一筹了。普吉与法西斯分子不仅有过正面接触,还与他们并肩战斗过。他曾耗费数月尝试走进希特勒的思想世界,揣摩这个德国领导人的意图,之后从六百公里外,将整个盟军部队和舰队隐匿在黑暗之中,使其逃过德国元首的双眼。普吉对希特勒的看法反映出天主教义对这个间谍童年时期的洗礼,也表现出他年少当兵时在西班牙内战中亲眼目睹极刑所留下的影响。"我只有一个念头,这个人(希特勒)是魔鬼,是可以将人性完全摧毁的魔鬼。"

1月里寒冷的一天,普吉从地铁站出来,沿着杰明街步行到公司大楼,上楼来到自己的办公室,见到年轻的女秘书——普吉的虚拟线人的记录人——英国人莎拉·毕晓普。随后,他和汤米·哈里斯打了个招呼,这个人称"耶稣"的军情五处情报官员抽的西班牙黑香烟味儿弥漫了整个房间。普吉知道,对于自己身为间谍的最终测验——诺曼底登陆日即将来临。尽管他表面看起来和艾森豪威尔一样气定神闲,内心实则日渐紧张不安。

在普吉一生的前三十二年,他所尝试的每一件事——读书、从商、投资电影、从军,几乎一事无成,甚至他的婚姻也破裂了。但在战争中的一个专业领域——尔虞我诈的间谍世界,这个年轻人却堪称专家,他自己也意识到了这一点。在经历数年煎熬和质疑后,普吉期待自己能够与第三帝国最优秀的头脑来一场智慧风暴较量。

"我想发动一场与希特勒之间的私人战斗,"他说,"我要和我的虚拟线人并肩战斗。"

普吉坐在办公桌前,或询问莎拉·毕晓普当晚的安排,或与汤米·哈里斯讨论附近马丁内斯餐厅的午餐——那可是他们最喜欢去的地方之一。但撇开与此二人的密切联系不说,两年多的伪装,制定的诡计密谋和对抗策略遍布欧洲大陆乃至全世界,高深莫测的哈里斯也对他隐瞒了两则来自他的间谍的秘密消息:代号"坚忍行动"(Operation Fortitude)的诱骗计划,其实困难重重,已经陷入困境;更令人不安的是,一个在里斯本的德国间谍最近表示他已经知道了嘉宝的一切,很快就会到盖世太保那告发他,即刻终结他的预谋和全盘计划。

毫不知情、蒙在鼓里的普吉开始给德国人写密信,写得天花乱坠、洋洋洒洒。

这个熟知秘密工作的间谍,他自身也有着不为人知的秘密。

第一章 间谍形成

PART I: THE MAKING OF A SPY

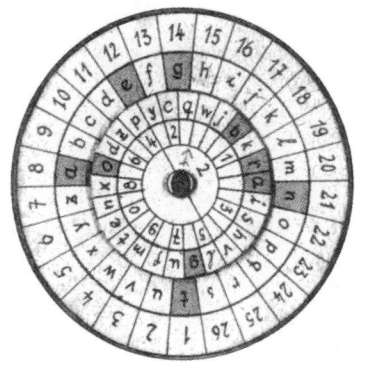

一、巴塞罗那的"汤姆·米克斯"

胡安·普吉（Juan Pujol）出生于战乱之始，尽管那时的人们并未察觉到战争的骚动。根据巴塞罗那国民户籍登记簿上的记载，该男婴全名胡安·米格尔·瓦伦丁·加西亚·吉哈罗（Juan Miguel Valentín García Guijarro），出生日期为1912年2月28日，而实际上他在两周前的情人节也就是2月14日就出世了。更麻烦的是，登记的名字里把他的父姓漏掉了。因此，在登记员笔下的这份表格里，普吉成了一个非法男婴。

这并不是一件奇闻异事。普吉的母亲梅赛德斯·加西亚·吉哈罗在安达卢西亚南部的格拉纳达附近长大，是一个容貌姣好、热情活泼的姑娘。他们一家人无比虔诚以至当地人都称他们为"有福者"。梅赛德斯8岁时随全家搬到了巴塞罗那。20岁出头、身材婀娜、精力充沛的她，便开始到胡安·普吉·佩纳的工厂上班。普吉·佩纳住在蒙塔纳街70号，位于加泰罗尼亚中产阶级聚集区的中心位置，是一个历史悠久、十分体面的地方。普吉·佩纳是一个颇有成就的染料商人，完全是白手起家、自力更生。他的染料工厂最出名的颜色就是"黑"，尤其是最深的墨黑色，在广为信奉天主教的巴塞罗那，这可是重要的色彩。

梅赛德斯刚到工厂上班时，普吉·佩纳的第一任妻子还健在，但在梅赛德斯工作没多久后便去世了。普吉·佩纳和梅赛德斯开始恋爱关系——两人的关系究竟建立在他的妻子生前或身后就不为人知了。22岁时，梅赛德斯产下大儿子华金，后产一女名为博纳文图拉，胡安次之。胡安遗传了母亲的那副"简直如出一辙的讽刺目光"，若干年后英国间谍德斯蒙德·布里斯托会领教到这一点。胡安的妹妹艾琳娜比他小两岁，

代号"嘉宝"
Agent Garbo: The Brilliant, Eccentric Secret Agent Who Tricked Hitler and Saved D-Day

在胡安父母正式结婚后出生了。

讽刺的目光和矮小的身材,这是普吉从母亲那遗传到的所有。他像极了自己身材消瘦、体态优雅的父亲,甚至连自由的世界观也是深受父亲遗传,同他母亲鲜明的天主教思想背道而驰。胡安4岁时,他的父亲才终于接受了他和他的两姐妹,承认他们的亲子关系。这对胡安来说是一件大喜事:1912年,在重视身份的巴塞罗那,作为私生子是一件严重的麻烦事。

然而,将普吉的童年搅得天翻地覆的闹剧大多出于内在原因。普吉成长在一个保姆、厨师、裁缝和司机团团转的家庭,从小乘着父亲锃亮的西班牙西扎(*Hispano-Suiza*,二战前最负盛名的世界汽车品牌,与法国布加迪和英国劳斯莱斯齐名——译者注)到海边度假。他的父母很快发现了他的一些特点,这些特点是他们性格里所没有的。普吉野蛮乖张,无法无天,在他的母亲眼里简直顽劣不教。"在我家里,'普吉'两个字时时响起,"他回忆道,"紧接着就是,'你又干了什么坏事?'"普吉的额头磕过墙,四肢的关节均有擦伤,撞到过楼梯扶手,最难忘的一次意外是他骑着三轮车径直撞穿落地窗,玻璃碎成了渣,把他盖了个严严实实。

神奇的是,普吉竟然毫发无伤地从玻璃碎渣中钻了出来。"我确信堂吉诃德在冒险中撞翻的风车都没有我那次惨烈。"他后来写道。但那天只是个例外,"我的整个童年都是封着创可贴过来的。"尽管兄弟姐妹们喜欢普吉,但还是会把自己的玩具藏起来不让他看到,因为他们坚信任何东西只要被他一碰就会支离破碎。

他的家人对他绝望了,尤其是梅赛德斯,她简直无法理解自己的儿子。威胁、惩罚甚至险些致命的损伤似乎都对灾难留下的疮疤起不了丝毫作用,这道伤疤甚至随着他年龄的增长日渐扩大加深。但这些在他家人看来纯属蓄意破坏的行为,在小普吉心目中却是一场精妙绝伦、华丽刺激的冒险,像是炽热而边界分明的色彩,如英雄轶事般伴随着他。在为执行任务东奔西走时,他俨然成了一个黑暗骑士,一个亡命之徒,一个剑胆英侠,一个冒险大王,或者说像是他最钟爱的榜样角色——好莱坞西部片影星汤姆·米克斯。他忠于这位巨星，就如同他的母亲忠于天主教弥撒。"那个牛仔做着形形色色妙不可言的事，我决心以他为效仿对象。"

普吉后来形容他孩童时期的幻想如同天外来客，引导着他的一举一动，就连自己都难以捉摸、无法控制。"那些狂热澎湃、如梦如幻的想法奔腾驰骋，激发了我的想象力。"任何萌生出来的念头，普吉都会将其付诸行动。大多数男孩一天到晚无时无刻也会编织着这样或那样的奇思妙想，但普吉却看似完全活在他的美梦里，全然忘记了现实世界。"我渴望成为好莱坞无声电影里受人爱戴的英雄。"但是那些剧中设备和道具却是别人所看不见的，那些疯狂的景象仅在普吉一人的眼中飞速上演着。在足球场上，他有着更为令人闻风丧胆的绰号——"高速弹头"（Bullet）。

普吉并非心地不善，相反，他其实有副热心肠——邻居小鬼头打架吃亏时，他总是挺身而出、拔刀相助。"我没有伤害过任何人，只是有些调皮过头罢了。"普吉的母亲试图将他拽出那个虚妄之境，努力把他塑造成品行良好、博其欢心的加泰罗尼亚上层社会的少年。形形色色的"小惩大诫"如雨点一般接踵落在普吉的小脑袋上，但几乎是雨过无痕、不痛不痒。一向和悦的父亲，也只能唏嘘叹惋。

7岁时，普吉被送到一所寄宿学校。该校由天主教教父创办，管理极为森严。"身强力壮、为人坦率"的哥哥华金被逼同往，照看这个"高速弹头"。用这个西班牙哥们的话说，弟弟打碎的碟子要由他来买单。

学校里的神父们绞尽脑汁、呕心沥血，但普吉仍旧我行我素、表现平平。他讨厌寄宿学校，迫切盼望每周日父亲如期乘列车而至，带着他和哥哥一同到海边漫步。在海边，父亲向他的儿子们讲述涉世跌宕之事，分享人生经验之谈。"是父亲教会我尊重他人个性，理解他人悲痛，同情他人遭遇。他仇视武装斗争和血腥革命，敌视暴君霸主和独裁专制……"

学校的学科教条如过眼云烟，海边的人生一课却刻骨铭心。

四年的寄宿生涯对普吉而言漫如长夜，不过，这期间他还真迷上了历史，对语言更是神魂颠倒。最终，他掌握了五门语言，分别是西班牙语、加泰罗尼亚语、法语、英语和葡萄牙语。

代号"嘉宝"

Agent Garbo: The Brilliant, Eccentric Secret Agent Who Tricked Hitler and Saved D-Day

比起年少气盛的小胡安，老胡安其实更令人提心吊胆。20 世纪 20 年代的巴塞罗那繁华气派，被誉为"无上之城"，拥有近一百万城市人口，重工业领跑世界尖端。巴塞罗那的棉纺织工业位列世界第二，仅次于势头强劲的利物浦。世界首辆列车就产于巴塞罗那一派繁荣的工厂。青年普吉很喜欢到火车站，看着火车"嘶嘶"冒着蒸汽，被拽离宏大的终点站。"我的思绪随着疾驰而去的火车扬长远行，伴随着汽笛悠扬的回响，抵达一个又一个遥远未知的驿站。"

其实，一个年轻男孩想要逃离巴塞罗那是有因可循的——这样一个危机四伏、一触即发的战乱险境确实不利于他的成长。在这里，左翼分子会将肥皂涂抹在教堂的石阶上，如此一来，受其憎恶的中产阶级天主教徒做完弥撒离开时就可能摔断脖子，而这在左翼分子看来不过是一场恶作剧。加泰罗尼亚首都似乎一直处在分崩离析的边缘，骚乱如潮，罢工频发，暴动猖狂，尸横道野。激进分子焚烧教堂、拆毁修道院，法西斯党羽绑架作恶、大肆屠杀。政变似乎成了这座城市的"主导工业"。"一天，一伙右翼集团在咖啡厅外闲坐时被机枪扫射，"普吉回忆道，"隔天就轮到左翼分子遭遇枪击。"无政府工团主义者与天主教工人交手，亲纳粹派与共和党人枪战，军事推崇者与反君主主义者炮轰。暗杀行刺犹如家常便饭，以致人们在街上发现政客或工会负责人的尸体时，只会稀松平常地说，"还以为他去散步了。"

作为"主导工业"者与进步分子，老胡安成了各个派系的众矢之的。"每天早晨上班前与我们道别时，父亲都像永别一般，悲痛难名，心如刀割。"暴力相向、话里藏刀的行径在巴塞罗那已如家常便饭，令这个一家之长深深鄙夷。作为一个坚定的人文主义者，他信奉科学、主张进步，最为典型的一点是宽容待物。（而梅赛德斯的同情心无疑是出自天主教传统主义者支持佛朗哥的责任。）终于，愈演愈烈的局势迫使胡安举家搬离城市中心，来到北部郊区的普特伊特。在这里他们一家接连更换了数套房子，最终定居在霍梅罗街的一栋豪宅里。

此时，普吉已茁壮成长、体格健壮，用他后来自夸的说法，"是一个年方十五、四肢强健、腮胡初挂的风华小伙"。这个迷人的翩翩公子喜欢舞蹈，爱好爬山，说起话来引经据典，哄起女孩来蜜语甜言。但是学校的课程在他看来竟是"冗长乏味，无聊透顶"，在同一个老师大打出手后，他回到家里并宣布退学。精明的老胡安同意了，但也提出了一个条件：请这个莽撞任性的少年外出工作。普吉一口答应，旋即离家来到一间远离举世闻名的兰布拉大道的大型硬件商店，说服了对方让自己留下当学徒。

普吉的职责就是扫扫地、跑跑腿、送包裹、打下手——在店员向客户展示完商品忘记归位时将东西摆回去。这是他真正意义上的第一份工作，漫长的工时和卑贱的工作不久就折磨得他疲惫不堪。应验了父亲的先见之明，普吉只坚持了几周便辞了店里的工作。很快地，他又奔向另一个极端——把自己关在家里的书房，一头扎进墙上一排排晦涩的哲学、文学著作里深入钻研起来。普吉寻求职业的热情就如同对待其他一切事物一样全力以赴——少年都是这般冲劲十足却又飘忽不定。

激情澎湃、鲁莽冲动的本性也把他推向了一桩桩狂热的风流韵事。"那时我一直崇拜浪漫，臣服于'女性'这种所谓的弱者。"当他遇到路易斯塔，一个热情活泼、热爱舞蹈的安达卢西亚女孩，他就想一路追到格拉纳达，并乞求父亲开着自家的西班牙西扎送他去。到了格拉纳达，普吉发现自己的心上人有一个嫉妒心极强的男友，于是就写了一首又一首情诗给路易斯塔，宣誓他对她至死不渝的爱恋，但女孩最终还是选择了那个"畜生"。普吉的父亲只好将坐在副驾驶座上伤心欲绝、哭哭啼啼的儿子载回了巴塞罗那。"我走后不出数月，路易斯塔就嫁给了那个可恶的混蛋。我变得一蹶不振，家里的厨师使出浑身解数，变换菜色，也无法哄我开心。"

到了普吉19岁，有一天，他突然感到下腹一阵刀割般的剧痛，疼得直不起腰来——突发阑尾炎的他，被立即送往医院，推进手术室。医生成功地替他割除了阑尾，但术后康复的第三天，他的切口感染了。这个高烧迷糊的年轻人满口胡言，徘徊在生死边缘。半梦半醒间，他似乎意识到父亲不分昼夜地守在身边，握着他的手，悲痛无言，泪流不断。这是年轻的普吉第一次见到父亲落泪。

代号"嘉宝"
Agent Garbo: The Brilliant, Eccentric Secret Agent Who Tricked Hitler and Saved D-Day

这场高烧似乎烧掉了普吉头脑里的某一部分东西。康复之后,他的人生又来了一个急转弯:不再幻想浪漫恋情,不再沉溺异国之旅,不再效仿亚里士多德。放手一切,他开始在皇家家禽养殖学院学习家禽管理。经过半年的课程培训,胡安·普吉成了一个合格的认证养鸡户。

这样的180度大转变显然是对家人的妥协,也是对现实的屈服。"我深感如果继续冥顽不灵、不思学习、辜负父望,我将不得善终。"他后来解释说。他开始与玛格丽塔交往——这是一个秀外慧中、形同其母的女孩:"为人谨慎、信奉宗教",谈性色变。路易斯塔型女孩对他的狂热吸引,连同汤姆·米克斯(Tom Mix)和堂吉诃德(Don Quixote)的奇幻冒险一起,搁置封存、再无声息。

1933年,普吉开始服义务兵役。不久,他就穿着量身定做的第七轻型火炮团制服在镇上四处行动,誓死效忠左翼共和党政府,抗击所有敌人。几个月后,普吉学会了正确的骑马方式和标准的敬礼姿势。这是他的人生被战争和死亡的黑暗所笼罩前的最后一道胜利之光。

普吉67岁的父亲在经过几次小中风后很快病倒在床。1934年的流感袭击了巴塞罗那,老胡安染病不起。在另一个房间里,普吉也身患流感、卧病在床。父子二人咫尺相隔,却同病相怜、面如火灼。到了1月24日,家里找来了医生。在医生给父亲做检查时,半梦半醒的普吉从自己房间里只听到母亲和姐妹的呢喃。尽管昏昏沉沉,普吉还是听到了医生说有打一针的必要。紧接着,大门被重重关上,佣人迈着急匆匆的步子奔向最近的药店。几分钟后,关门声再次传来,佣人带着药回来了。然后就是一片寂静。普吉想象着医生将注射器戳进药瓶,随后卷起父亲的袖子,握住他苍白的手臂,随即针头滑入静脉。而后,普吉听到了他永远无法忘记的一声惊呼。"所有人都在大喊大哭。我听到有人大叫,'怎么了?这是怎么回事?'我的母亲和姐妹们都在痛哭。我还听到医生说他不明白怎么会这样,这针打下去怎么会是这种效果。"最后,有人冲进普吉的房间告诉了他这个噩耗——他的父亲在医生推下注射器活塞的那一刻就辞世了。

迫于病重,普吉没能参加父亲的葬礼,悲痛欲绝。父亲是他最亲密的朋友，也是他心目中的铮铮硬汉。"他的魂归极乐留给我的是痛苦折磨和茫然惶惑，"他说，"我永远失去了我最爱的人。"更糟糕的是，父亲临走时知道自己的儿子深受病魔折磨。他也从家人那里听说，染料厂的工人们扛着父亲的棺材，泪流满面的场景；还有圣胡安德雷奥斯医院的孩子们参与游行，歌颂只为行善而默默替他们购买药品、添置床铺的胡安的情形。听到这些，一向任性的儿子失声大哭了，也领悟了一个残酷的事实：他没有达到父亲眼中的标准。

随着父亲的离世，普吉开始艰难地在越来越混沌不堪、暴力重生的巴塞罗那寻找栖身之所。也许是童年关于汤姆·米克斯的记忆被激发，他先是买下了一家电影院，而后转手出售掉换了家小一点的影院。结果两家都赔得不轻。后来，他又买下一家货运公司，但由于长期受累于华金的红墨水厂的影响，也关门大吉。再后来，经营的养鸡场，也以失败告终。在一次次希望被挫败后，普吉不仅一事无成，还花费了家里一大笔钱。"他是个糟糕透顶的商人。"普吉的长子评价道，而他自己则在后来成为了成功的企业家和画廊老板。普吉完全不是实用思想家，仅凭激情就全身心投入事情中，毫无系统规划和战略眼光。

后来，在24岁时，普吉接受了一个家禽农场的销售职位，农场距巴塞罗那以北不到20里。此外，他还和文静的玛格丽塔订了婚。他真的爱那个姑娘吗？"我不知道。她对我非常好，但跟她在一起我觉得很无趣。"若干年后，他流露肺腑。表面上看，普吉似乎调和了自己与这样的人生——隐匿在西班牙的一个小镇上，做着默默无闻的农业工作，过着平淡无奇的家庭生活。他欠自己家人太多，而他也需要养活自己。

随后，1936年7月17日，西班牙士兵在摩洛哥军营起义。西班牙内战就此打响了。

二、沙场练兵

7月18日，一个烈日炎炎、酷热难耐的星期天。普吉正计划与朋友们去离巴塞罗那30英里外的蒙塞尼山地一日游。但是没多久，电台就断断续续传来兵营叛变的新闻：佛朗哥将军正率领加那利群岛的军队参与平叛；全国各地的官员及男子也加入了政变，反共和政府的队伍不断壮大。随着巴塞罗那局势日渐紧张，普吉穿过空空荡荡的街道来到卡莱赫罗纳未婚妻的家中。在那里，他听到战事升级的消息和暴力事件的爆发：大教堂和政治总部起火；祭司被左派激进分子追捕并谋杀；反法西斯联盟发起大罢工；食品资源日渐稀缺，人们在街头互相厮杀。反法西斯联盟袭击了电信大楼和科隆饭店，而后大步流星地朝德格雷西亚大道的十字路口走去。那里还有一支工人民兵队等着反击他们，步枪源源不断落入了他们手中。

战局很快显出态势，巴塞罗那牢牢受控于共和党军队。作为一个骑兵军官，普吉被召回军队报到，履行军人职责。但他拒绝"在这种自相残杀的战斗中"拿起武器。他宁愿死掉也不愿杀害一个西班牙同胞。

在政治上，普吉不愧是他父亲的儿子。"我热爱自由，讲求宽容，提倡宗教自由。"他说。他憎恶野蛮疯狂、巧舌如簧的共产党和工团主义者以及他们所叫嚣的"无暴力不成大业……掌握手枪和机关枪与否是自由人与奴隶的区别标志"。佛朗哥和他的民族主义者一样处于极端的仇恨情绪中，但巴塞罗那是一个左派的城市，它的建筑上挂满了共产主义的旗帜和无政府主义的红黑剑条旗。"每家商店和咖啡馆都有明文标识划入集体化，"乔治·奥威尔写道，"甚至连擦鞋者也被集体化，他们的工具箱也被涂成红黑两色。"

普吉并未沾染半点共和党人对左派思想的痴迷。他见过残酷的屠杀，看着一具具尸体从教堂的废墟中被拉出。他的母亲和妹妹艾琳娜被共和党人以支持佛朗哥的罪名逮捕。直到家人成功联系到一个无政府主义者的朋友，二人才得以"从死神手中被夺回"，安然无恙地回到家中。普吉的哥哥华金也被押送到共和党面前。和他的弟弟一样，华金不信共和党那一套，因而很快被流放，越过赫罗纳省的崇山峻岭，忍饥挨饿，衣衫褴褛。普吉一家赖以其利的家族染料工厂也被工人们接管了——几年前，他们还肩抬着普吉父亲的棺材。普吉对这场使得无数家庭支离破碎的邪恶战争恨之入骨，他鄙视斗牛场内发生的大屠杀，仇视那些被称为"脱缰之马"的地下组织追杀法西斯和右派同龄人的行为。他亲眼目睹了一个饱含思想的无政府主义者所谓的"对野蛮残暴的胃口、对斩草除根的饥渴、对血腥杀戮的欲望在曾经老实本分的人身上不可思议的释放"。

巴塞罗那是普吉对战争的初体验之地，也是其参与间谍活动的始发地。在西班牙，间谍游戏成了身居僻远的绅士的消遣，并在小说中流传开来。它无孔不入，盲目野蛮。"恐怖的疑云开始聚集扩大，"奥威尔1936年来到巴塞罗那的时候这样写道，"大量民众染上间谍狂躁症，提心吊胆，四处潜行，窃窃私语，仿佛其他人都是共产主义的间谍，托洛茨基分子的间谍，无政府主义的间谍，或者诸如此类。"不论男女，都有可能仅仅因一条"托洛茨基分子变节行为"的罪名而被处以极刑。甚至像奥威尔记录的那样，有些人根本没有参与间谍活动也会莫名其妙地被误认为是间谍。普吉或许能从西班牙内战的间谍伎俩中摆脱出来，却无法摆脱这场战争所付出的代价。在巴塞罗那，人们背靠着筑起的高墙，因谣言的力量就会炮火相向。

由于不想为共和党效力，普吉以身为逃犯为契机躲在未婚妻的家里。他的未婚妻也是众多中立西班牙人中的一员，不偏靠任何一方。在那里居住数月后，他已无法离开那栋房子，终日将耳朵贴在收音机旁。房子外回响着不绝于耳的枪炮声，电视和广播里充斥着屠杀的报道。对他而言，

代号"嘉宝"
Agent Garbo: The Brilliant, Eccentric Secret Agent Who Tricked Hitler and Saved D-Day

说话声高过耳语或者朝窗外看一眼都是铤而走险,而每次门铃一响他就得躲起来。如果被捕,他的下场就会如同枪下的逃兵。

1936年圣诞节前夕,普吉在厨房用锤子敲榛子和核桃,碎壳飞得到处都是。他陶醉其中,全然忘了需要保持安静。他忘我地制造喧闹,以至于一开始都没听见有人在敲前门。一个告密者告发玛格丽塔一家在为已经逃离巴塞罗那的前佛朗哥一家窝藏贵重物品。警察从前门破门而入后,径直走向藏匿珠宝的地方——两个房间之间的过梁上。然后他们开始搜查房子的其他角落。当警察走进厨房找到普吉,他仍高举着锤子准备砸碎一颗核桃。他在枪口下被捕并被押出房子,连同他未婚妻的父亲和弟弟一起,被塞进了一辆等候的汽车里。

假如普吉他们是被血气旺盛的激进分子所组成的非正规武装发现,他们很可能会被"游街示众"而后就地处决。但运气站到了他们这边——这几个忧伤的人只是被带到了当地警所,这意味着他们还在较为温和的共和党人手中——普吉松了一口气。但随着他被指控为逃兵,这口气很快蒸发得无影无踪。"我目瞪口呆,惊恐万分,担心随时会搭上性命。"他回忆道。这个年轻的中尉被带到了警所的地牢,锁在黑暗阴冷的牢房里。

卫兵日复一日地送来饭菜,普吉只能在黑暗中坐着,听到的声音不是狱卒的就是狱友的。每天,牢房的门都会被打开,然后会有一个警官坐下来审问他。"我一直向他们保证我待在那个屋子里只是因为我与那家的大女儿订了婚,但他们还是继续冷酷无情地盘问我。"战争发展得愈发野蛮,交战双方都大肆屠杀,暴行滔天。对一个疑似民族主义支持者进行处决,几乎不会被察觉到。

在监狱里关了一星期后,一个寒冷如冰的午夜,普吉一下子惊醒了。牢房的门摇摇晃晃地打开了,一个他从未见过的男子站在昏暗的灯光下,低声告诉普吉起身跟他走。半梦半醒的普吉跌跌撞撞地跟在这个陌生人的后面。在那个男子的带领下,"犯人"普吉在黎明前的黑暗中穿过了一系列让人眼花缭乱的走廊和办公室。此时,普吉才恍然意识到这个人并不是警察,普吉不经意间成了越狱犯。每一次转弯,他都怕撞上与他们身着不同制服的共和党民兵。一个逃兵还可能苟且偷生,但一个越狱的逃兵则必死无疑。最后，这个陌生人率先到达并推开一扇小门，普吉感到一股凉气吹到了他的脸上。男子递给他一张纸条，右手指向布满星光的大道。

正是虔诚敬神、拘谨守礼的玛格丽塔——这个他甚至不确定是否爱过的未婚妻拯救了他的性命。她联系了一个名为名录布兰科（白色援助）的秘密天主教组织，该组织经营一条为逃亡者准备的佛朗哥分子地下铁道。但是现在身处巴塞罗那街道上的普吉是一个被追捕的逃犯，没有通过共和党检查点所需出示的身份证明。他看着那张纸条上的地址开始快步行走，时刻用警觉的目光观察身后的路障，提防不分昼夜站岗的哨兵。他童年那些目不暇接的梦幻场景近乎成真了。"我真的成了一个名副其实的罪犯。"

循着那个地址，普吉来到了哥特区，这是巴塞罗那艰苦肮脏的工人阶级社区。普吉找到纸条上写的那栋公寓大楼，爬上了楼梯，但不敢去开走廊的灯。他在黑暗中摸索着前进的路，摸了摸光滑的木门，轻轻地敲了几下。一阵脚步声过后，一个女人缓缓打开了门，没有说一句话，只是指了指屋内，示意让他进去。这是名录布兰科组织下的一间安全屋，屋主是一个的士司机、他的妻子和他们年仅 9 岁、明眸晶莹的儿子。普吉暂时安全了。

由于无法捎话给他的家人，普吉只能终日待在这个狭小的公寓里。由于食物在巴塞罗那变得越来越稀缺，他常常忍饥挨饿。当他需要和保护者说话时，他们就会把收音机音量调高来掩盖谈话的内容。除此之外，他生活在沉默之中。他用所学的数学和历史知识给那个小男孩补课——战争期间，巴塞罗那的学校都停课关门了。当然，他只敢在男孩的耳边窃窃低语，为其纠错。他可以瞥见窗外有无数父母排着队领取食物，可以感到炸弹砰然击中隔壁附近房子的爆炸力。普吉夜不能寐，寝食难安，丰富生动的想象力制造出一幕幕梦魇——一阵猝不及防的敲门声后，拘捕队和行刑队冲入屋内。

唯一缓解无聊的便是出乎意料的惊魂时刻。一天，那对出租车司机夫妇外出，普吉正与他们的儿子打发时间时，那阵骇人的敲门声终于传

代号"嘉宝"
Agent Garbo: The Brilliant, Eccentric Secret Agent Who Tricked Hitler and Saved D-Day

来了。"警察!"一个声音喊道。普吉默默指了指男孩的卧室,男孩领会地点了点头。等普吉躲起来后,他听到男孩打开大门跟警察报告说自己的母亲外出购物、父亲参加抗击法西斯的斗争去了。随后男孩邀请他们进来,一边带他们随意查看公寓,一边回答他们提的细节问题。当男孩来到床底藏有普吉的房间时,他猛地推开房门,按下灯的开关,用不耐烦的语气说,这不过是他睡觉的地方。警察看了看,便点点头走开了。

经过几个月这样朝不保夕的不安生活后,1937年的夏天,出租车司机带着他的家人搬到加泰罗尼亚西部莱里达的一个小镇上定居。普吉被单独留下了。他必须竭力不出半点声响,因为邻居们认为这个公寓已经人去楼空——没有收音机的声音,没有盘子的哐当作响,没有打发时间的歌声。从地板上走过时,他得把脚步声降到最低。公寓的窗户要时刻紧闭,即便在巴塞罗那炎热难耐的酷暑也是如此,所以普吉几乎被烤焦了。严冬来临时,他又冻得牙齿打颤、格格作响。他不能开灯,因为担心灯光会透过窗帘被街上的人察觉。普吉的双眼变得像夜行动物那般对亮光十分敏感。只有来自名录布兰科的一个女孩的秘密拜访能够打破他千篇一律的单调生活,也只有她臂弯上揽着的几袋食物能让普吉免于挨饿致死。她每三天过来一趟,但随着时间流逝,她到访的时间间隔越拉越长。

普吉生性活跃,热爱生活,但在这段时间里他却陷入了深度抑郁。他瘦了将近50磅,皮肤因长久缺乏日晒而变得苍白。"尽管我当时只有25岁,看起来却有40岁那般衰老。明白自己无法再撑多少时日时,我开始绝望了。"普吉请求那个志愿者给他办假身份证,好让他能够重新上街。隔了很长一段时间,女孩才带回一张伪造的身份证,以示他已超过参军年龄。这点其实不难办到:普吉的外表比实际年龄沧桑太多,看起来和伪造的岁数对得上。

这个"亡命之徒"终于出门踏上了巴塞罗那的街道。起初他竟没认出这是他的故都——建筑物烧得面目全非,市民们变得衣衫褴褛。每天从电台里传来的最新流血事件搅得他心烦意乱,于是他决定,是时候离开西班牙了。"多年的封闭生活和精神迫害重塑了我的人格,我的多数梦想被化为泡影、灰飞烟灭。历经无数小时的悲痛沮丧、物资匮乏、尔虞我诈……我变得精神叛逆，比以前更加顽固执拗、桀骜不驯。"为了企图逃过边境，他先是在东北部离法国不远的赫罗纳找了一份养鸡场管理工作。邻居反复念着共和党的最新口号时，他就跟着点头。他有着不为人知的和平主义者身份，不偏倚对峙的任何一方，在自己的国家他已经学会了如何成为某种意义上的双面间谍。空闲时间，普吉会远足爬山以练习应对严酷考验时的意志力，并把攀爬的里程仔细记录在一个小笔记本上。一开始他每天步行13英里，然后增加到20英里，直到有一天他回到赫罗纳才意识到自己已经徒步了40英里。那次他一路爬上普格马尔山顶，法国边境尽收眼底。慢慢地，他恢复了健康。

　　普吉的逃跑计划里有一个问题：边境警卫近期射杀了不少逃亡者。原本打算逃跑的普吉很快改变了主意。相反，他决定转投民族主义阵营，希望就此能"不受滋扰好好过自己的日子"。为此，他必须先加入共和党，接受培训通过考核获取委任状，才会被发配前方。只有到那时他才能奔赴前线。要开始这项计划，普吉甚至就得弄虚作假了。借用假名和伪造的身份证，他去了拉斯阿塔拉扎纳斯的兵营报名参军，共和党官员对他的无私深表欣慰。普吉假身份证上的年龄已经超过了服义务兵役的范畴，但仍义无反顾地站在这里，说明他是愿意为共和事业献身的热衷分子。

　　经过两周的基础训练，普吉被派往埃布罗河附近的蒙特布兰克。战争和民族主义军队就在几英里外。普吉自愿担任信号官并被派往前线，成为由海明威和奥威尔创建的著名的国际纵队分支下的一员。战争对欧洲和美国的吸引力已经逐渐褪去，然而，普吉发现自己身边的加泰罗尼亚同伴，经常潜伏在丘陵地貌所切割出的锯齿形战壕和炸弹砸出的坑洼里，隔着数百码枪击自己的兄弟姐妹或叔伯一辈，伤亡率过半。

　　虽然他声称自己在收发信号方面经验丰富，但是这个新兵中的新手并不懂得莫尔斯代码，也不会用旗语发信号。于是他不再负责传递信息，而是奉命铺设从后方指挥部到前线的电话电缆。在埃布罗河的北部堤岸，一架叛军轰炸机从普吉头顶呼啸而过并向共和党的码头投掷了炸药，幸运的是他躲开了。"炸弹在轰炸机下降时，'嘶嘶'作响，紧接着是震耳欲聋的爆炸声，空中布满数以百万的碎片残渣，巨大的水柱也随之喷

代号"嘉宝"
Agent Garbo: The Brilliant, Eccentric Secret Agent Who Tricked Hitler and Saved D-Day

涌而出。"

普吉在法塔雷拉锯齿山脉一斜坡分割而成的战壕里找到了藏身之处，听着民族主义军队喇叭里传来的喊话。他们戏弄着这些饿得半死的敌人，问他们是不是又啃起了扁豆。共和党人的伙食别无选择只有扁豆，最多可能挂着一丝猪油或带着一点肉末，因而逃兵四起。如果不幸被捉回，惩戒就是死路一条。一天，普吉眼睁睁看着同伍的理发师，因为试图偷偷溜到佛朗哥的战线而被抓，在军营前方被就地射杀。他的尸体被曝露在烈日下暴晒而腐烂发臭，作为对其他士兵的警告。尽管如此，普吉还是决定铤而走险，实行逃跑计划。

普吉漫步在前线，检查电话电缆有否破损或断点，同时密切注视着战壕之间的无人区。他看得到夕阳衬托下勾勒出的佛朗哥分子们的头盔。他听着电话线另一头的喋喋不休，试图在离共和党阵地最近的战壕把枪炮瞄准目标。终于，1938年新年伊始的晚上，他捡起两枚手榴弹然后横下心要在他"漫如长夜而险象环生的生活中做出最疯狂的举动"。另有两个衣衫褴褛、饥饿难耐的共和党人答应和他一起逃出去。

三人守候良机。

一天，天空万里无云，一轮满月高悬当空，皎洁的月光照亮了整片沙场。当晚7点左右，普吉三人蹲伏在各自的战壕里，互相看了眼，会意地点了点头。普吉最后一次调试了他的装备，其他两人的神经饱受折磨，已紧绷到了崩溃点。突然，他们跳出战壕往山下狂奔，并在前方簌簌洒下一堆石子，把普吉吓得魂飞魄散。一个哨兵见状大叫，普吉未出战壕便已暴露身份。然而，普吉早已做好死亡的准备要逃离这个他日渐憎恶的军队。于是他爬过沟壁掉落到了一个无人区。

在模糊的夜色中，普吉跌跌撞撞往山下跑着，途中听到一个巡逻兵在他身后追赶。他冲下山坡，趟过山脚的河流，然后朝一片松树林跑去，茂密的树木形成明亮月光下的一道掩护。然而，一钻进树林他就迷失了方向，又开始往山上跑，并未意识到他正沿着刚刚爬下来的那座小山原路返回。他已然慌不择路，直奔共和党的阵地而去，直奔必死无疑的结局而去。

第一章 间谍形成

子弹刺破夜空，从普吉身旁梭梭穿过。他连滚带跑，污泥如细小的喷泉般飞溅到他的羊毛裤上。他加快速度，大步流星，半跑半跌地落到了山底的一片芦苇地。这次他一下滚入芦苇丛中，消失在月色之下，而那个巡逻兵则崴断了脚跟。气喘吁吁的普吉试图屏住呼吸，追击的士兵们则用枪杆拨打着苇草，想把普吉揪出来，恼羞成怒地叫喊着，声音越来越近。"一共有六个追兵。我躺在那里，吓得浑身发抖，汗流浃背。"普吉后来写道。他开始祈祷，祈求圣母玛利亚把他隐藏起来。

普吉感觉到汗湿的手心里握着的手榴弹那种金属的冰冷触感。如果他拔掉引线把手榴弹扔到那群士兵中，他就得救了。但此时他倒在这片泥土中不正是因为他鄙视杀戮么？他不能这样做。紧张的一刻钟后，他冲上对面的山坡——这次跑对了方向——进了附近的一片树林，发现一个宽度仅足以隐藏一人的窄沟。他躺到那道沟里，用树叶和树枝把自己盖上。巡逻兵叫喊着走近这里，不一会儿就停了下来，抽起了烟，休息起来。透过树叶间的缝隙，普吉看到在天空衬托下那一副副面孔的轮廓。

佛朗哥分子们又开始了新一轮夜间戏谑，讥笑嘲讽声飘荡在茫茫的芦苇丛上空。"嘿！红军！他们今天又拿啥喂你们？"月亮前飘过一片雨云，在沙场上投下一抹阴影。普吉将他的两枚手榴弹放置在干燥的地面上，一边小心翼翼地伸下手去解靴子，一边仔细听着士兵的喊声是否有所变化，是否有任何已然察觉到他在骚动的线索。终于他脱掉了靴子，可以踮起脚尖悄然行动了。他蹲下身来，在芦苇丛中摸索出一条路，从另一端逃了出去。

往山上跑时，普吉光着脚牢牢踩着坡上松散的碎石，翻越过两座石墙，把民族主义军的喊声当作自己的指路灯塔。心跳如鼓间，一个声音突然响起，离他近得不可思议。"我们是和你一道的。"那个男人说道。普吉以为巡逻兵逮住他了，吓得几欲昏厥，好在这是一个逃亡共犯。他终于成功逃脱了。

刚抵达民族主义阵线后方的安全地带，大盘大盘的食物就端到了普吉和其他两个逃犯面前。他们狼吞虎咽，吃到胃疼了才停。接下来，铁面无情的审讯人员让他们历经长时间"没完没了"的讯问：共和党的藏

代号"嘉宝"
Agent Garbo: The Brilliant, Eccentric Secret Agent Who Tricked Hitler and Saved D-Day

身之处在哪？士气如何？紧接着，三人被送上一列供给车队回到萨拉戈萨，随后在巴斯克省被赶进狄乌斯托大学的集中营里。

为了自由，普吉甘冒生命危险。如今他和其他狱友一样套着肮脏的破布，看着虱子在营房里赛跑，对参赛者的投注与喝彩一样也不少。他睡在硬邦邦的木地板上，生活在警卫的监视下。不久，他就生病了，呕吐的他被送到营地的医务室。他的自由之梦，如同其他人一样共有的自由之梦，被无情粉碎，化为乌有。

普吉浑身仅剩一件贵重之物———一支精致漂亮、价格不菲的钢笔，它能唤起普吉小时候身为巴塞罗那上层阶级的记忆。他将这支钢笔卖给一个士兵，用所得收入买了一支廉价钢笔、一些信纸和几张邮票。普吉给每个认识的人写信，从家人、亲戚到远方熟人，所有从小开始有记忆的人。最终，一个善良的家族世交——老胡安赞助过的天主教教堂圣胡安·德·迪奥里的一个高级神职人员，出现在营地痛斥民族主义者，让普吉得以释放。而后，长期受苦的家人也赶来解救这个不幸的孩子。

普吉被带到帕伦西亚后就进了布尔格斯的一家医院，在那里被诊断患有急性支气管炎，住进了病房。现在他终于能享受些简单的乐趣，比如睡在一张干净整洁的床上，和同房的病友打牌，同时受到布尔格斯上层家庭姑娘的照料。其中一个名叫姵瑞思利的黑人美女护士引起了普吉的特别关注，后来在警官酒店他们偶然相遇了。酒店住着的另一个客人影响了普吉未来的人生。他就是金·菲尔比，英国《泰晤士报》（*The Times*）战地记者，苏联的一个间谍以及后来军情六处驻西班牙的头目。

1939年4月1日，南北战争结束，弗兰西斯科·佛朗哥将军接管了这个支离破碎、民怨四起、腐败混乱的国家。

普吉的个人状况和他的国家一样一团糟。"多年的躲躲藏藏和身心迫害使得我苦不堪言：我的梦想灰飞烟灭，人生除了心灰意冷与穷困潦倒外，一无所有。我讨厌当兵，渴望逃离部队，过上全新的生活。"尽管收到了军队的解雇书，他还是拒绝加入西班牙民族主义和工团主义集结阵队的进攻——该集结阵队也称为长枪党，以佛朗哥将军为首。这种做法虽然使普吉在未来的商场中和社会上顺风顺水，但现在他对法西斯分子与共和党人的藐视是不相上下的。

战争重塑了胡安·普吉，吞噬了他的青春，消耗了他的体魄，嘲弄了他的理想，使他万念俱灰，使他蒙羞受辱，使他日渐消磨，最终如幽灵般面色苍白。万贯家财不复有，恋恋故土成灰烬。大量掉发使他看起来比实际年龄大了许多，战争并没有带给他任何勋章或战功来开启什么辉煌事业。

不过，冲突的结局是有失必有得。走在马德里饱受肆虐、哀声遍布的街头，他无法再甘于做一个隐于远郊、默默无闻的鸡农。放下宏图大志，他学会了世人的那一套：幸存者的智慧几经磨炼已锋如利刃。他学会了如何讲述自己躲过枪决的过程，学会了如何使人信服他所说的一切。他不是自己曾经梦想成为的英雄，与他高尚的父亲更是相去千里。"我只是他的影子。"他后来写道。但比起几年前，他成了一个坚韧百倍的大丈夫。就好像他所幻想的一切，在强行压迫下被残忍地再加工成的人类约定俗成的运作模式。

更重要的是，普吉意识到保守求稳只会让他走投无路。为什么当世界被搅得天翻地覆时，他要继续养鸡呢？他又甘愿冒险了，如有所需，甚至甘冒万险。他还发现了一个人，一个和他一样热衷于冒险的人。

三、婀瑞思利

婀瑞思利·冈萨雷斯·卡瓦略（Araceli González Carballo）——普吉之前在警官酒店遇到的黑人尤物护士，是一个和普吉一样的梦想家。随着她的成长，母亲给她起了个绰号——"奇妙的安东尼塔"（Antoñita la Fantástica）。该绰号取自一个畅销童话系列的虚拟主人公——一个寻求历险、环游世界的马德里女孩。用一个读者的话说，"安东尼塔"是放浪形骸乃至暗含疯狂的代名词。

但不同于普吉的雄心勃勃，婀瑞思利迷恋的是美好事物，比如，华丽衣裳，社交魅力。"她的一些家人相信他们家族起源于阿方索十一世。"她后来写道，也证实她的一个祖母"属于卡瓦略侯爵家族"。在重视地位的西班牙，这些都是极其重要的注意事项。

普吉总是不幸地在无趣与浪漫的两极之间交替：像玛格丽塔这样虔诚的天主教女孩，为人谦卑，略显无趣，却定能取悦自己的母亲；还有一种女人，目光如炬，热情狂野，痴迷音乐，艳丽妩媚，就像那个嫁给了"令人憎恶的白痴"的路易斯塔。这也许正如普吉的职业选择——养鸡与哲学——分别代表对他的两种作用力：排斥和吸引。他既想讨好家人做个好儿子，也迫切渴望随遇而安，孤注一掷地寻求梦想。婀瑞思利就像来自绚丽似火的阵营。为了热烈追求她，普吉发誓：我愿意冒险赌人生。可怜的玛格丽塔，虽然曾不止一次救了他的命，却再无音讯。

普吉内心如烈火般熊熊燃烧，表面上却是一贯的安静沉稳，反而是婀瑞思利散发出引人注目的人格魅力。她一走进房间，就好像里面的灯都被点亮了。一头光泽亮丽的黑发，一双晶莹闪亮的明目，一张柔白如脂的脸颊，如此佳人教人无法忽视。几十年后，她的孙女仍会哭笑不得地说："她是我见过的最性感的女人，我的男友总会移情恋上她。"

婀瑞思利从小在西北部小城镇卢戈的加利西亚地区长大——卢戈是世界上现存的唯一仍被完好无损的罗马城墙包围的城镇，它与传闻中一样古老神秘、一样与世隔绝。所以当婀瑞思利声称"卢戈是那种人们会在出生的床上寿终的地方"时，她当真是在阐述事实。婀瑞思利和同等地位的女孩们没有接受能使她们有所建树的一流教育，而是被送到"女子学校"接受二流职业的培训，以期在就业单位找到一个体面的丈夫。婀瑞思利被引向护理专业。"这是让我们与文化脱节的最好方式，"她苦涩地写道，"我一直渴望能抒发己见，论道说理，参与论辩。"一切摩登时髦和令人雀跃的东西都是那么遥不可及："卢戈姑娘们聚集生活在一个空想世界。"

婀瑞思利逆来而不顺受。护理培训结束后，她跑到区中心布尔戈斯，志愿照料伤患。她自带一个巨大的木衣柜，是由镇上最好的木匠为她定制的，里面装满了她的裙子、鞋子和厚外套。这个衣橱成了移动的"卢戈"，吃力地拖着她到达一处处新住所，装满了除身后那座闭塞小镇外的所有快乐记忆。

婀瑞思利是一个绝顶聪明，敢于冒险，引人注目，但又有点虚荣的姑娘。"我身边所有的朋友都对我说，你应该远走高飞，看看大千世界，你太与众不同了，这里不适合你。"其实，朋友们说的是对的——单调乏味、发展落后的卢戈是留不住婀瑞思利的，但她的雄心抱负也需要有勇气作后盾。护理专业的同学兼好友卡西塔还记得第一天在卢戈的医院工作时，那里都是从前线送回来的民族主义军伤员。婀瑞思利和卡西塔被安排清理一间治疗室。和婀瑞思利一样在侍女簇拥的家庭环境中长大的卡西塔，被浸透鲜血的裹布和沾满脓汁的绷带吓得没了胆。她一怒之下，甩手而出——要知道清洁工作对她而言是不合身份的卑贱工作。然而使她惊异的是，婀瑞思利非但没有走，还继续捡起那些包扎物，把地板拖得干干净净，好接纳更多伤员。这不是一份上流社会少女该做的工作：包扎截肢的腿，闻着坏疽和血液的恶味，看着年轻的生命死去。然而，婀瑞思

代号"嘉宝"
Agent Garbo: The Brilliant, Eccentric Secret Agent Who Tricked Hitler and Saved D-Day

利却不离不弃。

普吉和婀瑞思利相识于1939年的春天。"那天，我去往布尔戈斯，命运的归宿就在那里等待着我。"婀瑞思利说，遇见普吉"是我生命的开始"。她称呼普吉为胡安尼托，普吉叫她婀瑞思利塔。25岁上下的他们都青春无限，充满抱负。"普吉的不足正是婀瑞思利的长处，反之亦然。"他们的女儿玛丽亚说。并且，他们两人都是梦想家：一个是被称为"奇妙的安东尼塔"的女孩，一个是梦想成为汤姆·米克斯的男孩。

两人相爱后不久，佛朗哥的超级天主教——歇斯底里的民族主义政权强行压制整个西班牙。在纳瓦拉，男人穿短袖或衬衫禁止进入咖啡馆，而女人也必须遵守严格的装扮规则——怎样的妆是合适的，怎样的妆太过张扬。在潘普洛纳，犹太人和共济会员写的书被公开焚毁。电影审查员从1930年格里菲斯拍的关于亚伯拉罕·林肯的电影里剪掉了葛底斯堡演说的部分内容，势必伤了钟爱好莱坞电影的普吉的心。政权的高压政策一直延伸覆盖到附近餐馆的菜单上："苏联沙拉"改为"国家沙拉"——当时莫斯科仍隶属红军。报社编辑收到官方法令：文章必须用"堂吉诃德式的语言"撰写，以反对更为现代的白话。身份证必须随时携带。身份证上有三种可能的等级评定，每个公民都会被打上其一，分别是"热衷沉迷"于佛朗哥事业、"漠视中立"或"愤愤不平"。凡是"愤愤不平"的都丢了饭碗。

普吉对极端主义和党同伐异的憎恶高于其他一切，但是偏偏在这里，这两者大行其道，肆意践踏着整个西班牙。佛朗哥时期的西班牙，自由思想几乎被剥夺得一干二净，他对这种令人窒息的气氛深恶痛绝。不仅如此，当希特勒和未来盟军间的"虚假战争"愈演愈烈时，佛朗哥还表明自己的拥护之意。西班牙警局和安全局——情报部门——与纳粹密切合作：对西班牙公民的护照授予与否基于德国列出的可信赖名单。那些被怀疑有反对元首言论的人经常被绑架并带到柏林受审。偏激的反英媒体受制于阴险毒辣、权力无上的汉斯·拉扎尔。拉扎尔是一个土耳其犹太人，后来成为天主教教徒和狂热的纳粹分子，娶了特兰西瓦尼亚男爵夫人，并以德国大使馆的新闻专员身份来到马德里。据报道，他有一间如小教堂一般的卧室，里面石膏圣像和蜡烛一应俱全，而他就睡在祭坛下面。他那双乌黑发亮的眼睛在单片眼镜后面闪动着——这个吗啡成瘾者抛下了奢侈的晚宴，尽管晚宴上供应了从巴黎空运来的鹅肝，尽管凡是在马德里的人都会出席那场晚宴。他被认为是西班牙消息最灵通的人，那份有着二百年历史的报纸，在他的控制下滋养着纳粹宣传活动，使它逐渐成了一个被人接受的国家。在拉扎尔的影响下，西班牙事实上已沦为德国殖民地。

1939年冬天的马德里及其郊区已经预示了战争将给伦敦带去什么。"乡下……被弹壳砸出无数个孔就像长满了麻子。"军情六处官员德斯蒙德·布里斯托说道。停火一经宣布后，他就穿过了马德里。"空旷的壕沟地带打破了他们的蛇形路线，坦克和卡车歪歪扭扭地停得到处都是，呈现出的场景不仅使我难过，还令我感到不安而懊悔……随着我们缓缓地'嘎吱嘎吱'向北行进，晃晃悠悠的电线、折损的电线杆和布满枪炮弹孔的墙壁，都切实让我惊觉战争的破坏性。"

要在这座城市生存的渴望，促使普吉给马德里报纸上的一则招聘广告去了信，而后获任马杰斯提酒店经理一职。这是一家三星级酒店，毗邻著名的委拉斯开兹大街，拥有三十间客房，曾为中产阶级的高档住所，其套房在战争期间被国际纵队强占。如今仅剩一个半残的躯壳，其中央供暖系统常年故障，走廊更是肮脏不堪。"这样的酒店根本连一星也配不上。"普吉叹气道。但马杰斯提毕竟给了他一处栖身之所安身，一份微薄收入立命。

普吉希望能像自己的企业家父亲那样，重建酒店往日的辉煌。但不久他就悟出，根本就不会有资金赞助也没有住宿收入，酒店连一只能用的火炉也置办不起，更别指望贴新壁纸了。走在破旧不堪的大厅里，普吉日渐沮丧。他在这座黑暗的城市寻觅到了一处微不足道的落脚点，却拒绝搬进去住。"佛朗哥时期的马德里对他和娴瑞思利来说都小到不足以施展拳脚，"一个西班牙记者说道，"他们的眼光远跨地平线。"然而，说时容易做时难，获取护照在1939年的马德里几乎是一个不可能完成的任务，不仅靠个人运气，还需要利害关系。

代号"嘉宝"
Agent Garbo: The Brilliant, Eccentric Secret Agent Who Tricked Hitler and Saved D-Day

1939年9月1日，德国装甲车隆隆轧过波兰边境，第二次世界大战打响了。在普吉看来，希特勒是"一个走火入魔的疯子，一个惨无人道的禽兽"。纳粹党卫军连连席卷多座城镇，抵抗者连遭绞杀，波兰人民所受的苦难使普吉深感震惊。"我的人道主义信念不允许我对水深火热的受难者熟视无睹，对这个变态狂魔发动的人间惨剧坐视不理。"

由于西班牙内战牵涉多股势力且斗争极端残酷，普吉一直持观望态度。但这次情况不同：战争双方一正一邪。他所珍视的一切——人道主义、宽容仁慈、崇尚自由——都站在盟军一边。他将一片赤诚都抛给盟军，坚定不渝，毫不动摇。

但是，普吉能做什么呢？他过去是养鸡户，现在是酒店经理，由始至终也只是一个坚定的和平主义者，身家屈指可数。盟军队伍从未向他这样的人开口求助，更何况他还被困在马德里。身处马杰斯提酒店的普吉如热锅上的蚂蚁，着魔似的听着广播，窃窃私语地跟朋友谈论纳粹，以致出现类似创伤后压力的轻微症状："零碎的信息片段和画面细节在我的脑海里交织，合并成一个令人不解而恐怖的噩梦，深深地折磨着我。"到了1940年，无线电讯传来的新闻一条比一条更暗淡无望。是年4月，丹麦和挪威双双被攻陷。次月，比利时、荷兰和法国也接连失守。5月26日，敦刻尔克惨剧上演。6月10日，意大利加入德国法西斯阵营参战。两周后，贝当作为法国代表宣告投降。希特勒看起来势不可挡。

普吉唯一的安慰就是在1940年4月同他心爱的婀瑞思利在马德里完婚。除此以外，普吉终日听广播、想问题、议计划。随着日子一天天地过去，他的信念越来越坚定，失望也越来越强烈。

与婀瑞思利商量了几个月后，普吉决心想尽办法作为志愿者加入盟军。或许他可以去伦敦为BBC（英国广播公司）工作，策划并制作关于自由和政治的西班牙语节目，或者做些别的工作。对于这些细节他没有太清晰的概念，只是迫切想成为战斗的一分子。普吉这么做的原因，不仅仅是为了自己的信念，他想证明自己配得上拥有这个充满活力的女士。可能他也意识到，一辈子当个酒店经理是无法长久留住婀瑞思利的心的。她值得——不，应该说是需要一个伴侣，一起创造更不同寻常而赋有戏剧性的人生。当然，婀瑞思利能嫁给他，这已经给他的自信心打上了一剂强心针。

间谍工作的诱惑力恰好迎合了普吉内心最初、最深的渴望：它给了普吉一个良机，让他的想象力能够自由驰骋在世界的各个角落，也总算是对脑海中不断回响的父亲的恳求——"多行善，信他人"的最好回答。他曾经想做一个孝顺的儿子，可惜他没有经商天赋，当兵又闹出笑话。参加间谍工作既可以让他为父争光，同时也碰巧为自己古怪异常的性格找到了能够乐在其中的用武之地——想方设法戏弄法西斯分子。

究竟普吉是如何参与到这盘计划中并且最终成为二战中最伟大的双面间谍之一呢？这事带着几分神秘色彩，因为它其实并没有一个系统规划。普吉后来说到，"如果达尔菲圣人预言了前进路上我将面临的坎坷波折，我一定会对那个预言者冷嘲热讽，并且毫不掩饰内心的不屑之意。"但是，成为间谍的想法随着希特勒时期德国传来的新闻报道暗暗滋生萌芽。普吉常常听BBC新闻，仔细读过西班牙报纸的每一页，然后跑到当地的咖啡馆参与讨论他刚刚读过的新闻。他还留意那些令他恶寒的名词——"雅利安种族"和"高级人种"。普吉逐渐开始相信，曾用来统治西班牙的"恶魔般的教条"会被贯彻于德国。西班牙审查员企图隐瞒所有有关集中营和"灭绝行动"的新闻，但消息还是泄露了出去。普吉下定决心要采取行动了。"我必须做点什么，做点有实际意义的事，"他说，"我必须为对人类有益的事尽一己之力。"

计划的第一步：离开西班牙。

葡萄牙边境的一次走私活动给了普吉一个机会，获得去往盟军领土所需的护照。马杰提斯酒店一个自称托雷公爵的客人认识两个亲佛朗哥派的老公主，她们渴望得到威士忌的供应——在当时的马德里威士忌是很难获取的。"她们认为这种饮品本质上能够彰显她们的社会地位，同时也是娱乐消遣必不可少之物。"普吉看起来是精明干练的类型，他有办法给她们弄到一箱上好的苏格兰威士忌吗？普吉告诉公爵和两个老公主，如果他们能够帮他拿到护照和签证，交易就算达成了。这三个佛朗哥分子很快将这些证件弄到了手，于是，普吉开车带着两个同伙和托雷

代号"嘉宝"
Agent Garbo: The Brilliant, Eccentric Secret Agent Who Tricked Hitler and Saved D-Day

公爵一起越过葡萄牙边境，在黑市买了六瓶苏格兰威士忌，兴高采烈地驱车回家，几瓶违禁品被安全藏在一根树干里。普吉帮忙跑这趟的报酬就是那张护照。在马德里，有数以百计乃至数以千计的人想要成为密探或间谍，他们要是看过普吉的护照定会毫不掩饰地流露出羡慕之情。

但是，究竟能用这本护照来做什么呢？在酒店房间里，普吉感到二十多年来的沮丧一齐涌上了心头。他想捍卫只在读过的小说里目睹过的世界，捍卫多年前在海边散步时父亲所讲述的故事里的世界："我们活着只为争取生存的权利，而为了生活我们必须培养乐观精神。我渴望正义。在一圈圈错综复杂、盘绕交织在我脑海里的念头和幻想中，一个计划正在开始慢慢成形。"

普吉准备采取下一步行动。天赋异禀的他之前只是没有找到合适的用武之处——在和平时期西班牙北部的经济圈里行不通，在两支南辕北辙的军队里也行不通。但也许在间谍世界里他能最终找准目标，实现抱负。

普吉决定用自己的天马行空、无与伦比的想象力来帮助盟军击败第三帝国。

1941年1月里寒冷的一天，胡安·普吉走进了英国驻马德里大使馆，提出为其效力的愿望。

但他得到的回答却是："你说什么？你要帮忙做什么？"

普吉无法解释，或者说不愿意解释。（事实上，甚至连他自己都不知道他能帮忙做些什么。"我必须承认我的计划相当混乱模糊。"）他原本打算为BBC制作广播节目，但他的野心远远超过自己的想象。他只是重申了他的请求，然后站在那里，两肩后仰，暖褐色的眼睛燃烧着热情，炯炯发亮。接下来就成了使馆工作人员对这个西班牙人的一场击鼓传花游戏，接待员将他推给秘书，秘书把他交给办事员，办事员又把他送到次级官员那里。最后，普吉还是连使馆内最底层的差事都没捞着。工作人员让他写下自己究竟打算为英国做什么事，然后就把他请出去了。

虽说普吉是一个新手，但他绝非头脑简单的愣头青。1941年的马德里事实上是柏林的郊区，报纸里充斥着亲德口号，咖啡馆挤满了德国间谍和他们在当地安插的密探。即便只是写下一些有关BBC的无稽之谈，也可能意味着一场灭顶之灾。普吉开始相信，自己为抗击法西斯事业贡献力量的最好方式不是制作广播节目，而是成为一个间谍。现在只剩下了一个问题：他对间谍行业一窍不通。尽管如此，普吉仍未放弃，况且他不是孤军奋战——他的妻子婀瑞思利紧随其后做了尝试。她神神秘秘地来到使馆，提出要为盟军收集情报，结果被直截了当地拒绝了。

使馆人员会一再拒绝普吉是因为没有仔细考虑他具备成为间谍的潜质。与此相反，他们反复思考的是这对夫妇对复杂的政治现实一无所知。1940年，英国驻西班牙的大使是塞缪尔·霍尔爵士。他毕业于牛津大学，是长期保守的政治家，曾在一战间以军情六处军官身份招募了年轻的贝尼托·墨索里尼。这个未来的意大利领袖当时年仅34岁，是一家颇具影响力且措辞恶毒的右翼报纸的编辑。英国希望拉拢意大利留在盟军阵线，因而慷慨地以每周100英镑的天价让墨索里尼发表言辞犀利、反对德国的社论。墨索里尼的操控者塞缪尔爵士后来成为一个有权有势的政客，在战争期间艰难度过各种各样的国际交锋后，已见识过形形色色的欺诈手段。他了解间谍工作，也没必要反对它。但在1941年，他的任务是让西班牙在战争中保持中立，所以塞缪尔爵士发话给军情六处驻马德里头目汉密尔顿·斯托克斯：他不会容忍任何事变或间谍在他眼皮下活动。因此，普吉夫妇遭拒其实是政策所迫，而非他们的提议不够好。

不明个中事由的普吉万分沮丧，但这种情绪很快又被他天性中一直保有的那份固执所取代。他决定要以一个潜在的双面间谍的身份站在英国人面前。这比他之前充当间谍的提议更为疯狂。他对间谍工作一无所知，对德国的反间谍机构阿勃维尔（纳粹德国军事情报局——译者注）更是知之甚少。但他知道，他需要可以用来给英国提供情报的实物载体，这样东西要能够随身携带并且在确切时刻能够瞬间呈递出去。因此，他决定先为德国人提供情报服务，尽他所能收集有价值的情报，再把情报呈交英国大使馆。

出卖德国人这样以退为进的开局肯定比普吉的最初想法危险百倍，但是人生第一个绰号就名为"高速弹头"的人是不会轻易放弃的。

代号"嘉宝"
Agent Garbo: The Brilliant, Eccentric Secret Agent Who Tricked Hitler and Saved D-Day

在斑驳破旧的酒店房间里，普吉和婀瑞思利逐步制订了一套计划，反复推敲细节并一再修订方案。很快他们便意识到要更多地学习德国的方方面面，即后来所谓的"反研究"：找出敌人的思维方式。"出于自尊，我决定更谨慎地做足准备。"他说。普吉在这里所做的一些事情对他以后的崭露头角至关重要：他试图用德国人的方式来思考问题。"为了向纳粹自荐，我首先学习他们的教义。"知其所图，观其所为，听其所言，投其所好。普吉学习的远不止于破旧卷边的纳粹宣传册上关于东方土地和雅利安人种的言论，他在做一些优秀演员做的事情：研究人物性格，最终人戏合一。

普吉从马杰提斯酒店打电话给德国大使馆。接下来，他还会打两次电话，对发生的事情进行两个不同版本的描述，主要的区别仅在于一些次要细节，但重点都锁定在谍报局间谍一事上。第一次接电话的是一个嗓音粗哑的男人，西班牙语说得并不好。普吉没有因此乱了阵脚，他要求对方转接武官处，还对着电话那头花言巧语、夸夸其谈，声称要为元首的"新欧洲秩序"效力。接电话的人让他隔天再打过来。普吉挂了电话，心满意足。第二天，接电话那人让他十次日下午4点30分在阿卡拉街的里昂咖啡馆会见一个使馆工作人员。据描述，该工作人员名叫费德里科，留着一头金发，长着一双蓝眼睛，届时将身穿一套夏装，臂挂一件雨衣，坐在咖啡馆最里边的一张桌子旁。接着，电话那头询问普吉的长相以及次日的装扮。普吉愉快地描述完细节并挂了电话。"我与德国人的接触真正开始了。"（在第二个版本中，与费德里科的会面没有这次发生得这么快。）

普吉既兴奋又紧张。去英国大使馆玩神秘已是危险十足之举，而到德国驻马德里谍报局则是这场游戏的全面升级。德国驻马德里大使馆就像一个窝满了纳粹情报人员的蜂巢：里面共有雇员391人，其中220人是全职的谍报局官员，分属间谍部、反间谍部和破坏活动部。这些官员指挥着1500名遍布西班牙的间谍，而这些间谍反过来也有他们各自的上线和下级间谍。这个庞大情报网络的通信需要34个报务员夜以继日忙个不停地发送加密信息，经过巴黎发回柏林的反间谍机关总部。西班牙的反间谍机关以佛朗哥的思想为指导，以他的许可为指令。他也十分清楚，纳粹间谍已渗透到西班牙这个大蜂巢里，无孔不入。"各个阶层都有纳粹间谍的代表，上至内阁部长，下到无名的货船管理员。"一份战时备忘录这样记录着。大使馆还有专属的无线电台，配有最先进的无线电塔。在步行至大使馆的途中，普吉如一头抽动着尾巴的大型猛兽。

普吉将要在约定时间会见的费德里科，是一个27岁的阿勃维尔反间谍机关官员"弗里德里希·纳佩-瑞迪"（德国人通常会给每个正式间谍设定一个与他们原名相近的假名，以便间谍在听到名字时可以本能地做出回应）。他的父亲是德国人，从事电子产品进口，第一台用于西班牙的X射线机就是他引进的。纳佩-瑞迪从小养尊处优，读西班牙最好的学校，甚至参观过西班牙国王阿方索十三世的府邸。军情五处对他的记载文件中称他"体型偏瘦但体格健壮……一头金色的卷发向后梳理……穿着考究，刚正不阿……长相类似犹太人……常戴一副薄手套……沉默寡言，不爱交际，修长的手指上戴着一枚戒指"。在阿勃维尔，他是一个间谍操控手，以招募和培训间谍为主。他本人曾受训如何甄别骗局、拆穿谎言，这也是任何一个阿勃维尔反间谍人员所接受的第一个任务——应对像胡安·普吉这样不请自来的"上门客"。

普吉准时到达约定地点，认出了坐在一张桌子旁的费德里科，便慢慢朝他走去。普吉不想表现得过于热切，于是一直注视着费德里科，偶尔露出微笑。（在普吉后来描述的第二个版本中，与他在指定地点会面的是另一个官员。会面结束几周之后，他才被引见给费德里科。）来到桌旁坐下后，普吉自称洛佩兹先生（这就像一个美国人自称史密斯先生），费德里科冷冷地点了点头，没有透露出任何信息，随即询问这个西班牙青年的意图。他用那双锐利的蓝眼睛注视着普吉，用冷冰冰的言语和他对话。身为不速之客的普吉必须要使这个间谍操控手信服自己，而费德里科则不需再证明什么。

普吉说着说着越发兴致勃勃，手上大肆比划着，宣泄他对盟军的仇恨。他不遗余力地盛赞第三帝国，表达对希特勒的崇拜之情。普吉忘我地投入他所扮演的角色，即后来军情五处称呼他的那样：一个"狂热的

代号"嘉宝"
Agent Garbo: The Brilliant, Eccentric Secret Agent Who Tricked Hitler and Saved D-Day

纳粹分子"。然而,当他发表对一场"宏伟壮观"的胜利的预言时,普吉碰巧瞥了一眼费德里科,这一瞥几乎让他停止心跳。"我突然意识到他对我的印象并没有如我先前想象得那样好。"费德里科仍是冷冷地问他究竟打算为纳粹做什么实事。普吉迅速列出一张名单,把上面那些虚构的外交官和政府官员称为他的假想朋友,"无数傻事"涌现在他脑海——这是一连串编造虚构的开端。费德里科大有可能对此不屑一顾,但好在事实是他对这个健谈的西班牙人兴趣十足,并约他两天后在交通部对面的邮政酿酒厂再次会面。

与费德里科告别后,普吉沿着熙熙攘攘的马德里街道散步踱回酒店。他一边走一边编造着故事,可以肯定的是他已经获得了部分成功——他走进了这个角色,扮演了一个冲动的疯子,就是人们常说的那种头脑发热的西班牙人。然而,费德里科却接受了普吉,因为他就像另一个自己。"要做成这件事你必须知道如何获取他们的信任。"普吉这样告诉自己。

普吉的表演中最出色的一点是,他不再是家人和朋友前前后后描述的那个人。在现实生活中,普吉是个机智诙谐、亲切友好的人。而这个"洛佩兹先生"截然相反,是个名副其实的危险分子。对于如此翻天覆地的转变,最能令人信服的解释就是把一切归咎于他新婚不到一年的妻子,因为娴瑞思利拥有第五类性格,即夸张的手势和过激的言行。普吉那天下午就像戴着她的人格面具奔走在马德里。

接下来的两天里,普吉在酒店周围闲逛,"构想新一轮关于纳粹主义的长篇大论"。他明白自己获得的胜利只是局部的:他确信费德里科是一个狠毒的希特勒主义者,但他没有告诉费德里科自己打算如何帮助德国人赢得这场战争。这是全局的难点:面对这个阿勃维尔官员,他没有任何具体的提议。他只能虚张声势,佯装对前路信心在握,依靠卓越的演技即兴发挥。

当普吉出现在酿酒厂进行二次会面时,他一眼认出了坐在桌子旁的费德里科。那一刻,他意识到费德里科回大使馆后的事情一切顺利:这一次,费德里科见到他时热情地微笑,友好了许多。但当普吉坐下后,费德里科却告诉他,德国人对他的提议没有兴趣。马德里的德国间谍遍地开花，他们不需要再多一个西班牙人作为密探来提供情报。他们真正寻找的是那种能够远赴异国、打入盟军内部挖掘军事情报的人。普吉闻言提出自己有本护照，随时能与首都内的密谋者会面。如果德国人可以给他一张签证，比如去英国的签证，他就可以在伦敦假冒报社记者身份，成为阿勒维尔的潜伏间谍。

费德里科没有回应，他在静静地思索着，似乎还没上钩。普吉竭力尝试想出了另一个点子，这也是上次会面后灵光乍现在他脑子里翻来覆去的一个想法——走私货币。新一轮的虚构故事又诞生了。他开始详尽地编造一桩可能的勾当，这桩勾当不仅能让他通往里斯本，更能让他通往敌人的心脏。他称此为"达拉马尔行动"。

普吉声称认识一个西班牙秘密间谍，此人在跟踪一个名叫达拉马尔的英国人——当然这是普吉捏造的人物。达拉马尔绞尽脑汁想把500万比塞塔（Peseta，西班牙货币单位——译者注）兑换成英镑。那时的佛朗哥政府急需外汇，曾提出如有人能谈妥交易将英镑或法郎带回西班牙，可以不走繁琐的公事程序而另辟捷径。这在为数不多的几种离开西班牙的合法途径中另辟了一条新路。如果德国人能保证给普吉办好签证，他就可以伪装成货币走私者飞往伦敦，追踪达拉马尔并开始为阿勒维尔打探情报。但费德里科当即给了他沉重一击，称此想法"紊乱复杂且荒谬至极"。

普吉陷入了困境。他尝试再次前往英国大使馆申请签证，却遭到拒签。当他打电话给德国人告诉他们这一消息时，他的联系人简单明了道，"我们知道你走访领事馆的事了，我们有派人跟踪你。"普吉挂了电话，僵在那里——现在他竟然也被监视了。

几天后，普吉终于又见到了费德里科。这次，德国人递给他1000比塞塔，并告知他的第一个任务是前往里斯本，为此他要先拿到出境签证。这笔现金是普吉收到的第一个证明他成功骗过了德国人的确凿证据。1941年4月26日，普吉带着这笔钱只身奔赴里斯本。

四、白色之城

当年,里斯本被称作"间谍之都",非法情报、无度变节、货币走私、毒品交易、谋杀行骗充斥着这个庞大的开放市场。葡萄牙是战争的中立国,里斯本机场又是欧洲仅存的仍同时拥有飞往柏林和伦敦的航班的机场,因而成为欧洲重获自由前百万难民的最后一站——这些难民中包括佩吉·古根海姆、马克·夏加尔和亚瑟·凯斯特勒——战时他们曾经过此地。来自欧洲各个被占领国的男女老少——波兰的伯爵、比利时的富翁、保加利亚的冒险家、新帝国各地区的犹太人——都被卷到里斯本的洪流中,黑市商人、路柳墙花、情报线人和双面间谍在此艰难地融合。许多难民没有拿到旅行签证,因此花了一大笔钱才来到葡萄牙,而后变卖家里的银器,出售妻子的订婚戒指和钻石胸针才得以维系一到两周的生活。留给他们唯一有利可图的出路就是情报工作,这也是里斯本真正的财富。

"在里斯本每个人都是间谍,"罗伯特·威尔逊写二战的小说《里斯本的死亡小事》(*A Small Death in Lisbon*)里一个人物说道,"但凡长耳朵的人学会窃听即可在此谋生。"

在这座以骨色建筑闻名的"白色之城"朦胧的林荫大道上,情报不断转手买卖,如果交易不慎出了漏子,双面间谍的身份不幸暴露,就会暴尸街头。该城市以北10英里外的度假胜地埃斯托里尔号称"海岸王者"之珠,来自交战双方的秘密间谍们在此痛饮美酒,斗智斗法。在这座怡人的小镇上,对立双方都有各自的酒吧:军情六处和美国战略情报局的官员们时常出入五星级的帕拉西奥市酒店,据说那里的酒保能调出全欧洲最好喝的曼哈顿,而那里的侍女则是某家间谍机构的兼职雇员(一个美国游客将此处比作梅奥诊所，因为每个客人的脸上都反映出内心深处的忧虑）；而阿勃维尔的官员们则青睐附近的大西洋酒店。

夜间，大多数间谍都在他们的核心聚集地——埃斯托里尔赌场会面。时任军情六处驻里斯本部长格雷厄姆·格林在此为他的间谍小说收集了大量素材，包括《哈瓦那特派员》（Our Man in Havana），就是以普吉的生活经历为创作灵感。伊恩·弗莱明——詹姆斯·邦德（James Bond）的创作者，因为输光了身上的埃斯库多（Escudo，葡萄牙货币单位——译者注）而为英国海军情报局策划"金色眼睛"行动。弗莱明深信，那个用"十一点"纸牌戏让他净身出局的人一定是里斯本的"德方间谍头目"。但他的酒友们并不认同，他们记得那晚赌桌上只有几个反应迟钝的葡萄牙商人。无论如何，弗莱明将此事件化为创作灵感，成就了007系列的首部小说《皇家赌场》（Casino Royale）。

甚至连赌桌也成了间谍游戏的一部分。花花公子杜斯科·波波夫就是盟军的双面间谍，代号"三轮车"（Tricycle），使用"十一点"安排密见。他确信自己被盯上了，又不愿意用白话英语安排预约，就追随金发碧眼、美丽动人的秘书小姐进了赌场径直走到轮盘赌桌。"她……会玩三次，出现的数字依次分别代表会面日期、钟头和分钟。"随后，这个间谍女郎会把圆形筹码放在"0"或"36"这两个数字的其中一个上。"0"意味碰头地点在里斯本，"36"则代表在埃斯托里尔的老地方。"这串密码可够贵的。"波波夫讽刺道。

胡安·普吉抵达里斯本后，找了一家格调稍逊的瑞士大西洋酒店，订了间房住下。选择这家酒店是因为它靠近西班牙大使馆和西班牙领事馆，所以一到那儿他就立即去申请英国签证。普吉毕竟还是个外行，以为事情这么简单就能办成。但是领事馆却让他回马德里申请签证。普吉求也求了，骂也骂了，但任他怎样软磨硬泡都无济于事。毕竟他只是成千上万企图离开里斯本的人中的一个。心灰意冷的他走出领事馆，加入双目凹陷、拥挤混乱的难民群，漫无目的地游荡街头，希望能遇到合适的契机，让他们奔往自由世界。

代号"嘉宝"

Agent Garbo: The Brilliant, Eccentric Secret Agent Who Tricked Hitler and Saved D-Day

日子一天天流逝，普吉兜里的埃斯库多也一天天减少。他泡在酒吧里，希望能拉住一个西班牙外交官好好谈谈，走些旁门左道，另辟蹊径。当遇见西班牙安全局的间谍瓦内拉时，他心中又冉起希望，但这场短暂邂逅并未促成任何实质结果。已经怀有身孕的婀瑞思利回到马德里静静守候，她相信她的丈夫会找到办法带她逃到英国。"我感到越来越绝望。"他回忆道。

就在这时，一个西班牙同胞为普吉带来了希望。酒店经理把普吉介绍给他的朋友索萨先生。他是一个矮胖的加利西亚人，浑身却散发着自信，给人一种随和亲近、广结人缘的印象。在一次去往埃斯托里尔的短途旅行中，索萨先生挥手出示了一本证件，是普吉再感兴趣不过的东西。这是一张外交部颁发的外交签证，盖着西班牙的印花纹章，签名的是一个高级官员，但是字迹潦草难以识别。令普吉更为羡慕的是，外交部长在签证上打出个人批注，持证人获准享有一切礼遇和必要协助。索萨本打算使用该签证乘坐泛美水上飞机前往南美——每天飞机从里斯本港口出发飞往南美时，那里总是牢骚一片。索萨在南美将承担一项特殊使命，即代表西班牙政府前往阿根廷。所有在里斯本的人都想乘上这架飞机，但唯有持签证的索萨能得到一个宝贵座位。

普吉看得眼睛发亮。"我决心跟拥有这样了不起的证件的人搞好关系。"他开始蛊惑索萨先生，和他一起进出各大娱乐城、夜总会和奥古斯特大街的卡巴莱歌舞餐厅，而不再只是坐在咖啡厅里听着葡萄牙民乐"法多"（fado），喝着提神醒脑的咖啡。等他们返回酒店，太阳的余晖已经落在了大海尽头的地平线上。普吉是一个理想的朋友，五分真诚五分功利。他把两人用餐的钱还给了索萨先生，并邀他在埃斯托里尔赌场待上一星期，博彩消遣，享受海风。一项权宜之策已在他脑海中成形。

普吉只剩下最后一次机会了：要么钓上这条大鱼达成目的，要么就可能结束尚未真正开始的间谍生涯。待行程准备好后，普吉借了台相机装在他的行李箱里，然后和索萨一起坐上火车前往度假胜地。为了省钱，他在埃斯托里尔蒙特酒店订了间单人房，距离赌场三个街区。普吉把余下的钞票都拿去作了赌注，索萨也跟着押光了钱，然后两人上了轮盘赌桌。

第一章 间谍形成

适逢他们时来运转的一天下午，普吉却因胃痉挛开始叫苦连连。他拍了拍索萨的肩膀让他趁着手气好接着玩。索萨点了点头，什么也没多想。普吉回到酒店溜进房间拿出相机，这时他发现索萨的签证就藏在行李箱的一个隔层里。几分钟后，他踱出酒店，签证的特写照片已存入他行李箱内的那卷胶卷里。

几天后，索萨先生为他的南美旅行做准备，普吉则回到了里斯本，来到了一家雕刻店。他拿着一张清晰的签证照片，上面的西班牙印章被小心翼翼修剪下来。他让雕刻师照此图形做一张钢质图板。几个小时后，他带着图板走在路上，来到伯爵夫人江街7号，那里坐落着一家老印刷厂。普吉声称自己是西班牙公共档案室的工作人员，并拿出印章图板和签证照片说要尽快做出两百份签证。普吉自信的模样和欺瞒的天分使得他们没多问一句——如果只是想给自己弄一本签证，有谁会订购两百本呢？签证印好后，普吉只留下一打，将剩余签证悉数销毁。然后，他快速来到一家办公用品商店，告诉店员照片上签证的橡皮印章用了太多次，刻字已经模糊不清，问他们能不能做个一模一样的印章替换？

店员说没有问题。

接下来，普吉进了一家照相馆，拍了张大头照，把照片按尺寸一张张剪好，贴在证件上并签好名字。现在他手里拿着的可是里斯本成千上万难民中极少数才有的值得引以为荣的东西——西班牙签证。有了它，普吉就可以到世界任何地方去。多少人为了这个签证殊死搏斗。然而，普吉在短短几个月内就从一个笨手笨脚的外行变成一名世界一流的间谍，而且完全是自学成才。

他回到马德里，回到婀瑞思利和刚出生的儿子小胡安身边。年轻的一家离开摇摇欲坠的马杰斯提酒店，搬到繁华的格兰大道商业街的一家小型简易旅馆。普吉深谙他在间谍的暗道上每多走一步，都会把他的家庭多暴露一分。"我完全明白自己所冒的风险有多大，也总是隐隐地担心行动会败露。"但他的脚步依旧向前——他拨通了德国大使馆的电话，约请费德里科会面。

密会地点在内格莱斯科咖啡馆，离太阳门广场不远。太阳门是这座

代号"嘉宝"
Agent Garbo: The Brilliant, Eccentric Secret Agent Who Tricked Hitler and Saved D-Day

老城的古城门。几个世纪以前，来自遥远国家的信使就是通过这里到达马德里执行秘密任务。普吉在费德里科对面坐了下来，开始编织一个情节精彩、内容丰富的故事。这个故事关系到"达拉马尔行动"，牵涉一对名为祖莱塔的兄弟（这对兄弟确有其人，是普吉之前在马杰提斯酒店遇到的两个巴斯克古巴人，既是流浪冒险家也是警方密报人），一次意外接到西班牙外汇银行警务科的开价，进行了上千比塞塔与英镑的兑换交易……如此滔滔不绝地编下去。普吉热情高涨、无比详尽地描述了自己的冒险故事，费德里科势必被绕得晕头转向。在这里，羽翼未丰的间谍普吉采用了一种战术，这种战术后来也成了他的标识之一：在荒诞无稽的故事中加入些许真实成分，这些真实细节散落夹杂在谎言之中，如一条鲜明的小路一般。自此以后，普吉总是喜欢将他的幻想植根于现实。

这个情报中最有价值的部分是瓦雷拉，他是现实生活中的安全局间谍，普吉刚到里斯本的那段时间里曾跟此人有过短暂会面。而现在普吉口中的瓦雷拉不再是那个一面之交的人，而是成了达拉马尔行动的幕后智囊。普吉口中的瓦雷拉密谋将大量的比塞塔换成英镑，此事最有可能是为了急需外汇的西班牙政府。因此，也正是他帮助普吉拿到得以前往伦敦的外交签证。但是普吉没把假签证带出来，而是藏在了所住的简易旅馆，这张王牌的揭晓还有待恰当时机的来临。

费德里科终于中计了。"他对我的话越来越感兴趣，花费大量时间为我出谋划策、培训技能。"日复一日，周复一周，这对间谍及操控手在水族馆约见，在卡拉特拉瓦咖啡馆碰头，在多尔商店密会，脚步遍及整个马德里。与此同时，阿勃维尔的间谍查证到瓦雷拉先生确有其人，是大使馆安全局首脑。这个对普吉闻所未闻的"联络人"被查了出来。

这样的状况持续了一个月。普吉想必也渴望用那张签证来迷惑费德里科，但他耐心惊人，相当沉得住气。一次会面时，费德里科告诉普吉，大使馆的领导们对他的工作很感兴趣，只要他之前所言属实。他坦言最近有个"间谍"拿了他给的钱携款潜逃了，为这事正在气头上。这使普吉第一次意识到，原来在这场游戏中，像费德里科这样的角色也有情绪：如果再次失手，这个阿勃维尔间谍就可能被发配前线。"他不希望……

第二次上当受骗。"普吉感到一个良机来临了。

随着费德里科迫切希望得到更多情报,普吉拨通了他在里斯本遇见的另一个西班牙人——迪奥尼西奥·费尔南德斯的电话,说自己想回里斯本见一个过去遇到的情人(当然又是在说谎)。但娴瑞思利和所有人妻一样生性多疑,迪奥尼西奥真的可以假装贸易伙伴发电报邀请他前往里斯本吗?

事实证明,普吉是一个受欢迎的人。他的朋友,哪怕是像迪奥尼西奥这样的泛泛之交,也似乎乐意随时帮他的忙。很快电报就传到了马德里:

"速回里斯本,事关机密。"

落款是普吉让他假扮的商人名字——"瓦雷拉"。

普吉约见了费德里科并呈交电报。费德里科浏览了电报内容——他当然注意到这确实是从里斯本发来的电报——把这张纸条塞进了口袋里,要求次日再与普吉见面。事态加速进展。第二天下午,费德里科悄悄塞给普吉500比塞塔,命他前往里斯本处理瓦雷拉事件。同时,他给普吉取了个假名,以备其在葡萄牙期间经费紧缺时用于联系。

普吉回到里斯本,订了一个酒店房间住下,待在离真正的瓦雷拉尽可能远的地方。为了向阿勃维尔证实自己确实身在里斯本,他打电话问费德里科的联系人索要更多经费。然后他重返西班牙,会见费德里科并汇报事情进展顺利,还称西班牙安全局正为他到瓦雷拉手下协助执行达拉马尔行动做一切必要安排。他应该很快就会拿到相关文件。这回轮到普吉布设圈套。

第二天一早,普吉就忙着打了几个电话,然后打给费德里科,电话接通时他的声音饱含激情。他要求在安全局大楼对街的一家咖啡馆会面,不是几天过后而是马上就去。费德里科"心惊胆战又怒不可遏",他可能以为这个疯狂的西班牙人把瓦雷拉事件搞砸了忙着逃命。他答应五分钟后在咖啡馆同普吉碰面。普吉走进咖啡馆时发现费德里科早已等得不耐烦了。身材矮小的普吉坐了下来,费德里科点头说自己留给对方的时间不多。普吉用低沉的声音平心静气地告诉这个德国间谍即将发生的事

代号"嘉宝"
Agent Garbo: The Brilliant, Eccentric Secret Agent Who Tricked Hitler and Saved D-Day

情。两分钟内,他就向费德里科说明了一切:"一会儿我会起身步行12多米到对面的安全局,那里有个政府信使在一辆车里等我。他们会送我去外交部,我口袋里的特殊外交签证盖章后就会被外交信使发往里斯本。然后,我再亲自去里斯本拿回签证,并从那里出发前往英国,而后开始我的德国间谍生涯。"

费德里科闻言目瞪口呆。就在此时,普吉开口说要给费德里科看签证,以便将阿勃维尔对他的所有怀疑从此一笔勾销。他先是高度警惕地环顾四周,然后缓缓从口袋里摸出东西并从桌子底下递出去。费德里科低头扫了眼那张纹样凸出、压花明晰的证件,不一会儿便点了点头。普吉悄悄拿回证件放进胸前口袋里。费德里科"大受感动",拍了拍普吉的背,对他的一举成功深表祝贺。

普吉面露微笑,好像他是老师而费德里科是新手一般轻声提议道,两人同时离开咖啡馆的话会不安全。于是普吉率先道别,起身离开,朝着对街的安全局大门走去。如普吉所言,确实有个年轻人等在那里,环顾往来人群,聚精会神地寻找一个身影。不过,这个人当然并不是佛朗哥政府的特殊信使,而是普吉和婀瑞思利所住简易旅馆的老板的儿子。普吉上午的其中一通电话就是打给这个年轻人,他同意与客人在这栋大楼前碰面,但普吉究竟有何目的他就不清楚了。普吉紧接着给汽车服务中心打了电话,在他的请求下对方派了辆车,就是此刻停在安全局大门口的这部车。普吉向旅馆老板的儿子致以问候,同他一起上了车,然后用大到可以传入咖啡馆里的声音喊道:"去外交部。"司机点了点头,驱车将他们拉走了。

通过咖啡馆的窗户,费德里科目送着汽车远去。在他看来,普吉现在已经正式成为了第三帝国的间谍。"(他已经)一步步咬下了这个故事的吊钩、吞进了钓线、咽下了铅锤。"普吉沾沾自喜道。这个新晋间谍甚至让费德里科给真正的瓦雷拉发了封电报:"不日即往里斯本。署名:胡安。"

普吉为人谦逊,从不吹嘘自己未来要做的事。但是那天晚上回到家后,他一定充满了自豪感。他成功了!在此之前,他的人生总面临一个又一个接踵而至的灾难，其中一些不幸几乎可谓绝对致命。他的家人曾一度认为他是命定的失败者，备受宠溺却性情冲动。学校里的天主教教父就认为他是一个急躁易怒的劣等生。但他现在成功地蒙蔽了德国反间谍机关，并且即将偕妻子前往伦敦，去到西方文明的中心，挽救世界于"变态狂魔"希特勒的魔爪。

虽然他还没有成为一个双面间谍，但他无疑已成为一个间谍，并且走出了西班牙，准备好在英国人面前亮相。

"我不会为任何征服所征服，不会被任何失败所击败。"普吉说。

此时正值 1941 年春末，战争进行到这个时候，希特勒已经攻占了波兰、捷克斯洛伐克、卢森堡、法国、挪威、比利时、荷兰、丹麦及奥地利。希腊和南斯拉夫也已经风雨飘摇，行将沦陷。连连获胜、洋洋得意的希特勒，在夏天到来前漫步穿梭于巴黎。德国 U 型潜艇在大西洋攻击商船，纳粹空军瞄准考文垂和伦敦市中心进行大规模空袭，隆美尔和他的非洲军团在北非惨遭横扫。罗斯福虽然签署了《租借法案》(*Lend-Lease Act*)，但美国仍然保持中立，意大利和日本则与第三帝国结盟，斯大林与希特勒签署互不侵犯协定。在德国，对病人和残疾人执行安乐死的计划已逾一年。"水晶之夜"（也译作"碎玻璃之夜"——译者注）已是两年前的旧事，奥斯威辛集中营进行的第一次有毒气体试验也已过去了四个月。

五、间谍游戏

经过一连串的精湛表演——更为频繁的会面及另一封虚假电报——普吉已经准备好开启作为阿勃维尔反间谍机关的间谍生涯。德国人既然已经相信了这个西班牙人的善意，也肯定他的诚信，他们就迫不及待地想迅速使普吉变得训练有素。费德里科通过密信培训普吉，并转交给他四份问卷，上面详细记载了纳粹想要掌握的英国作战计划和准备工作的内容。普吉背下了其中部分内容，然后拿到了一份可以带到英国的缩印件。问卷里的问题范围从高新科技一直覆盖到总体战略："'不倦'号航空母舰已经到了哪个施工阶段？英国人如何看待德国入侵成功的可能性？为防此不测英国人已经开始采取了哪些措施？"普吉被授予代号"阿拉里克"（Alaric），他的间谍网络则被命名为"阿拉贝尔"（Arabel）。费德里科把全部工作时间都投入到对这个新兵的训练上，甚至把他带回维里亚托街73号的自家公寓，将密码艺术悉数传授。

"我也不明白他为何如此盲目地相信我。"普吉后来写道。他太过自谦了——他的表演精密严谨，足以令人信服。他将游戏的掌控权从经验丰富于他百倍的费德里科手里夺了过来。他能凭直觉知道德国人究竟想要什么，明白怎样最容易使他们上钩。他没有立即将自己的全盘计划笨手笨脚地搬上台面，而是让德国人为得知他的计划而付出努力。他先迷惑费德里科，用自己的勇敢无畏引他上钩，然后用一通突如其来的约见电话吓得他魂飞魄散。最后又以好莱坞电影导演式的视角，在咖啡馆自导自演了那场终极大揭幕，完美收场。

"与英国人相处时他是不列颠绅士，与德国人相处时他是日耳曼人。"

一个见过他的记者后来评价道。其实，事实正好相反——普吉有着完全独创的性格特点，并且至死坚持，从未改变，还把缺乏自信的间谍带入他的自我创造中。但他明白，不论德国人还是英国人，都对自己的同胞更为青睐。

费德里科十分喜爱这个间谍新人，于是向他透露了一个已在伦敦工作的德国间谍，名叫路易斯·卡尔沃，是著名的报社记者。也许这个间谍操控手是在讨好普吉，试图用阿勃维尔在英国的庞大网络打动他；也可能他只是三句不离本行，顺口一说罢了。然而，普吉非但没有被打动，反而暴怒咆哮道，他不想知道任何一个德国间谍的名字，费德里科怎么能透露给他？如果他们这么轻易就暴露了卡尔沃，那是不是意味着普吉也会被"出卖"给下一个新晋间谍？他怎能让手下的间谍们如此冒险？普吉说得声色俱厉。

费德里科的未来有一部分现在都押在了这个性情炽烈的西班牙人身上，因而不得不坐在那里听着斥责。毕竟，普吉说的是对的，在间谍世界里除非确有必要，否则把一个间谍的真名告诉另一个间谍有悖规矩，这样会把两个间谍都置于险境。这一点，普吉并不是从间谍手册上学来的，而是处于危险中的一种直觉。他不只是像德国人那样去思考，而是像费德里科所期待的那样去思索。

最后一次会面，费德里科得到一个惊喜。他的上级卡尔-埃里希·库伦塔尔意外现身为普吉送行。军情五处的文件里对库伦塔尔有着详细描述："脸型椭圆，身形肥厚，脸颊消瘦，气色清新，颧骨光亮，有着弯曲的鹰钩鼻和锐利的灰眼睛。"他时常进出马德里各大咖啡馆和啤酒厂，在这些地方，他以唐·巴勃罗的身份为人所知。

库伦塔尔递给普吉几瓶隐显墨水，用以给情报编写加密的密码，并给了他一张回信地址清单和3000美元现金——阿勃维尔财力雄厚，对可能的成功砸多少钱都不怕。库伦塔尔与普吉握了握手，然后下了出发令：不要低估英国，要有耐心，不要指望纳粹能迅速制胜。最重要的是，要尝试开发一组下线间谍，当你被迫离开英国时，他们要能够无声无息地潜伏在那，像沉睡者一般。

代号"嘉宝"
Agent Garbo: The Brilliant, Eccentric Secret Agent Who Tricked Hitler and Saved D-Day

带着这些任务，普吉带着年轻的妻子和年幼的儿子，收拾行囊，于1941年7月前往里斯本践行其"自成一派、匪夷所思的间谍生涯"。

为了顺利通过边境受控地带，普吉将那3000美元的大部分卷起来塞进一个橡胶护套并插入一管半空的牙膏内，其余的钱则藏在一罐剃须膏里。在去往葡萄牙的途中，他想象自己带着的是通往英国大门的钥匙，行李箱里藏着的那一瓶瓶隐显墨水、一张张钞票和一串串密码足以让英国聘请他为双面间谍，让伦敦向他伸出橄榄枝。"（他）未曾想到自己将被怎样的惊险奇遇所笼罩。"军情五处的汤米·哈里斯回忆道。

抵达葡萄牙首都后，普吉从一个贫穷的渔夫那租了一个位于里斯本郊外卡斯凯什区的房间。然后他直奔英国大使馆，并确保自己没有被人跟踪。"接下来的事听起来可能难以置信但是千真万确，"若干年后普吉写道，"我做了第一次尝试：干尽了疯狂行径，历尽了千难万险，玩尽了花招诡计，用尽了欺诈手段，受尽了精神高压……然而在这一切之后我仍未取得任何实质进展。"英国人毫不留情、断然拒绝了他。接着，他又进行了第二次、第三次尝试，一再遭遇回绝迫使普吉越来越深地陷入这场他并不完全了解的游戏当中，不可自拔。他不能再只是扮演间谍，而是要成为名副其实的间谍。

但是，要成为一个间谍，他必须在舞台下就做足功夫，由始至终全副伪装。普吉买了一份英国地图、一本英国旅游指南和一份布拉德肖的火车时刻表。他一生从未去过英国，而现在他却必须让上级相信自己住在英国。他还回头联系了迪奥尼西奥·费尔南德斯，即那位冒充瓦雷拉发假电报的西班牙友人，称自己正在里斯本和情妇私会。问他能否用费尔南德斯的名字租一个邮政信箱用来收取女人的来信，好不让他的妻子发现。费尔南德斯同意了。

7月19日，普吉给身在马德里的德国人发送了第一封报告，假装他已经抵达了英国。信里"掩人耳目"的黑字内容给人的第一印象十分强烈，俨然一个为了逃避佛朗哥统治而逃到英国的"充满激情的加泰罗尼亚民主党人"。而在黑字的字里行间，普吉用隐显墨水认真地写下真正要传达的信息：他已安全抵达不列颠群岛。途中他遇到一个荷兰皇家航空公司的飞行员，经过大量游说，才同意帮他把信件从伦敦送到里斯本，以避开英国的审查。（这在后来让普吉伦敦方面的操控者深感震惊，因为这条航线的首席飞行员是一个真正的英国间谍。普吉并不知道这一点，只能说是弄巧成拙。）该飞行员负责将信件邮寄出去，寄出的信会被盖上葡萄牙的邮戳送往马德里。而后，阿勃维尔可以把信寄回到同一个邮件留存待领处地址，信件就会被飞行员带回伦敦。就这样，普吉臆想出来的这个飞行员成为他的第一个下线间谍，迅速从他头脑中显现而出。

普吉焦急不安地等待着回复。十天后，一封来自费德里科的信件抵达了邮件留存待领处："通讯方式很妙，信处理得很好。我满怀兴趣期待你的新消息……由衷问候并祝你好运。"

德国人相信了普吉编造的飞行员奇遇记。"我已经成为真正的德国间谍。"现在他可以继续佯装身处伦敦实则待在埃斯托里尔，并和妻儿一起从渔夫的棚屋搬到一个像样的房子里了。

当然，有个问题在这个计划里至关重要：普吉对英国几乎一无所知，却要假想自己住在那里。他不会说一句英语，不惯用英镑，不熟悉英国文化，不清楚英国的各种术语和用词，更谈不上了解英军军团、集团军群以及英国商船队惯用哪种船型了。面对这个对他而言既陌生又遥远，程度毫不亚于北极的地方，普吉如何能创作出令人信服的报告呢？

正当他绞尽脑汁苦苦思索解决方法时，他与英国人之间的闹剧仍在上演。普吉前往里斯本当地的英国大使馆，向陆军武官助理和盘托出了一切：隐显墨水，阿勃维尔的问卷，甚至供出费德里科和库伦塔尔以及对他们的描述。他想做笔交易，一笔即时的交易。由于里斯本的德国间谍比肩接踵，再加上阿勃维尔期望得到有关盟军作战力的准确报告，时间对他相当不利。如果英国人可以送他去美国——他想到的新出路——他很乐意操控一切扭转局势。这已是他第四次与英国人正面交锋。

武官助理告诉普吉，第二天晚上 7 点在埃斯托里尔赌场内的英国酒吧，会有一个官员同他会面，详细讨论他的提议。第二天晚上，普吉赶赴酒吧，在等待的时间里紧张地啜饮着酒。然而，随着时间一分一秒流逝，

代号"嘉宝"
Agent Garbo: The Brilliant, Eccentric Secret Agent Who Tricked Hitler and Saved D-Day

约好的官员并没有现身。隔天,普吉重返大使馆,找到那个助理要他作出解释,那人则以一直联络不到官员为由打发了普吉。这场闹剧最终如此收场:他所鄙视和憎恶的纳粹对他青睐有加,而他所愿为其肝脑涂地的盟友则嫌他麻烦碍事。"我不停地问自己,究竟为什么我的敌人如此鼎力相助,而那些我想交好的朋友却如此难以调和?"普吉怒气冲天,愤离大使馆。

要想搭上飞往伦敦的航班,普吉还需要发动更猛烈的攻势。他拜访了真正的瓦雷拉,即西班牙大使馆安全局局长。瓦雷拉一见面就要求他解释不久前费德里科所发电报的含义,称普吉即将抵达葡萄牙。电报里说的普吉到底是什么玩意儿?普吉很快安抚了瓦雷拉愤怒的情绪并耐心解释说自己在一场名为达拉马尔行动中充当一个货币走私者。瓦雷拉冷静下来耐心聆听,但他告诉普吉自己无法为这个计划做什么,除非真正的达拉马尔(一个根本不存在的人)来到西班牙。普吉被击垮了——如果能与瓦雷拉在一个真实的行动中合作必将提升他在德国人那里的信誉——但至少,如果阿勃维尔的间谍打电话给这个安全局官员,询问一个名叫普吉的西班牙间谍,瓦雷拉会确认与此人保持着联系。

手边可以使用的工具少之又少,普吉转而寄望于从未令他失望的把戏——自己的想象力。他开始凭借想象组建一支下线间谍队伍,以完成阿勃维尔驻马德里的情报头目的要求。这些虚构的下线不仅要为他提供连他自己都接触不到的信息源,万一情报被证实有误还要代他顶罪。首先出场的是"卡瓦略",一个拥护纳粹德国的葡萄牙人,住在英国西南部重要航道布里斯托尔海峡附近。他负责向普吉汇报途径当地的海域和海岸防线的护卫舰和油轮。(这个虚假间谍的名字其实是对婀瑞思利的无声致敬——她的姓就是卡瓦略。)普吉还招募了"威廉·戈伯",一个虚构的英国人来帮助他盯住利物浦。在普吉写给德国人的第二封信中,他详细描述了这些细微的进展,包括BBC为他在伦敦提供了一份兼职翻译的工作。

普吉的信,笔调浮夸,辞藻华丽,历史学家撒迪厄斯·霍尔特曾评价其"嘴上花哨功夫堪比安东尼奥·高迪笔下奢繁工艺"。这话说得恰如其分。普吉曾写过这么一段话:"我军勇士远赴东俄歼灭布尔什维克这头凶禽猛兽,没有为他们的伟大胜利高呼万岁前,我怎可搁笔?"这种笔调风格不仅与他所创造的人物性格相匹配,也有利于在没有太多信息可传达时占据大量篇幅。任何微小的错误都会让他付出惨痛代价,因此他宅在里斯本的房子里专心致志地"招兵买马",每月只给德国方面寄一封密信,终日缠身于对过去几周所发展的下线间谍们的分析中。"我努力逐渐纳入新信息,每提出一个新招募来帮忙的联系人也都谨小慎微。"为使每条信息都令人感觉得来不易,他详尽描述了"努力攻克一连串障碍的细节"。他的伎俩是为任何推理作家或骗子所熟知的——基于生活经验中的点滴启示,让对象自己落入圈套,而不是一味主动行骗——但面对这项工作,普吉只能孤身奋斗。

尽管普吉舞文弄墨很有一套,但这也不是长久之计,他迟早得提交一些实际的情报。因此,在1941年10月寄出的第三封信中,他开始在里面注入一些真材实料:他的下线威廉·戈伯刚刚发现一个由五艘盟军战舰组成的舰队离开利物浦前往马耳他。马耳他岛位于地中海,基督教历史悠久深厚,是英国防御中一个至关重要的环节,也是盟军在北非作战的关键。自1940年起,德国空军在两年内对这座小岛进行地毯式轰炸,袭击次数将近3000次;仅1942年2月就有超过1000吨的炸弹投掷在岩岛哨站。德国驱逐舰和巡洋舰定期围攻欲给哨站提供再补给的盟军油轮和货轮。因此,主舰队正驶往遭受重创的马耳他岛是第三帝国的战争策划者们最感兴趣的新闻。

尽管这是条虚假情报,但普吉越来越像一只困在迷宫里的老鼠,苦苦寻觅着出口。他再次回到马德里,第五次尝试造访英国大使馆,向其中一个雇员展示库伦塔尔给他的那张微型调查问卷,但官员再次将他撵出了门。经过这最后一次被断然回绝后,普吉确信自己的好运就要到头,并且为期不远了。

与此同时,费德里科的新命令有如雨点般打在他的身上:"务必摸清由若干分队新编组成的远征军详情:他们的目的地是哪里?中东还是

代号"嘉宝"
Agent Garbo: The Brilliant, Eccentric Secret Agent Who Tricked Hitler and Saved D-Day

远东？""要在北爱尔兰的美军货船到达港安插一个下线。爱尔兰是一个值得玩味且关键的地方。"阿勃维尔还要求他从牛津大学统计研究院拿取一系列小册子，这不仅是为了获取大量急需的信息，也是为了证实普吉确实身在英国。不过，最后这个要求并不像听起来的那么棘手。普吉只要去英国驻里斯本的宣传办公室自称是"统计学学生"，就可以让店员派人去取所要的出版图书。但其余数十项查问都难以从里斯本给出答复，他必须学会即兴创作。

普吉开始在这座城市里搜集一切有用信息。葡萄牙一份报纸上刊登的一则广告让他得知了英国海军公司的一些实际情况，在一份法国报纸上他读到了一篇关于小儿麻痹症和食物配给的小短文，通过一本电话簿他得知了一家英国公司的名字。此外，他翻遍了那本由英国国家统计办公室出品的蓝皮书，试图寻找丘吉尔的演说内容，把最精华的部分发给费德里科。一次，他来到里斯本一家电影院，打算放松几小时（电影瘾仍旧伴随着他）。电影放映前，他认真观看了主片前的一条新闻短片，里面有短短几秒的连续镜头拍到了一艘名为埃斯奎莫尔特的加拿大军舰。普吉顿时警觉地在椅子上坐直起来。他的下一份报告中就对这艘军舰进行了详细描述，包括完全由他编造的功能描述。那幅由其"3号下线"所提供的"从平面临摹下来的高度机密装置"的草图，实际上是普吉站在里斯本一家以盟军驳船突击队图为主题海报的商店橱窗前自己临摹的。他首先草绘出速写，然后在此基础上加以完善，而后添加了大量虚假数据，包括船长、船宽及运载武器。另外，为了保险起见，他还一并发送了一份虚假的目击者报告，说明这艘船如何进行水上演练。甚至连英国的宣传单——无论是从天上掉下来的或是前盟军拥护者分发的——都被他写入这份冗长的报告："英国皇家空军飞行员学校毗邻桑威奇市，该营地被伪装并用作沿海防御计划的着陆场。它位于斯陶尔河右岸……就在通往拉姆斯盖特和桑威奇的主干道的交叉路旁。"其他事情他也只是毫无依据地凭空捏造，包括称自己看过体型庞大的"两栖坦克"在温德米尔湖上的演习。

普吉就像一个拾荒者，在里斯本的大街上游荡，目之所及皆无废物。

但是，如何收取德国方面的回信呢？他不想过分依赖那个虚拟的英国皇家航空公司飞行员作他的信使。于是，普吉到当地的一家侦探社，雇佣了一个人来冒充名叫戈伯的下线，并为此人在里斯本订了一个酒店房间，德国人不久后便找上门来收集材料。

尽管这些信息来源不详，他的许多报告还是具有相当的可信度。后来，当汤米·哈里斯向英国情报部门透露普吉的大部分情报都是他一手捏造时，那里的分析专家都不肯相信普吉从未涉足英国。他的信叙事详尽、描述准确、说服力强，如果说仅仅依靠他的聪慧机智那几乎是天方夜谭。但是，身处千里之外的普吉却让英国人认为他正潜伏在本国城市，并且深信不疑。

费德里科的来信表明，德国人正在严密研究他的报告。当他不可避免地出现纰漏时，阿勃维尔的间谍就立刻抓住不放："你信中引用了在吉尔福德看到的步兵团编号，但是该步兵团并没有编号而是以命名相称。因此你的报告作废……我们等着你作出澄清！"

普吉本能地觉察到对德国人这样的言辞他不能听之任之，于是他回击到："听到你们关于步兵团编号的声明我感到很惊讶……你们从未听说过名为陆军部和总参谋部的组织机构吗？差不多一年前，这些组织为了避免间谍渗透，在提到战斗单位时都用数字指代……在我旅途中收集到的证据里有一项能证明我所述属实并能证明这道命令已经颁布。"德国人会想亲眼看到那张指令吗？

这当然只是普吉的虚张声势。他并没有所谓的指令，而事实上德国人才是正确的：英国人使用名字而非数字来识别他们的军团。如果阿勃维尔要求查看那份命令文件，普吉就完了。但身为间谍的普吉似乎深知如何戏弄他的德国指挥官。接下来，普吉又发送了一堆不知所谓的东西证明他的言论（但不是那纸假想的"指令"）。几周后，费德里科回信写道："你根本没必要寄那些证据来证明自己，因为我们绝对信任你……我再次声明，我们这里对你的协作表示非常满意。"

其实，戏弄他的指挥官的秘诀就在于推测他们有多么需要自己。普吉的这一反击堪称完美。他像个妇人被指控欺骗般怒不可遏，在正确的

代号"嘉宝"
Agent Garbo: The Brilliant, Eccentric Secret Agent Who Tricked Hitler and Saved D-Day

时刻做出有力回击，将德国人与自己更加紧密牢固地捆绑在一起。他不愿被质疑，如果德国人不信任他，他就会甩手离去。军情五处的汤米·哈里斯后来对自己的间谍高官摇头叹道："可以说，自此以后德国人的心思日渐鲜明——他们不愿失去普吉，甚至不惜任何代价也要留住他。"

对于少数有怨声者，德国方面不置一词。普吉在一份"发自"格拉斯哥的报告中写道，"在这里有人为一升酒什么都肯做。"任何确实到过苏格兰的人都知道啤酒或威士忌是码头工人才喝的饮品。此外，他还在英国货币上犯了明显错误——他从铁路指南上抄下便士和先令的数额，却连它们之间如何兑换都不知道。

为了进一步迷惑德国人，普吉派婀瑞思利带着他写给她的私信会见费德里科。婀瑞思利跟这名德国军官说她怀疑丈夫有外遇。"她变得异常激动，叫嚣着自己确信丈夫已经和另一个女人跑了，还指责费德里科是协助其丈夫出轨的共犯。"费德里科向她透露，她的丈夫其实是在英国为第三帝国执行一项特殊任务。婀瑞思利闻言又尖叫道她的胡安尼托肯定会被英国人擒获并击毙。（当然，她完全清楚丈夫身在里斯本，没有丝毫危险。）费德里科急于想把这个女人请出办公室，就给她在德国大使馆找了份差事。见此方法行不通，他又尝试利诱——给了她一笔足以让她入住马德里五星级酒店的比塞塔。婀瑞思利并没有被他所收买，不过，为了说明丈夫处境险恶，她给了费德里科一张他们儿子小胡安的照片，让他代为转交普吉，煽情地说他可能再也见不到他的孩子了。

这是一次大胆的尝试。在写给普吉的下一封信中，费德里科对这次遭遇进行了完整描述，末了不忘补上一句，请普吉千万不要再通过他的妻子发送任何信件。

回到里斯本后，劳碌和重负向普吉侵袭而来。如今在他写给费德里科的信中，充斥着他对资金缺乏和通信不足的抱怨。然后，他又写信给身在马德里的婀瑞思利："快跟我说说孩子的近况，天知道我是多么渴望见到他、拥抱他。也许哪天我会发现他已经长成了男子汉，抽着大哈瓦那雪茄。"即使是最不会贪污腐败的间谍也可能因为亲子之情投降而去为德国人工作。但普吉显然从未有过这种想法——他不是那些指望靠飞来横财搭乘水上飞机去往阿根廷的机会主义者。他的确是想拯救世界。

但普吉毕竟尚有娇妻幼子，因此他每多拜访一次英国大使馆就会增加他们一家命丧集中营的可能。军情五处的一个官员认为，从这点上看，"间谍普吉"的存在是朝不保夕、岌岌可危的。他像是永久保持伫立在悬崖边上，稍有闪失或其他不测就很可能一下被推入万丈深渊。阿勃维尔回复给他的消息并没有如他期待的那般热情，并且在他花光了最初得到的 3000 美元后，阿勃维尔拒绝再给他现金支撑生活开支，而是勉强地这里给五十那里付一百。他的锋芒正明显地褪去。"眼看这场闹剧就要结束。"普吉开始调查移民巴西的事宜。

汤姆·米克斯式的英雄梦使命看似走到了尽头，但普吉忽略了一点：婀瑞思利·冈萨雷斯·卡巴罗·普吉的决定性。

在普吉日渐悲观绝望之时，是他的妻子婀瑞思利对他的忧虑感同身受并决定采取行动。她来到里斯本与普吉并肩作战，穿上自己最好的衣服朝美国大使馆走去。我们可以想象到她身着自己最华美的外套，佩戴产自卢戈的璀璨珠宝，一步步迈向宏伟壮观的使馆大楼，要求同有切实影响力的人对话的场景。婀瑞思利是一个不会被拒之门外的女人，她被领进了海军武官的办公室——成效远比在普吉多次造访英国大使馆要好得多——不久便开始同一个名叫鲁索的武官开始了一系列会面。"她迷倒了那个美国人……勾起了他的欲望。"对于即将透露的情报，她还开出了 20 万美元的天价。这个数字简直令人瞠目结舌，而震惊四座正是她开出天文数字的目的：鲁索从他的椅子上坐了起来，留心打量这个威风凛凛的女人。

要使美国人相信她和普吉是真的间谍，婀瑞思利觉得她必须向鲁索证明他们可以为美国做些什么。待他们再次会面时，婀瑞思利带了一封用法语写的信。婀瑞思利并不会讲法语，这点鲁索是知道的。为了得到这封信，她还委托一个朋友帮忙撰写电报，声称那是她的作家丈夫想要寄给他经纪人的，没有任何恶意或害处。原信中写道："巴黎勒克莱尔·菲尔斯报告称他及其马德里的经纪人正在等待你方指示，目前他们均已准

代号"嘉宝"
Agent Garbo: The Brilliant, Eccentric Secret Agent Who Tricked Hitler and Saved D-Day

备就绪，一接命令即可开始在所有约定期刊上刊发。"

她的朋友帮她写好文本，婀瑞思利收到后更换了其中一些关键词：将毫无恶意的"勒克莱尔·菲尔斯"改成"芝加哥172号间谍"，将"出版"改成"破坏"，"马德里"被改为"底特律"，"期刊"被改为"工厂"。大功告成后，信的内容就变为："芝加哥172号间谍报告，他及其底特律间谍正在等待你方指示，目前他们均已准备就绪，一接命令即可开始在所有约定工厂进行破坏行动。"

在与鲁索会面时，婀瑞思利展示了用隐显墨水写下的带有如上信息的密信，并称这是同住旅馆的一个德国间谍（她这么认为）与她之间的秘密通信。然后，她拿出一瓶隐显墨水，遍洒在那页信纸上——鲁索当时眼睛应该都瞪大了。那条险恶的信息显露了出来，鲁索弯下腰看了看信，立即同意让她与英国方面取得联系。

但是有个不起眼的细节，普吉却从未了解——婀瑞思利远比他认为的更富有创造力，也更具有自我牺牲精神。可能直到普吉进了坟墓都不知道，在里斯本的美国大使馆里究竟发生了什么事。

鲁索安排婀瑞思利与一个驻里斯本英国军情六处官员会面让她尽情说故事。她带上了缩印问卷和隐显墨水，但还没来得及从她的手提包掏出这些东西，那个军情六处官员——认为婀瑞思利不过是又一个不择手段、千方百计想要离开里斯本的女冒险家——明确表示怀疑她的诚意。遭到冒犯后，婀瑞思利起身准备离开，英国官员从口袋里掏出20埃斯库多丢在桌子上："拿去吧，就当作你的路费和辛苦费了。"他把这个家教良好、上流阶层的卢戈女孩说成了低俗的皮条客。

在她的家族里，婀瑞思利是出了名的性情刚烈。"她从不让步，尤其当她准备全力冲刺的时候。"——她的女儿这样评价她。现在一个素未谋面的外国人居然给她赏钱，堂堂国王阿方索十一世的疑似后裔居然拿到赏钱，这简直是像得到了最为严重的侮辱。上帝知道如果她将此事告诉丈夫后会发生些什么。哈里斯写道："如果当时普吉得知此事，整盘计划毫无疑问就会付之东流。"普吉可能会痛打那个官员一顿。根据军情五处档案里对这次会面的记载，我们几乎可以看到婀瑞思利忍受侮辱时羞愤交加的涨红的脸。

不知她是如何保持镇定自若的，但很快鲁索便为那个官员的鲁莽向她道歉，婀瑞思利也透露那个"德国间谍"其实就是她的丈夫。

即兴创作那封关于"172号间谍"的信堪称明智之举，虽说婀瑞思利是一个聪明过人的女性，但她表现出的少有且难以做到的自制能力使人印象最为深刻。我们不难将此举视为她对丈夫一种爱的表现，以及对他们两人共同使命的无私贡献。

六、龙潭蛇窖

圣奥尔本斯，距离伦敦 20 英里外的一个典型英国小镇。庄园牧场一片安逸祥和，红砖砌成的庄园主宅邸又呈现一派繁荣。这里还到处坐落着古雅精巧的小旅馆，因为自都铎时代后，圣奥尔本斯就是离开伦敦后途经的第一个车站。每到夜晚，那里的人几乎无法听到燃烧弹落在首都南部的声音，只有蟋蟀和树蛙的鸣声。

但这个安静闲适的郊区在古代曾是充满反抗杀戮之地，卡图维劳尼——基督诞生前出现的一个好战的英国部落就发源于此。公元前54年，当尤利乌斯·恺撒的车队从罗马开始席卷欧洲时，卡图维劳尼被认为是领导了第一次反抗的部落。后来该镇被更名为圣奥尔本，以纪念英国首位基督教殉道者奥尔本——他在公元 308 年席卷英格兰的一次反基督清洗运动中被罗马人斩首。

如今经过了几个世纪，圣奥尔本再次在战争时期扮演了重要角色，但这次不再植根于武装暴力，而是智力冲突。1941 年秋天，从伦敦撤离的儿童乘着通风不畅的餐车日复一日抵达此地，随着火车喷出最后一阵蒸汽，他们走出月台来认识新的养父养母。另一批身着西装、头戴黑帽的年轻男乘客一下车就被私家车接走，眨眼间消失无踪了。男人们抽着人家递来的香烟，被载到一条私人砾石车道尽头，高大的灌木篱墙里隐藏着一栋砖砌宅邸。这是一处古老的爱德华七世时代的豪宅，名为格兰诺蒙德。现在已经被改造为小型办公楼，在战争初期它被军情六处五部悄悄接管了。该分部在此处运作，负责伊比利亚和西班牙语国家的情报工作。情报官员德斯蒙德·布里斯托陶醉在这个凉爽的 10 月天里，但不久后，他便会成为听取普吉情报报告的领导。

德斯蒙德·布里斯托是一个刚正强硬的年轻人，对西班牙国情和西班牙人性格了如指掌。虽然他出生在曼彻斯特，并且是一个采矿工程师的儿子，但他成长于伊比利亚南部乡村，后来才前往剑桥大学学习法语和西班牙语，或者说是佯装学习——他是个糟糕的学生，学业平平，却是著名的剑桥大学划船队队长，对任何事情都感兴趣。一次在国殇纪念日，他甚至用汽油点燃了自己，然后跳入康河为战争退伍军人筹集资金。1940年冬天，年仅22岁，赋有冒险精神的布里斯托感觉自己"无聊透顶"，"一文不名"，因而他来到威斯敏斯特令人生畏的陆军部，自愿加入抗击纳粹的战斗中。

布里斯托看到了令他永生难忘的画面之后进入情报部门。最初他是以个人身份被英国军队征召入伍。一天，经过一系列艰苦劳累的步兵操练后，他来到牛津站准备去探望女朋友贝蒂。就在他等车时，一节专用车厢窜入了另一条车道，拥挤的车站上一双双眼睛齐刷刷地转向那节车厢，看着它呼哧呼哧地停下来。透过窗户人们看到车里满是四肢不全和面目全非的伤员，有些断手断脚，有些半张脸已经没了。"我惊恐万分地看着成百上千和我年纪相仿的年轻人拄着拐杖一瘸一拐、步履蹒跚地走出车厢，有些被担架抬出来的已经不见了四肢，沾满血的绷带缠着脸和眼睛。"这列车发自法国敦刻尔克，英国远征军刚从那里的一场混乱的大撤退中逃脱出来。

那副惨烈的场景表明英国正在输掉这场战争，也给了布里斯托同样的助力，使他坚定了离开步兵团的决心，并很快转投了情报部门。将近两年后，他凭借一口流利的西班牙语就职军情六处。他不在战场上与德国士兵厮杀，而是致力于间谍追捕事业。

1941年10月下旬，伊比利亚分部的办公室在格兰诺蒙德后面的一处玻璃暖房中，向下望去，可俯瞰一整片栗子树林，惬意十足。在此工作的年轻人把它称为"龙潭蛇窖"，这大概是因为他们花费了大把时间在这里密谋如何对付阿勃维尔那群阴狠毒辣的魔兽。那个秋季，坐在这间办公室里的布里斯托感到无聊至极，他几乎后悔了做出加入军情六处

代号"嘉宝"
Agent Garbo: The Brilliant, Eccentric Secret Agent Who Tricked Hitler and Saved D-Day

的决定。上级指派他翻阅一本古旧的里斯本电话簿，查看里面是否有与拦截到的电话号码相匹配的疑似间谍的姓名及住址。作为第五分部资历最浅的员工，他经常要做些枯燥的粗活：研读酒店客人的登记表，研究冗长的飞机乘客名单。但这些并不是他所想象的间谍工作，只有偶尔举行一些轻松活跃的闲谈会，大伙在"龙潭蛇窖"里喝得烂醉如泥——红杜松子酒是最烈之选。除此以外，这项工作往往纯粹是一件单调沉闷的苦差事。

　　这间办公室冰冷而安静。布里斯托曾设法在里面生火，但是温暖的火光却没能洞穿寒冷。部门的其他成员就坐在他的周围：特雷弗·威尔逊——当地的摩洛哥专家，前阿比西尼亚鼬粪出口商；蒂姆·米尔恩——以前曾是广告文案作家，吉尼斯广告撰稿人。靠着飘窗俯瞰栗子树林的是他们中间最雄心勃勃的官员金·菲尔比，他是整个分部的总负责人。西班牙内战时期，他就坐在一件被他穿破了的旧皮夹克上，担任英国《泰晤士报》记者工作。

　　外面传来一阵敲门声——那是摩托车通讯员来送每日破译的信息，俗称"ISOS"（情报部门奥利弗·雷奇的简称），是被指派破译阿勃维尔情报的译员们的辛勤成果。这些情报是通过汉斯洛普公园里耸立的一根无线电桅杆截获的。在一个名叫奥利弗·雷奇的天才的带领下，那里集结了各式各样高明的知识分子、数学家和牛津学者的力量，仔细审查着阿勃维尔在马德里、里斯本和柏林之间的通信。摩托车通讯员把当天早晨的成果递给冷酷寡言的蒂姆·米尔恩，便跳上车离开了。

　　米尔恩拿着那叠通报点了点头。他的工作是审阅这些截获的情报并裁定将哪些资料留在分部，哪些资料转投德国、法国或荷兰的分部。

　　"这也太奇怪了！"他几乎脱口而出。

　　房间里的一双双眼睛从案头工作一齐转移到素来沉稳、不易激动的米尔恩身上。

　　"那上面写了什么？"菲尔比问到。

　　"马德里方面通知柏林他们的间谍阿拉贝尔发来报告称卡那封郡海湾上整编了一支护航队。"

办公室里的紧张气氛瞬间飙升。在英国不可能有德国间谍才对，一个都不可能有！情报机构曾设法逮捕每个空降到英国乡村或者被阿勃维尔收买的德国间谍。但是现在这里却冒出一个身份不明的间谍，而这个间谍显然目睹了护航队在威尔士西北部上游集结的场景。如果这是真的，英国就遇上棘手的大麻烦了。

菲尔比抓起办公桌上的绿色电话——这是与军情五处通话的安全内线。他拼命地咬着手指来抑制恼人的结巴，与阿勃维尔研究部门通话。其他人听着菲尔比结结巴巴的话就了然于心了：这家对手机构显然也收到了同样的情报，同样对此忧虑重重。

很快，如普吉随后察觉到的一样，"英国人找我找得快要发疯了"。军情五处匆忙检查着船队离开利物浦的行程表，但始终没找到与阿拉贝尔相匹配的描述。苏格兰分局派出间谍远赴偏僻的林恩半岛，肃清了沼泽荒野和有可疑人物进出的旅馆，但仍旧一无所获。直到军情五处与海军的联络人——司令官埃文·蒙塔古发出电报称卡那封郡护航队并不存在，第五分部的成员们方才大大松了一口气——阿拉贝尔显然是子虚乌有的。

接下来，摩托车通讯员送来了更多发自 ISOS 的破译情报信息。这次又是阿拉贝尔，他向阿勃维尔报告护航队已经离开卡那封郡，正大举向南挺进。"我们很清楚那支杀气腾腾的护航队是不存在的，"菲尔比嘘声道，"这个阿拉贝尔究竟是个什么东西？他为什么要撒下如此明显的谎？"他们开始研究阿拉贝尔每天发出的情报，然而这个德国间谍却用销声匿迹让伊比利亚地区的这群人垂头丧气，直到数周过后才再次发声，还常常发出一些荒谬的新通报：他报告中称，伦敦外国大使馆的工作人员为逃避难耐的酷热搬到了布莱顿海边。这真是荒唐可笑到只有白痴才会提出这种事。但阿拉贝尔发出的少数情报却直击敏感要害，对英国军备或海军行动又能做出半准确的报告，这暗示他有机会接近英国的港口。德国人热切地回应他所说的每一个字。"阿勃维尔对这个富有创造力的骗子的信任随着一条条可疑的情报与日俱增。"布里斯托写道。阿勃维尔甚至同意为阿拉贝尔的开销买单，更为蹊跷的是，他们给的是

代号"嘉宝"
Agent Garbo: The Brilliant, Eccentric Secret Agent Who Tricked Hitler and Saved D-Day

先令而非英镑，像是这个间谍不会使用英国货币一样。

阿拉贝尔在阿勃维尔的崇高地位得到了证明——来自 ISOS 开始截获到的消息：德国人仓促地集结军力准备伏击来自卡那封郡的那支子虚乌有的护航队。德国海军潜艇也从对盟军船只的例行巡逻追捕中调转过来，意大利战斗机满载着鱼雷炸弹转移到撒丁岛以备遇袭之需。法西斯方面花费了成千上万个至关重要的工时，耗费了成千上万吨的燃料，并派出宝贵的海军资源去迎战一个有名无实的幻影。德国人计划在直布罗陀东边的一个据点伏击护航队。

这真是令人百思不得其解。即使是菲尔比这样被分部公认为最聪明的脑袋也想不明白究竟发生了什么事。是阿勃维尔出于不明动机被这个骗子蒙得五迷三道？抑或是它使了什么复杂的诡计让阿拉贝尔混进了伦敦并深入英国最高指挥部的巢穴？菲尔比清楚德国人的间谍史：1939 年，阿勃维尔曾尝试过类似的计谋，用一个虚假的三重间谍描绘出英国秘密情报工作，导致两个英国秘密情报处的间谍在荷兰被绑架。这次，德国人又在玩相同的把戏吗？菲尔比不能确定，他甚至于连阿拉贝尔的真实身份都还没弄清楚。

军情五处也介入其中作出了推测：也许阿拉贝尔就在伦敦的西班牙大使馆工作，那可是人尽皆知的亲纳粹佛朗哥分子的老窝，人们甚至相信西班牙外交官每天坐在博得莱——圣詹姆士街上的一家绅士俱乐部，正对着军情五处总部大门——的飘窗边，为阿勃维尔记录下每天来来往往的所有访客。其他分析家则怀疑阿拉贝尔并不在爱尔兰的反英大本营工作。

菲尔比和军情六处对阿拉贝尔发出了相当于全面通缉的公告。战争期间，成千上万进入英国境内的外国人都要经过旺兹沃思皇家维多利亚爱国学校的盘问，军情五处也开始向难民询问有关阿拉贝尔的消息。然而，尽管审问人员进行了极尽彻底的盘查，依旧没有可能的嫌疑人出现。

直布罗陀的假定伏击日来而又去。新的 ISOS 截获情报显示：不出所料，德国人已经发现这支护航队并不存在。德国潜艇和意大利战斗机被调回原地。然而，令人震惊的是，德国人并没有责怪阿拉贝尔，而是将这场惨败归咎于臭名昭著、飘忽不定的意大利人。这个间谍的"股价"仍是居高不下。

1941年冬天，阿拉贝尔从第五分部的银幕上消失了。然后直到次年2月5日早上10点30分，ISOS通讯员再次出现在格兰诺蒙德，在他刹车时摩托车轮胎在冰面上滑行了一段才立稳。金·菲尔比当天正在伦敦与军情五处方面会面，只留下布里斯托整理电报。很快，他发现了一个封盖着里斯本邮戳的信，便将它打开来看。这封信发自军情六处，信中说到一个名叫普吉的西班牙籍男子已同美国驻马德里的海军武官德马雷斯特中尉打过交道，并给出了一项令人好奇的提议：他想在伦敦担任盟军的间谍。普吉还提到他此前一直从里斯本给德国人发情报。

溢于言表的激动瞬时流遍布里斯托全身。他确信他们终于找到了阿拉贝尔，而且他试图成为在敌友两方转换身份的双面间谍。布里斯托飞奔上楼，来到军情六处第五分部负责人——上校费利克斯·考吉尔的办公室。考吉尔认为这封电报耐人寻味，但他不想惊动纳粹让他们知道自己的密文已被破解并在第五分部的审阅之下，也不想把普吉拱手交给军情五处的那帮竞争对手。他告诉布里斯托等菲尔比返回再议。当这个身材瘦小的间谍踏进格兰诺蒙德的大门，敲掉鞋上的积雪，布里斯托强留他长谈并把电报展示给他看。"我相信这个人应该就是阿拉贝尔。"布里斯托兴奋说道。

"上帝保佑，德斯蒙德，"菲尔比叫道，"我想你的判断是正确的。"他同意派一个间谍去会见这个西班牙人，诱使他将一切和盘托出。经过几个月的努力，普吉已经得到了英国人的充分重视。

德国人对普吉编造假护航队的反应给每个人留下了深刻印象。"如果普吉在德国人面前有权力造成这样无意的伤害，"英国情报史学家奈杰尔·韦斯特写道，"那么要是他的努力在指导下与诱骗行动的其他秘密武器相结合，又会产生怎样的效果呢？"回到圣奥尔本斯后，菲尔比与军情六处里斯本站的负责人取得联系，要求他与这个名叫普吉的人进行一次"谨慎的面谈"。军情六处挑选了其最具感染力的里斯本官员基

代号"嘉宝"
Agent Garbo: The Brilliant, Eccentric Secret Agent Who Tricked Hitler and Saved D-Day

恩·瑞索-吉尔——教养良好的葡萄牙人,浓密的胡子修剪得短而齐整——去和普吉进行初次会晤。

2月里一个异常炎热的夜晚,瑞索-吉尔坐在一个马蹄形的咖啡馆里等待普吉,这里可以俯瞰埃斯托里尔的白沙海滩。"我感到空前绝后的紧张,"他回忆道,"仿佛每个德国间谍都在注视着我,每个在咖啡馆内和徘徊在周边的人都像是德国间谍。"海鸥掠过头顶发出嘶鸣,沙丁鱼渔民穿着颜色鲜亮的自制毛衣,在他面前的广阔海滩上把白天的收获往岸上拉。瑞索-吉尔看着过往人群,焦急地等待着。终于,一个身形矮小但衣冠楚楚的男子出现在了混杂的难民群里,径直走向咖啡吧,并用不俗的、带有西班牙口音的葡萄牙语同侍者说道:"柠檬茶不加糖,谢谢!"瑞索-吉尔打量了他一番,然后悄悄贴近他。"通往海滩的台阶那边的桌子视野会更好。"他漫不经心道。普吉也对他进行了一番打量。瑞索-吉尔说的是同意约会地点的暗语。胡安·普吉莞尔一笑,两人走到桌边后普吉将隐显墨水递给瑞索-吉尔并开始讲述他的故事。最后,普吉荣归盟军之手。

两个月后,就在普吉整理好个人事务后,他搭乘一艘开往直布罗陀的英国商船,从里斯本偷渡出来,没有携带任何行李,留下婀瑞思利和小胡安母子俩,直到后来才把他们接过去。瑞索-吉尔亲自走上舷梯迎接他,并护送他通过了监护船只的葡萄牙国家警察的审查,将他带到入住的房间。"我的双腿一直在发抖。"普吉回忆说,当时瑞索-吉尔在他的耳边轻声对他说不必担心,这只是一个短暂的旅程。船长已获悉了这个不寻常的乘客,并接到上级指示,知道一抵达目的地后要把他交给什么人。在直布罗陀码头有两个人与普吉碰头,并递给他"一沓英镑钞票",让他去买些衣服。这座岛上的物价大约是英国的三分之一。在岛上待了两天后,普吉搭乘一艘强劲的桑德兰水上飞机飞往普利茅斯。

当飞机降临桑德兰的黑条跑道时,一种预感闪过普吉的脑海:"我突然清醒地意识到我离开家乡,即将踏入一片陌生的土地。英国人会友好地对待我吗?他们会相信我的故事吗?他们会理解我所做的一切的动机吗？他们会发自内心地相信我确实想要为全人类的利益而奋斗吗？"当他走下飞机的舷梯，普吉却先被英国的霜冻刺激了一下。"那真是冷得可怕！"他回忆道，"外面是严寒的天气，心里是冰冷的恐惧。"

几天之后，普吉来到雷斯皮尼街 35 号楼上的一个房间里接受盘问，并初次会见了他未来的情报机构官员汤米·哈里斯。在这里，漫长而严酷的学徒期是必经的，但二战中最重要的盟军间谍的职业生涯却马上就要认真严肃地展开了。"他能幸存这么长时间简直就是一个奇迹。"哈里斯后来写道。"这真是疯狂的行径，"普吉同意道，"我都不知道自己在做些什么。"

第二章 "嘉宝"崛起

PART II: GARBO'S RISE

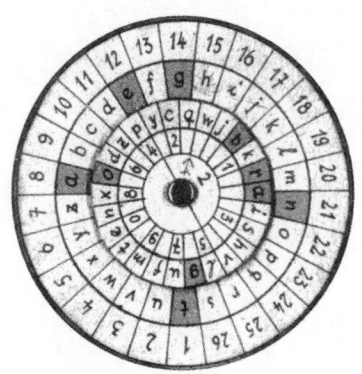

一、初生牛犊

　　普吉已经糊弄住了德国人，但是一个更加严峻的考验正等待着他：通过军情五处那一关。

　　1942年5月1日上午，德斯蒙德·布里斯托站在克雷斯皮尼街35号那座小型维多利亚式宅邸大门外，在伦敦清爽的空气中大呼了一口气。这座其貌不扬的有两层楼的独栋房子是从英国武装部队的一个犹太军官那租来的。在二楼，普吉坐在一个配有四把简易椅子和一张桌子的房间里，门外有一个侍卫把守着。在过去的三天里，他滔滔不绝地向布里斯托讲述自己的经历。而后，军情六处的官员迅速向他的上司汇报了这一切，不管他相信与否。

　　在布里斯托看来，事情只有两种可能：要么这个魅力十足的男子所言俱实，要么他是德方的三重间谍，企图渗透到盟军的战争机器中从内部摧毁它。

　　这个英国间谍来来回回地望穿街道，寻觅着汤米·哈里斯的身影。哈里斯是半个犹太人，也是军情五处才华横溢的间谍，可以协助布里斯托对普吉进行下一轮审讯。但是布里斯托没有看到他的踪影。

　　普吉到来后不久，布里斯托就被送进屋了。他不断地盘问这个西班牙人，问了一个又一个小时，让他重复讲述故事的关键部分。布里斯托还会循迹调查，故意混淆其中一些名字和日期，企图让这个相貌不俗、风度翩翩的年轻人头脑混乱。伦敦的分析家逐行研读着普吉截获的情报并设计了一些错综复杂的情节问题发送给布里斯托，企图让这个所谓的间谍露出马脚。但是，布里斯托最终也没能动了普吉的一根手指。面对

代号"嘉宝"
Agent Garbo: The Brilliant, Eccentric Secret Agent Who Tricked Hitler and Saved D-Day

百般刁难，这个西班牙人只是点点头，然后回到争议点上，用一种完全可信的方式详尽描述一段又一段令人难以置信的情节。

据他们所述，普吉那双淡褐色眼睛里的一些信息使布里斯托感到不安。这个军情六处的间谍时不时就会在他眼神里抓住某种"戏谑的闪烁"，那种闪烁暗示普吉的回答并非出自彻头彻尾的真诚，而是另有目的。

汤米·哈里斯在哪里？克雷斯皮尼街上来来往往的满是赶着去办公室的伦敦上班族，却不见那个身材高大、眼神专注的哈里斯。如果他出现在人群中是不可能被忽略的。假如有人能够甄别普吉的真伪，那么这个人一定是情报机构里人称"耶稣"的哈里斯。

终于，千呼万唤的哈里斯登场了。他和布里斯托两人上了楼，对守在门外的侍卫点了点头，便走进了房间。普吉站起身来同两个间谍打招呼，随即三人便开始进入了工作状态。桌子上摆着的是普吉曾发给阿勃维尔的每条情报的副本，一共有38份，写于1941年7月至1942年3月间。他们仔细查阅着这些手写报告的细节，研究着普吉的遣词造句、标点用法，甚至研究他的笔画：如何写"t"的交叉，如何画"i"上面的一点。他们从早到晚持续不断地工作，管家蒂多芙小姐给他们送去了咖啡舒缓压力。汤米·哈里斯全程注视着普吉，看着他说话，盯着他的眼睛，观察他如何读取情报，留意他如何讲述故事。"汤米似乎很快就摸清了普吉的能耐，"布里斯托回忆说，"（他）可以随心所欲地操纵这个新间谍。"

当阳光温暖了整间小屋，这三个人谈到了问题的关键，也是布里斯托曾经反复提的问题：为什么普吉会来到这里？为什么他甘冒生命危险甚至搭上妻子的性命也要成为盟军的间谍？普吉了然点头道，他的哥哥华金在一次旅法时，某一天偶然撞见了一个可怕的场景：盖世太保正在大规模地屠杀无辜百姓。听着普吉的娓娓讲述，几个间谍仿佛可以听到惊慌失措的男男女女的尖叫声和瓦尔特PPK（盖世太保的配枪）清脆的枪声。华金回到家告诉他的弟弟这场可怕经历后，胡安就下定决心不惜任何代价要与希特勒战斗到底。

这是一个骇人听闻但又令人动容的故事，同时也是又一个彻头彻尾的谎言。

哈里斯一边听着，一边卷着喜欢的西班牙黑纸烟抽起来，不时地点点头。"（普吉）愿为对抗德国而效力的动机是显而易见的，"布里斯托说，"他有充分合理的解释。"

黄昏临近，布里斯托渐感疲惫，他向哈里斯提议到当地的酒吧喝杯啤酒。两人道别后沿着通往克雷斯皮尼街的小路走去，汤米·哈里斯两眼发光。

"你怎么看？"布里斯托问道。

哈里斯扬起眉毛，摇了摇头，淡淡一笑。

"德斯蒙德，虽然这个人显然就是阿拉贝尔，但我确实很难相信这样一个看上去其貌不扬的人让我们烦扰和担忧了这么长时间，而且至今还把德国人蒙在鼓里。"

布里斯托闻言点头，他也在想同一件事情：这个想法天真的年轻人，在间谍工作上即使不算土包子也可谓野路子，他是如何骗取阿勃维尔那些厉害角色的信任的呢？

在返回当地酒店的路上，哈里斯——这个久经世故的军情五处官员，刚刚还跟布里斯托提议喝葡萄酒不要啤酒——给出了他的结论。他告诉布里斯托，"普吉就像一个追梦人……但是他将来会成为一个了不起的双面间谍。"

楼上，胡安·普吉拿起汤米·哈里斯的西班牙香烟又吸了一口，看着暮色降临在北伦敦。从对他的认识来看，我们很难相信他没有露出半点微笑。

普吉进入新角色的最初几周，狼吞虎咽地吃着加大分量的英式早餐——他已经长达六年没有尝过培根的滋味。这时，他的东道主也刚刚开始寻找这场角色变换的间谍游戏的立足点。

获取情报的首要条件之一是弄清敌人是谁以及他想要做什么。在战争初期，上级盟军官员通常没有深刻洞察这两个问题。一个官员回想起一个关于少将梅森·麦克法兰的故事。他是年长的陆军元帅戈特爵手下的军方情报主管，英国远征军指挥官，最重要的盟军领导人之一。一天，

代号"嘉宝"
Agent Garbo: The Brilliant, Eccentric Secret Agent Who Tricked Hitler and Saved D-Day

戈特把头探向了梅森·麦克法兰的大门。

"保加利亚这帮家伙还不错,你觉得呢?"他问。

"不,长官,我认为不太好。"梅森·麦克法兰说。

"哦!那你的意思是他们很可恶,是吗?可悲,太可悲了!"戈特撂下这话掉头走了。

在这个老派官员离开以后,梅森·麦克法兰只能摊直了双手,"以示无奈"。

这种无知渗透到间谍部门,至少刚开始时是这样。战争伊始,陆军部对德国战略和实力只有一个朦胧模糊的概念。这点在1939年9月3日(战事爆发后次日)伦敦响起空袭信号时显露无遗。当时陆军部的全体职员都钻进了防空洞,在那里,一个经历过西班牙内战的前军官听着一系列爆炸声,告诉大家那是德国人投掷的炸弹。但那些声响其实是楼上办公室门猛烈关上的砰击声,空袭并没有拉响,因为德国空军尚未得到充足资源发动袭击,而当时希特勒的战略也是想把英国引向和平条约的签署,并非发动进攻。

双面间谍服务的情报机构是由一系列铺天盖地的以字母缩写命名的组织,如BiA、LCS、MI5、A Force、JPS、R Force,这些被统一归入"诱骗行动"的大旗下。撇开这批机构暂且不论,诱骗策略在战争初期并不受英国军队欢迎。"从小的教育让我们觉得,用谎言换取的成功终归是一种耻辱。"相同的话写在丘吉尔地堡式的威斯敏斯特总部墙上的匾额上。这是嘉内德·沃尔斯利爵士的名言,他是英国军队的前总司令,1869年起任职。沃尔斯利的观点是,谁要是相信那些谎言,谁就注定要失败。欺骗是战争中必不可少的要素,但如果说谎言是击败德国的必要因素,至少在战争初期几乎没有英国官员会这样想。

欺骗对战局并没有帮助,而因为战时办公空间受到挤压,军情五处总部被迫搬到伦敦西部沃姆伍德·斯克拉比斯监狱一间间发霉的小牢房里。牢犯可以看到四周长出蘑菇的监狱活动场地成为情报分析师的工作场所,他们就在此绞尽脑汁地揣度德国高级指挥部的想法。"不要靠近他们,他们中有些人已经好些年没有见过女性了。"一个典狱长对女员工描述着这些"囚犯"。这座牢房——现在是办公室——里的门都没有内侧把手，一些军情五处的间谍被锁在恶臭熏天、隔音密闭的房间里度过了一段长得惊人的时间。

最初，英国的欺骗伎俩总显得笨拙滑稽。丹尼斯·惠特利是英国第一批招募的间谍。他个头不高，体型偏胖，嗜好饮酒，曾是一个酒商，后来成为了一个成功的小说家，擅长描写阴谋诡计和怪力乱神的故事，并给他的故事冠以"给魔鬼一个女儿"和"黑暗力量行使者"这样耸人的标题。1941年，在撰写了一系列绘声绘色的军事策略稿后——有些稿件甚至被国王乔治六世审阅过——他加入了所谓的"联合规划人员署"，陆军部的一个下属部门。惠特利发现英国人对"欺骗"这个"新兴行业"的反映充其量就是不温不火。将军们不想借出他们的坦克和兵团来愚弄德国人。接到调遣一至两艘驱逐舰来支持一项精心策划的"疯狂"密谋的提议时，海军上将们即刻脸色煞白——要知道这盘密谋仅仅源于惠特利丰富的想象力。英国官员纷纷表示诱骗计划是"阴谋勾当"、"无稽之谈"、"时间虚耗"和"物资浪费"。一些将领甚至拒绝相信盟军已介入这些事务，因为这类信息只会知会尽可能最少的决策者。历史学家撒迪厄斯·霍尔特写道："一个明显的事实是，盟军实行诱骗行动完全是一个机密，封锁程度丝毫不亚于超级机密和曼哈顿计划。"而事实上，普吉的秘密计划远比罗伯特·奥本海默的要保密得更为长久。

此外，诱骗计划最初的领导人也远远不是一流人才。惠特利的第一个老板——陆军中校弗里兹·隆比就是一个暴躁易怒的独腿老头。每天早晨，他都会迈着他的木腿一瘸一拐地走进白厅（White Hall，英国行政部门的代称——译者注）办公室，上班的前一个小时都花在做《泰晤士报》的字谜游戏上。而大厅内，丘吉尔正与内阁成员在作战室会面，头顶是巨大的红漆钢梁和四尺厚的混凝土天花板，四周完全气闭、防水。惠特利的办公室旁的63号房间里，有一部直通白宫与罗斯福的跨洋电话，也是世界上第一条热线，上面贴有"保持锁定"的字样，电话电缆连接到地下二层塞尔福里奇百货公司巨大的声音编码扰频器上。所有人都以为63号房间是一间首相专用的厕所。大厅里廊上还贴有一张写着"警报一

代号"嘉宝"
Agent Garbo: The Brilliant, Eccentric Secret Agent Who Tricked Hitler and Saved D-Day

览表"的告示。如果汽车喇叭响起了两分钟，就是德国发动地面攻击的预警。皇家海军身着深蓝色的制服，佩戴白色枪皮套和白色肩带不分昼夜坚守哨岗保护丘吉尔和战时内阁。至于惠特利和隆比则待在各自的办公室，在百无聊赖中虚耗时日，死在里面都可能不会被人发现。

这两个"表演家"花费了一个又一个令人昏昏欲睡的钟头，等待着被小说家称为"遗落部门"发来的命令。为了打发时间，隆比发明了一种不同寻常的充实办法：一次，他兴高采烈地跟下属透露，如果一份档案里对一些行动的介绍太过详细远超出他的胃口，他就干脆将它拿出来付之一炬。有一个钢制档案柜里存放的不是秘密文档而是数瓶杜松子酒和威士忌，他就取出来每天下午小酌。惠特利则是典型的群居动物，朋友遍布伦敦。每天他都外出午餐三个小时，和一群"身披斗篷、手持匕首的人"将一桌"烟熏鲑鱼、大盆醉虾……多佛鲷鱼、罐焖野兔、鲑鱼野味和威尔士干酪尾盘"一扫而空，然后回到办公室倒头大睡。1942年3月28日，隆比在惠特利的公文匣里留下了绝望的备忘录："今天仍旧无一事发生——连芝麻大点的事都没有。"

这两人编造出来愚弄德国人的方案往往具有严重的误导性。尤其是惠特利的提议之一，似乎就是直接来源于他的某部华而不实、粗制滥造的小说。1942年4月10日，普吉搭上英国商船前往直布罗陀的那天，惠特利提交了一份名为"最高境界的诱骗"的备忘录。在这份文件里，他说德国人可能已经失去了对希特勒的信任，因为他非但未能征服英国，还将美国和苏联树为劲敌。（但现实是，1942年春天，希特勒在德国广受拥戴。）因此，这个前小说家提议诱骗行动规划者们给敌国送去一个新领导人，将他们从黑暗中拯救出来。他还建议英国情报部门打造一个基督式的人物，出身贫寒家庭，长期不为人知，而后横空出世，奇迹般地出现在德国乡村的每寸隐蔽之壤，并进行"超自然力量的示范"，团结民众，即使是最坚定不移的纳粹中坚分子，也会被他传递"和平、博爱和对进一步战争活动的消极抵抗"的信息所收拢。隆比非常喜欢这个主意，还建议将这个虚构的领导人取名为"波特"（德语里"信使"的意思），并补充说，为了大大刺激日耳曼人的想象力，我们最好谣传波特是皇帝巴巴罗萨的后代。

军情六处及其密探、间谍随即可以散播波特的传奇故事，这样就能迫使纳粹发表否认此人存在的公告。争议的产生可能会从某种角度带走希特勒的一部分正当性，并最终以某种方式迫使德国人走上谈判桌。（在另一份备忘录里，惠特利修改了纳粹崩盘瓦解的日期，更为乐观地提前到了1942年11月8日）。如果此事属实，那么这真的是一个荒谬至极的方案，它展示了盟军情报工作最为脱节的一面。

诱骗术和心理战是两门包含谣言传播的独立学科。心理战旨在挫伤敌人的士气；欺骗则意在诱使敌人做或者不做一些明确、具体的事情。但有种伎俩同时有效适用于这两种技艺——含沙射影的暗示。1940年，当英国人拼命试图延缓德军侵英吉利岛，他们就散布谣言称已经研究出在英吉利海峡纵火的办法。这个主意是军事情报董事会官员兼陆军少校约翰·贝克·怀特在目睹了战争中一种新式武器的威力后想出来的。这是一套装有易燃物和天然气的自动喷射系统，燃油和木馏油从喷射器的地下管道输送到喷头，从而制造大量烟雾。这些烟雾一旦被点燃，就可以把英国任何一个海滩变成一道灼热的火焰之墙。这招骗术虽未付诸实施，但是燃烧过的海滩形象却可见于白色海岸。他想，若要说服德国人他们可以让整片海洋燃烧起来，这将是多么绝妙的印证。

与丹尼斯·惠特利不同，怀特的想法始于一种阴险狡诈、与生俱来的本能——害怕被活活烧死——从而精心构筑计划。他特地跑去请教英国科学家问他们是否有可能让英吉利海峡着火。科学家告诉他这种可能是存在的，只要你有大把大把用之不尽的钱砸在设备和燃料上。怀特不关心成本问题，他只希望自己的方案并非天方夜谭。接下来，他开始小心翼翼地通过自己联络网中的线人和间谍传播这条令人毛骨悚然的谣言：在日内瓦的巴伐利亚咖啡馆和马德里的丽兹酒店这些间谍、外交官和德国人夜晚聚集的场所，怀特的间谍故意低声谈论这个骇人听闻的新发明。不久，他又把谣言散播到开罗、纽约、安卡拉和伊斯坦布尔。

几周后，一个德国飞行员在肯特郡上空从飞机里弹射出来后被俘，随即被带到伦敦北部柯克佛斯特特伦特公园的审讯中心。在那里，他招

代号"嘉宝"
Agent Garbo: The Brilliant, Eccentric Secret Agent Who Tricked Hitler and Saved D-Day

认了德国空军飞行员和指挥官已经熟知了这个英国科学家发明的"燃海防御计划"。三天后,另一个被俘的德国飞行员也供出了相同的信息。一些皇家空军飞机在准备入侵英国的德国士兵操练区投下燃烧弹,受伤最严重的伤者需送往占领区巴黎接受治疗。突然之间,这条传闻又有了让人无可否认的力证支持:法国的游击队员们——通过自己的信息来源获悉了燃海防御计划——相信那些伤员都是来自一支秘密入侵军队,因为试图穿过英吉利海峡而被活活烤焦。

这个谣言马上沸沸扬扬地疯狂传播起来。在香榭丽舍大街沿街的咖啡馆里,法国民众站在德国士兵身后摩拳擦掌,好像围在篝火边上取暖一般。一个比利时店主更是大胆地在前窗打出男式泳裤广告——"渡峡专用"。面对这个迅速扩展的病毒,德国人惊慌失措。他们开始尝试各种方式,企图将自己的侵略船只打造成防火战舰。在诺曼底的费康,一艘内衬着石棉、承载着德国士兵的驳船被推入燃烧着汽油的池子。最终,这艘船通过了测试,但船上的人却没能过关——全体人员烈火焚身,壮烈牺牲。其中一些熏黑的尸体跌落到水里随波漂至海岸,进一步证实了等待着德国入侵者的恐怖手段。广播员塞弗顿·德尔马曾写过一篇关于普吉的报道,报道不仅对情节略加伪造,还在广播里播出,甚至给德国侵略部队做出了德语提示:Ich brenne(我烧着了),Du brennst(你烧起来了),Er brennt(他身上起火了)。

"燃海"战术的理念展示了被德国人称为"胆识之战"的力量。在某种程度上,这是一个天衣无缝的谣言,兼具耸人听闻之效、科学依据之固和传播速度之快,是每一个参与诱骗行动的官员所梦寐以求的。

丹尼斯·惠特利所谓"耶稣降临柏林"的想法根本是子虚乌有。但令人瞠目的是,英国情报部门竟然采用了惠特利的计谋并将其改编得更为离谱。1942 年 4 月,英国秘密情报局开始放出传言,称有一个"神秘人物",暂且简称其为"Z",他没有被赋予耶稣·基督的外表,而是被说成"有点像俾斯麦年轻的时候",并且已经组建了一个秘密地下组织准备"收复"德国。德国的名人包括飞机设计师威利·梅塞施密特在内据说都是他的支持者,并且已经"大量买进街角的房屋用作机枪杆位,待到起义反抗希特勒的时机成熟，他们就可以控制住城市的主要街区"。出于某些神秘未知的原因，这个秘密集团只允许英语水平炉火纯青的人加入。

可惜这股狂潮未能在柏林和杜塞尔多夫风行起来。惠特利听说了这个行动后震惊不已。"很显然，（他们）对我的计划完全不得要领，"他叹道，"我没有听过比这更疯狂的事了。"

虽然在胡安·普吉的印象里，温文尔雅的军情五处官员戏耍起对手不费吹灰之力，但其实英国人在欺骗行动时往往要极力设法进入德国人的军事思想模式。

军情五处是间谍管理部门。它给每个双面间谍指派一个情报官员，负责查看该间谍的日常需要。双面间谍的候选者包括进入英国的真实的德国间谍都要经过筛选，在大约四百名候选者中，被钱收买的和不够机灵的占绝大多数，这些人都会被淘汰，最终挑选出类拔萃的精英，为他们深入德国统帅部提供所需要的一切支持。如果招进来的人难以在双重身份间转换自如，他们通常会被关起来，当作"参考书籍"般被练就成德国间谍技术方面活生生的百科全书。军情五处的秘密办公室遍布伦敦，它们被伪装成合法企业，为间谍面试新人提供了场所。同时，它也为双面间谍提供了起居之所，提供了购衣券、购书补贴、身份证、收发消息的无线电，并配备了管家和警卫，有些甚至配有女性伴侣（情报官员有时会为孤独的间谍们召妓）。然后就是"钦点抄写员"——负责替那些虚构的线人抄写书信的现役英国士兵，因为如果线人的笔迹和间谍本人的一样，柏林方面就会产生可疑。如果一个抄写员死了，他不可复制的独特字迹随之而去，那个虚构的间谍往往就要被消灭掉，除非能够马上找到一个跟那个死去的抄写员拥有一模一样的书写风格的人。（后来这个事情就发生在普吉虚构的"6号间谍"身上，为其代笔的真人丧生于空难。）

在战时的伦敦要想做到所有这一切——从真正的士兵到真实的妓女——需要极大的想象力和绝佳的保密力度。"双面间谍的行动不仅必

代号"嘉宝"
Agent Garbo: The Brilliant, Eccentric Secret Agent Who Tricked Hitler and Saved D-Day

须骗过德国人,还往往需要瞒住自己人。"间谍组织头目约翰·塞西尔·麦斯特曼爵士说道。

双十委员会成立于1941年1月,以两个"XX"为标识寓意欺骗,负责为间谍提供信息。其成员包含所有可能有助于其使命的相关机构的代表:本土部队总司令部、陆军部、空军部情报局、军情六处和军情五处。该委员会由平民学者麦斯特曼领导,他外表高大儒雅,却心系板球运动。20世纪20年代末期,他的板球运动员生涯如日中天,虽然他惯用左手挥拍,右手击球"速度稍逊",还是能够为"自由森林居民"俱乐部和"哈乐根"俱乐部效力。他还曾担任过牛津大学伍斯特学院的前教务长,也曾是一个犯罪小说作家。他的其中一本书《牛津悲剧》(*An Oxford Traged*),里面充斥着情节生动的谋杀疑云,颇具夏洛克·福尔摩斯(Sherlock Holmes)"享誉欧洲"的侦探小说风格。这个间谍首脑的小说揭示了他对所谓"预检测"的兴趣——预检测就是如何"在犯罪前解决犯罪,预见犯罪计划,然后阻止犯罪"。双面间谍所要做的事与此刑事工作相同:要在事发前想象和建构那个事件,并对此事的各种可能响应做出预判,然后与那些响应博弈。

麦斯特曼最大的天赋是他知道别人想要什么:要使相关部门的领导们全都积极参与会议只有一个办法,于是他决定,给他们提供一款全新的烤面包机——这在战时的伦敦可是遥不可及的稀有之物。于是,超过226次的双十委员会周例会,全员到场,无一缺席。

1941年,是进行诱骗行动试验的一年。这不仅意味着推出几十项诱骗计划,还包括一种间谍哲学的问世:何为有效,何为无效,缘何如此。1942年被认为是这门间谍哲学的繁荣时期,但多数行动却并不奏效。例如马基雅维利计划,涉及机密的英国东海岸雷区地图的传递,代号"三轮车"的塞尔维亚双面间谍负责传输计划,但德国人却无视他们。是虚假的进攻英国惠斯顿粮仓行动,以制造英国人控制下的间谍发起破坏行动的证据——通过寄送权威报纸的剪报来详述他们为德国立下的功勋(这就是广为人知的"欺骗破坏行动",而盖伊·福克斯计划就是战争期间这场行动的第一个范例)。经过与苏格兰方面的长时间谈判后,该行动才大开绿灯。但是，情报官员还是碰到了麻烦——他们难以唤醒那两个看守粮仓的老人，因此延误了燃烧装置的安置，差点被一个过分积极的警察逮住。在布鲁克计划中，军情五处密谋炸毁在汉普郡的半圆营房，动机与福克斯计划相同，但是遗留下来用作证据的挪威罗盘被当地窃贼偷了，随后又有一群羊溜达到爆炸点附近险些造成计划流产。即使欺骗计划布局合理，要想顺利完成也绝非易事；即使是计划执行了，也可能招致敌人的怀疑或者被忽视。

由于普吉知道事情的内情，他感觉像是在英国最高指挥部以及双十委员会内部，诱骗行动的领导层行事过于谨慎，生怕向希特勒透露太多信息，但任何真正有野心的欺骗计划都离不开此风险：盟军作战计划向德国人透露了多少，精心策划的邪恶阴谋就可以向他们揭露多少。人们普遍相信，双十委员会的成员已经演变成一群吹毛求疵的监察官，阻止信息向下传递以将危险系数降到最低（低到可谓"缓解沉闷"或"微不足道"的级别）并否决任何关系到重大风险的事。

许多观察员都担心，那一组人马艰难地去轰炸偏僻的汉普郡的几间营房并不能为更加宏伟远大的使命做好准备。"如果整个双面间谍系统在未经更为重大的欺骗行动考验前不慎崩盘瓦解了，我们将作何感想？"麦斯特曼担心道。本土部队曾一度建议麦斯特曼放弃那几十个双面间谍，停止他们的欺骗行动。

普吉加入英方欺骗行动所面临的第一个巨大挑战是要先摸清英方欺骗行动的状况。

然而，在这个体系内部至少还有一个颇具前景的预示。胡安·普吉是一个不速之客、一个风险伙伴，与他合作是英国人在战争早期的一次异乎寻常的赌博，如今已初见成效。英国人赌的是人力资本，让偏才、怪才发挥其特定作用。

战争打响后，英国情报部门就持续广招人马，因为能够四处走动传递消息的经验丰富的情报官员根本不够。其下的一个分支——海军情报部门从1939年的50个雇员发展到1942年职员过千。为了给军情五处和

代号"嘉宝"
Agent Garbo: The Brilliant, Eccentric Secret Agent Who Tricked Hitler and Saved D-Day

军情六处办公室以及其他参与欺骗行动的机构扩员，英国人抛开传统观念作了一个清醒的决定：他们不从常规渠道如驻印度和缅甸的殖民地公职机构或是英国军队招募新人，而是到大学和知识分子中去寻找。这次在碌碌之辈中的寻人招致了几场难忘的面试。比卡姆·斯威特－埃斯科特是军情六处 D 部门（"D"代表"捣毁"）的求职者，该部门专门从事破坏活动。面试官告诉他："我无法告诉你将来你做的会是什么样的工作，我只能说如果你加入我们，你必须敢于伪造、敢于谋杀。"正式签约受雇后，他发现与他共事的爆炸物专家是一个前拳击创办者兼试飞员，说起话来都是令人匪夷所思的押韵诗体。作家们似乎特别喜欢这个情报分支，尤其是那些大量描写惊悚故事的作家：经典短篇小说《枪杀希特勒》（*Rogue Male*）的作者杰弗里·豪斯华德被派去布加勒斯特。在那里，他因为过度饮酒和"玩弄炸药"让办公室的同事们提心吊胆。中东诱骗小分队主要由一个化学家、一个商人银行家、一个音乐厅魔术师、一个编剧、几个画家和其他一些艺术家组成。"我们完全是业余爱好者，"转型为间谍通讯员的英国律师克里斯托弗·哈默说道，"比发育过快的学童玩些搏命游戏高明不了多少。"

多年以来，情报部门一直是善于交际的社会青年和印度殖民警察部队退伍军人的归宿，他们瞧不起"书呆子"，很少聘请这类人。而今，英国政府签约的学者数量突飞猛进：历史学家、语言学家和古典派服务间谍工作，数学家和科学家从事像破译这类分析工作。而像才华横溢深不可测的艾伦·图灵这类异类怪才，在当时蔚然成风。图灵在密码专家总部布莱切利庄园（Bletchley Park）就职，这里的密码专家破译了著名的"绝密情报"（英国利用恩尼格玛译码器，破解德国军事密码，所得绝密情报称为 Ultra——译者注）。他每天骑自行车上班，戴着笨重的防毒面具以避免花粉。早些时候，他还会把自己所有的钱兑换成银条，然后在附近的森林挖一个地洞将金银埋藏在那里，以防纳粹入侵。（战争结束后，他再也没有找到那些财宝。）布莱切利庄园俨然成了艺术公社和布鲁姆斯伯里团体的聚集地。温斯顿·丘吉尔参观这里时，曾告诉它的主管："我要你千方百计招到员工，但我没想到你真的为达目的不择人才。"

　　间谍机构看起来则要正常许多，间谍官员们的私生活隐藏在优良的血统和深色的萨维尔街（世界顶级西服手工缝制圣地——译者注）套装后面。汤米·哈里斯是一个成功的艺术品经销商，对戈雅（Goya，西班牙画家——译者注）更是有专门研究。他担任间谍工作时的伙伴安东尼·布伦特是一个艺术史学家。金·菲尔比眼中最好的官员是保罗·德恩，他是一个"思如泉涌"的艺人，后来创作了剧本《冷战谍魂》（The Spy Who Came in from the Cold）。这些人中有很多是在战争爆发后无意识从事了情报工作的，所以他们并不害怕一个馊主意会毁掉自己的事业。普吉则可谓是空想主义的难民——在佛朗哥统治下充满束缚的社会毫不自在——来到英国则如鱼得水。

　　事实上，反抗希特勒的欺骗行动的最终领导人有很多是圈外人，配备一支强大的资深情报员队伍以平衡实力（这些情报员是一进来便开始在大厅里工作的那群怪人）。军情五处的许多员工，包括一些犹太人和同性恋者在内，如果成长在战时的德国，可能都要被抓到集中营里。当然，笼罩军情五处的休闲氛围以及"在走廊上下飞奔"的场景绝不会发生在柏林的阿勃维尔反间谍机关总部。这是两种完全不同的心态，两个截然相反的世界。由于敌军在隔海对岸摆好阵势，英国没有保守处理的资本，而英国人也认为在斗智方面他们几乎具有天生的优势。

　　普吉抵达英国时，欺骗计划的倡议才始露喷薄欲出的星星之火。一些不适应时代潮流的人，例如曾因一份敏感文件过于笨重而将其烧毁的中校隆比，被派遣到相对次要的地区，而生气勃勃的年轻贤才则被选入参与欺骗行动的领导工作。汤米·哈里斯就是青年佼佼者之一。

　　在圣詹姆斯市杰明街上窄小的办公室里，胡安·普吉正在熟悉他的新搭档哈里斯，他一下子就被对方的热情专注打动了："他烟瘾大得像只活烟囱，一根烟如果不抽到快烫着手了，他是绝对不会掐掉的，因此他的右手手指几乎染成了栗色。"在普吉看来，哈里斯与自己志趣相投。金·菲尔比曾用鼓励"新潮思想各放异彩"来形容某些英国情报机构的

代号"嘉宝"
Agent Garbo: The Brilliant, Eccentric Secret Agent Who Tricked Hitler and Saved D-Day

氛围。这确实是杰明街办公室的真实写照。在哈里斯身上，普吉看到了另一个自己，一个更精于计算、更赋有远见的自己。

即使对于最熟知他们的人，这两人都是谜样的人物。哈里斯的眼神里总有一股捉摸不透的神秘气息。一个情报官员称他是"星探眼中沙漠酋长或曲线优美的探戈舞者的理想人选"。但在优雅华丽的外表背后却有着深藏不露之处。"在他身上有很多问题仍未解开，也可能永远没有答案，"军情六处官员德斯蒙德·布里斯托写道，"说我熟识汤米·哈里斯，这是事实；但从另一方面说，他有为我所知、为我所素知的一面，却也是我所不愿且素来不愿相信的一面。"哈里斯家族的世交之一安德鲁·豪梅现居马略卡岛上的间谍公寓，尽管已对哈里斯的生平经历研究多年，却从未能够很好地总结此人。"在我看来，他是像脱缰之马般难以把握的人物。我越是步步紧逼，他越是深藏远遁。"

与普吉相识那年，哈里斯年仅34岁。他是一个独子，父亲是一个观察力敏锐的犹太画商，母亲是一个来自塞维利亚南部城市的西班牙女人。在19世纪，汤米的外祖父和外舅公身着席德［El Cid 这个称号，源自阿拉伯语的"老爷"（sidi）一词。罗德里哥·鲁伊·狄亚斯，是卡斯捷尔王国的贵族，后由于在对摩尔人（西班牙人对阿拉伯人与穆斯林的总称）的战争中表现英勇，几乎战无不胜，获得摩尔人的敬重，因而获得"席德"之名］等西班牙英雄的服饰出现在斗牛场，以此复兴了斗牛艺术。在马德里的家中，他们看守着马厩里的马匹，享有"绅士斗牛士"的美誉。他的父亲莱昂内尔在时尚的伦敦康迪街上开了一家画廊，专营格列柯、委拉斯开兹这类西班牙大师的作品。在那里，他的画廊生意十分红火，公爵、外国政要甚至皇室成员都会过来跟哈里斯聊聊西班牙最新的明暗处理绘图趋势。

战争爆发前，汤米·哈里斯在他父亲的画廊帮忙。汤米是一个"直觉敏锐"的艺术家，他原本打算到英国乡村旅游，让自己置身于富丽堂皇的豪宅和爱德华七世时代的城堡中，让当地贵妇为他的魅力所倾倒，进而纷纷解囊，欢歌一曲。汤米娶了一个名叫希尔达的英国女孩，安家在伦敦的切斯特菲尔德花园，这个家成了一个浸染在艺术、美酒和美食熏陶中的大沙龙。金·菲尔比写道："我偶尔去趟伦敦时一定要登门拜访汤米·哈里斯家，（他的宅邸）置身于他的艺术珍品的包围中，陶醉在美味佳肴和顶级佳酿的氛围里。"哈里斯家隔壁的房子隶属董事长苏富比名下，他也经常顺便拜访。罗斯查尔德家族与邦德街的艺术品商以及嗜酒的伯爵之间交往密切。战争爆发后，这里的地下室就被用作防空洞，伦敦的名流们在半明半暗中用香槟和西式小点打发时间。楼上，间谍界的未来新星如星座般聚集，感受到了哈里斯热情好客的温暖。盖伊·伯吉斯、安东尼·布伦特和金·菲尔比都是在切斯特菲尔德花园建立工作网并发布信息。（这三个人，连同唐纳德·麦克林，形成了后来众所周知的"剑桥间谍圈"，在20世纪50年代早期暴露后，震惊了英国间谍机构，也让汤米·哈里斯心痛不已。）

哈里斯钟爱香槟和狂欢派对，但他的内心始终有一处禁区对外紧闭，唯有通过美酒或绘画方可企及。他的艺术作品棱角分明，对比强烈，十分引人注目。一个评论员看了他在伦敦报纸上发表的作品后写道："这些画既有耐人寻味的魅力，又有令人躁动的活力。尖锐的笔法技巧，即惯用的'强劲有力的线条'让人兴奋到面泛红光。"但无论他的内在张力有多大，哈里斯在早期就已经明显表现出他正是带领新人突破间谍迷局的不二人选。"普吉是拉丁语天才，但这个计划使用的却是英语。"一个西班牙记者后来说道。这一点千真万确。普吉献出了自己的足智多谋和独特思维，哈里斯则发挥了战略才华和指挥才能。

这两个人并肩坐在伦敦的一间小办公室里，单纯依靠高速运转的炙手的头脑，竭尽所能去战胜第三帝国。

二、间谍系统

　　双面间谍系统引发了一系列比喻性的解释：有人说它像一支交响乐团，"第一小提琴"演奏主旋律，"第二小提琴"为其合音，而"指挥"，即本体系中的双十委员会主席麦斯特曼，则协调来自破坏行动、政治谣言、虚假信息和科学欺骗的不协和的和弦，组成一首独特的交响曲，随后通过广播传入德国。也有人说这是板球的某种写照的体现——这种说法深得体育狂人麦斯特曼的心。他辩解道，板球运动和间谍活动之间只有一个关键区别，"在终极游戏上演的日期来临前，我们的最佳击球手……必须超越自我最佳水平甚至置生死于度外。"

　　但无论是管弦乐团还是板球战队，都没有涉及间谍工作的要义——欺骗。事实上，欺骗工作体系与好莱坞片长制度十分相似。双面间谍就是演员，他们集体面对的艰巨任务是经过设计、用来吸引观众的。情报机构官员就是他们的经理人。在现实中，汤米·哈里斯这类官员之间存在着激烈竞争，都希望自己的间谍能在下一步工作中扮演重要角色。军情五处就是制片厂，负责开发项目和分配合适演员，并根据德国间谍的想法来剪辑信息。（正如许多好莱坞明星一样，普吉永远不能游离于所饰角色，否则他的职业生涯就将毁于一旦。）至于编剧，军情五处差不多是按照长篇叙述构思的——故事中的虚拟角色粉墨登场后又在适当时刻被扼杀。英国军队还拥有一支"制作团队"，用假的无线通信为间谍提供包括"灯光、场景、服装、经费"在内的资源支持。他们甚至编写"脚本"并选择真实的部队担任临时演员、自配人群杂音。例如，当他们想模拟一场两栖登陆，就会用钢丝录音机播放真实的登陆声音，然后在实际战斗中再度回放。

正如经典好莱坞影片一样，评论对于欺骗工作也是十分重要的。盟军拥有布莱切利庄园的破译员，这意味着军情五处可以窃听到柏林传来的评论声。如果有一份报告从德国的西部外国军队一路转送到东京、索菲亚、保加利亚和伊斯坦布尔，或者间谍的紧急电文称一群空军轰炸机更换阵地，那个谍报员连同那份脚本就会轰动一时。当然，终极的评论来自希特勒本人，他仅签署阿勃维尔最重要的情报消息，以示他已审阅报文，悉知详情。

和好莱坞电影一样，金钱对间谍系统同样至关重要。每个间谍从德国人那网罗到的现金就可以体现出他（她）的受重视程度。［在普吉的间谍职业生涯中，他的年收入达到140万美元（以今天的价值来算），超出军情五处其他所有间谍数倍。并且仅凭一己之力就用个人"收入"为双面间谍系统提供了大量资金援助。］最后，当间谍正式进入编制，会得到各自的代码：例如伊瑟·丹尼尔洛维奇变成了柯克·道格拉斯，还有一个营养不良的威尔士人阿尔弗雷德·乔治·欧文，成了一个气宇轩昂的间谍，代号"飞雪"（Snow）。

从里斯本偏僻地区远道而来的普吉是一个颇有前途的新面孔，但他还需要接受系统训练。当普吉和哈里斯一起坐在哲麦街简陋的办公室里办公时，或是在燕子街马丁内斯餐馆里用餐小憩、享受正宗的西班牙菜时，他们就会开始整理这个庞大的间谍机构，这个迄今为止只留存在普吉头脑里的间谍机构。

普吉说话间，哈里斯正埋头在案前，钻研着普吉新编写的一本虚拟线人工作日志中繁杂微小的细节。这些虚拟线人都被赋予了各自的代号。第一个下线间谍的代号为"J（1）"，意为"胡安线人一号"。哈里斯又一一打开了不同线人的工作日志，以便每一个虚拟线人都被记录在案，不出差错。普吉和哈里斯一起给最终为普吉服务的那27个线人起草了一份"角色研究"文件，"逼真到足以在信息接收者的脑海中创建一个清晰的人物形象"，标注了他们的每一种怪癖和缺陷。为了使这些虚构的男男女女的生命更为具象饱满，英国情报局还雇了一个本地侦察员和一

代号"嘉宝"
Agent Garbo: The Brilliant, Eccentric Secret Agent Who Tricked Hitler and Saved D-Day

个官员,负责在英国到处开车转悠,在途中记录一些他们体验过的地方特色:歇脚过的冰淇淋商铺,下榻过的军事营地附近的酒店。其余一切则由间谍和情报官员决定。哈里斯和普吉必须为谍报工作网中的每个情报员编排每项活动。比如,当一个线人的密报称他们那个荷航飞行员信使身在伦敦时,他们就不能再说那个飞行员身在里斯本。这就像一个庞大的宇宙体系,需要精心构建和严格维护。

普吉从里斯本发出的 38 条消息均被分类和编目,德国的回复也是如此。从现在起,普吉发出去的所有消息都会被印在粉色的纸上,而所有德国方面发来的消息则被印在绿纸上。哈里斯最终定下了未来电文的传送方式:他和普吉负责编写外发消息并将其译成密码,然后发送到伦敦军情六处第五分部。在那里,密电会被放进一个外交邮袋里送往里斯本。里索·吉尔,这个将普吉从严寒中带回来的人,会担任谍报员,将密电送往邮局邮筒,德国人会把这些信件收起来。阿勃维尔相信,这些信件仍是由普吉数月前招募的荷航飞行员发送的。

1942 年 4 月 27 日,一切准备就绪,只剩最后一件事——普吉需要一个新的代号。"阿拉贝尔"是他在德国联络网中的代号,但毫无疑问在军情五处他还需要一个新名字。普吉抵达英国时,一个军情六处官员曾称他为"肉汁"(Bovril),即英国人用肉膏冲泡而成的一种热饮。但现在,哈里斯已经摸清了普吉的能力,这个名字显然已不再适合他了。

选择双面间谍这条路的人往往不是机智应变就是穷困潦倒,因为经济困难、贪慕虚荣或者因同性恋问题遭到勒索,被逼上绝境后才为敌人做事。这些问题人士通常也不是什么正派的间谍,因此他们的操控者也常常给他们取些带有蔑视意味的名字,不过,这也许是让他们远离怯懦畏缩的一种方式。一个代号"马虎"(Careless)的间谍,就是"一个极其轻率、野蛮好斗的家伙"。还有一人代号"蛇鲨"(Snark),是一个南斯拉夫姑娘,但没有真实的户口记录。她曾策划让一个敌人被老鼠活活吃掉以便从他身上捞取信息。一对新婚夫妇和他们亦真亦假的代号"野人"(Savages)。这份名单往下念还有:黄鼠狼(Weasel)、可卡因(Cocaine)、奴隶(Slave)、失败者(Washout)和蠕虫(Worm)。还有一个低级间谍,代号"BGM"（Blond Gun Moll，金发女歹徒），是一个克利特岛女性，手提包里带着一把枪，还"懂得如何使用"。（据说她曾用那把手枪杀了一个人，虽然还有另一种说法称她其实是从屋顶将那人推下去的。）只有精挑细选的少数几人得到了体面的名字，这些人才是情报机构真正感兴趣的人。

而普吉就属于那少数的后者。他用"世界一流的演技"打动了军情五处，因而更名为"嘉宝"（Garbo）——取自著名的电影女演员葛丽泰·嘉宝（Greta Garbo）的名字。与同名演员嘉宝一样，普吉的内心似乎有一个难以企及的地方，无论研究多久仍旧难以捉摸。同时，这个代号可能迷惑德国人，让他们误以为"嘉宝"是个女人，给普吉额外增加了一层安全保障。

为使嘉宝变成一个羽翼丰满的阿勃维尔间谍明星，哈里斯和普吉开始用"芝麻小事"来充实他们与柏林的联络信息——比如，基本的军事情报，虽然准确但缺乏价值。获知真相是普吉进入双面间谍系统后得到的最大好处，他不会再犯苏格兰人喝酒那样的低级错误。每天，或者至少是每周，双十委员会都会发出一批新素材，这些素材都能够被安全地编进嘉宝长篇叙事中，而后译成密码发至德国。这在情报工作中称作"集结"：阿勃维尔会慢慢相信嘉宝获取的情报越来越有价值，因为其中大部分都经得起检验。还有一些盖着伦敦邮戳的信件直接寄往马德里，以证明嘉宝确实生活在英国首都。

嘉宝的"线人"如今盘旋在英国各地，他们的报告读起来就像间谍式的小镇港口旅行指南："这里的沙滩是开采出来的。在辛格顿公园里有一杆巨枪，但我无法查证它是否用于防空或者沿海防御……这里还有几个大型飞机库，以及防空放置在机场北部和西部的15颗阻塞气球。哨兵非常多……尔湾的几个小港口现在被用于攻击驳船。我亲眼看到了10个锚桩。"

对精妙的隐显墨水的正确使用是情报部门关注的重点。1942年11月11日，在马德里的阿勃维尔间谍操控者费德里科写下了新型墨水的使用说明：

代号"嘉宝"

Agent Garbo: The Brilliant, Eccentric Secret Agent Who Tricked Hitler and Saved D-Day

将一张纸在清水里浸泡几分钟，直到完全浸润。取出沥净多余水分后，把纸平铺到玻璃上，这样它就会完全黏附在玻璃表面，不会产生气泡。在这张湿纸上放上另一张干纸，两张纸必须严丝合缝地黏附在一起。秘密信息要用削尖的铅笔写在这张干纸上，要非常用力书写，但不能戳破纸张。写完后把干纸拿掉，湿纸上就会出现所写内容的透明印迹。

嘉宝的许多信件都是寄往里斯本所覆盖的地址范围内，看似都是和朋友或家庭成员间的正常通信，当然，真正要传递的情报藏在字里行间的隐形墨迹里。为此，普吉和哈里斯还捏造了一群伪民众来掩护他们的伪线人。其中有这样一个家庭，两兄弟带着任性的妹妹"玛丽亚"，生活不尽如人意。

亲爱的玛丽亚：

　　作为深爱你的哥哥，我当然不想你身有不适，但是我还有一个纯属自私的原因。也许你已经忘记了妈妈看到她的宝贝孩子生病的模样……过去的这十天……对我来说，完全如地狱一般……

亲爱的玛丽亚：

　　家人让我写这封圣诞节问候信给你……我们尚未沉浸在特别的节日气氛中，但我敢说它很快就会浓烈起来……今年的圣诞装饰将由我来做，并不是因为我特别喜欢做这件事，而是太多人从梯子上摔下来了——去年乔就是这样，结果脚踝扭伤、脑部震荡，于是整个圣诞节，他都躺在沙发上。

普吉和哈里斯必须一直保持那些虚构的英国家庭和其他民众的日常生活运作，增加肥皂剧中的琐碎细节。假期，生日，疾病，分享八卦——这一切都必须完全吻合、协调一致。

第二章 "嘉宝"崛起

普吉很幸运，编造使人信服的故事的"艰巨任务"，在他来到伦敦后就"从他肩上卸下了"。然而哈里斯却明确表示普吉仍是行动的重要组成部分。他写道，"的确……嘉宝作为个人自始至终扮演了一个非常重要的角色……他被赋予了监管和发展这个独一无二、虚幻奇异的间谍组织，即他臆想的产物的职责。"在哈里斯印象中，普吉总是"小心翼翼地检查工作的进展情况以免我们发出去的资料……引起敌人对该信息渠道的怀疑……我们很难盼到一个比普吉能力更强、更具慧眼的评论家"。普吉塑造的"嘉宝"一角成为有力武器，并且随着这场游戏的日益繁杂而日显成效。

在最初的那段时期，嘉宝的情报网必须"纳新"，而后将成员们分布在英国乃至世界各地，使嘉宝能够报告几乎所有的盟军军事行动。于是他开始迅速捏造间谍，最成功的妙举莫过于塑造卡洛斯，一个在格拉斯哥读书的委内瑞拉富人学生，生来具有成为间谍操纵者的天赋。卡洛斯甚至带着自己的哥哥出国，他的哥哥仇恨美国人，因为"对他而言，美国人毁灭了他们国家最庄严崇高的东西"，即西班牙的遗产。接着间谍 J（3）出现了，他是伦敦信息产业部的一个高级官员。汤米·哈里斯努力将此人加入嘉宝的布局组合里——他们需要一条大鱼，而这家伙正好合适。普吉可能从中帮官员做了一些翻译工作，而他们两人对于普吉对西班牙内战的记忆和官员的共和党倾向还耿耿于怀。这个政府官员其实是国王陛下的忠诚臣民，他是无意识地通敌，"适合用来传递高级的政治性或战略性信息。"如此一来，嘉宝便有了一条直通英国决策者心脏的管道。

欺骗行动早期的目标之二是深入探究希特勒的头脑，即在德国人毫不知情的情况下，把阿勃维尔以为对准了英国的望远镜扭转过去，窥视柏林战争机器的心脏。要想做到这点必须认真聆听阿勃维尔反间谍机关所需要的情报信息，并迫使其官员透露他们的秘密。作为德国军队的耳目，阿勃维尔经常未待装甲车的引擎发出轰鸣，或者不等驱逐舰在波罗的海改变航向，就发出未来行动的信号。

代号"嘉宝"
Agent Garbo: The Brilliant, Eccentric Secret Agent Who Tricked Hitler and Saved D-Day

1940年秋天,阿勃维尔向其下的间谍询问英国食品仓储状况,甚至包括面包和牛奶的价格。为什么德国人会关心英国人在多佛海峡储备了多少粮食呢?毫无疑问,断其粮方致其降。英国分析师得出的结论是,希特勒在思考一旦征服了英国该如何养活他的军队。这一结论提示了丘吉尔和众部长,德国人仍在谋划入侵行动。然而到了1941年夏末,问题的指向转变了。阿勃维尔不再询问食品仓储之事,反而开始交代间谍们低调潜伏,确保安全。入侵英国的行动取消了。有了这些来自柏林的调查问卷,就像在帝国总理府安插了间谍一样。

这部被德国人用来窥视盟军行动却被转向的望远镜还揭示了希特勒每天的困扰。比如,元首对挪威面临的威胁的关切日渐明显,因为挪威毗邻德国北部边境,是瑞典的原材料(包括铁矿石)输入的重要中转通道。整个战争期间,元首都在偏远的北部乡村派驻了成千上万的应急军队以防敌军入侵该地。这给了双十委员会威胁希特勒的机会:几乎每次主要的入侵骗局都包括了针对德国北部邻郊的佯攻,使得那些应急部队都留驻原地,远离真正的战区。"如果这两个条件,即德国防御的忧患心理和英国行动的可信程度同时存在,那么欺骗行动带给敌人的畏惧心理就会从模糊不定转为确凿无疑。"伦敦指挥部的罗纳德·温盖特长官写道。挪威就像盟军挂在嘴边窃窃议论的一个魔鬼,不时拖拽地板上的铁链,吓得希特勒目瞪口呆,连忙在门上加一把锁。

不幸的是,这种反窥视法在对付美国人时不奏效了。冒着巨大风险的双面间谍"三轮车"是一个塞尔维亚花花公子,接到德国指挥官发来的问卷后,他于1941年8月10日赶赴美国。那一张张纸上写满了对海军设施的详细问题:"汇报以下设施的具体细节及情况概述:国家码头和电力设施、工作坊、石油设施、一号干船坞和在修的新干船坞现状。"这个问题重重的地方就是珍珠港。

1942年春天,费德里科刚到伦敦,常常冲着普吉喋喋不休一系列令人不安的问题。在一封寄往马德里的信中他写道:"你能否设法拿到一个防毒面具?到手后把滤毒罐的技术信息发过来。弄清楚这种面具防的是哪种类型的气体？确实能起到保护作用吗？关于沿海和内陆地区的防护材料的生产和库存，你能给我们提供哪些信息？那些防护材料能够抵抗哪种化学武器呢？"这些暗示令人毛骨悚然，显然德国人想知道怎样能使防毒面具上的晶体失效。

哈里斯立刻展开行动。军情五处命令毒气战部门的英国科学家们研制出一种假的化合物给德国人。当那批"重3.75盎司，分8至18级不等，体积活度为17的普通螺母木炭"刚从实验室里拿出来，哈里斯和普吉就把它装在一个安德鲁斯肝盐罐里，寄往里斯本指定的包裹收发地。德国科学家煞费苦心地寻找与此假晶体相克的气体，但终是枉费心机。

连同假化合物一起寄出的还有嘉宝创作的一封信，内容包括了线人上报的消息、购买无线电设备的疑问以及扩展联络网的资助诉求。他还补充道："长时间以来我备受精神高压的煎熬……你无法理解有时我是多么恋国思乡，你也不能想象到了英国以后我的生活是多么悲惨……具有加泰罗尼亚人性格的我对那种轻松随意的友谊再适应不过了，尤其是和言无避讳、事无执拗的西班牙人相处融洽。"

嘉宝还多花了一些笔墨描绘自己，塑造了一个孤僻桀骜的形象，虽然生性暴躁但绝对忠于纳粹事业。嘉宝愿为帝国付出一切，除非让他冒粉身碎骨之险，否则他的忠诚毋庸置疑。费德里科和库伦塔尔对这个脆弱的英雄的接受度与日俱增，甚至被他感动了。比起费德里科和库伦塔尔，他更是一个优秀的纳粹分子。嘉宝为元首出生入死之时，他们做了什么？不过是在马德里咖啡馆里大口啜饮啤酒。这封信，还有那罐假的晶体，让马德里的官员感动之余也触其要害。费德里科立即给嘉宝加了钱，并开始更详细更频繁地与他通信，使军情五处更深入地掌握了阿勃维尔的想法。

尽管嘉宝在书信上表现出了惊人天赋，但他绝不能仅仅停留在纸上。有时候，军情五处也需要证明他是真实存在的人物。伏案于哲麦街上的办公桌前，普吉和哈里斯想出了嘉宝的第一次切实行动，通过一场小的不法行动使嘉宝"从抽象概念转变为小集团"。这场行动被称为梦计划。

梦计划是一场货币阴谋。由于法律禁止从英国往前轴心国西班牙转

代号"嘉宝"
Agent Garbo: The Brilliant, Eccentric Secret Agent Who Tricked Hitler and Saved D-Day

移资金，伦敦的西班牙商人要想把钱寄回家困难重重。利用这一点，嘉宝告诉费德里科他想出了一种给日益扩大的间谍网付钱的方法，满足每个间谍对资金的强烈需求。伦敦的一个西班牙水果商辛迪加想把30000英镑寄回马德里。他们与驻伦敦西班牙大使馆里一个名叫莱昂纳多·穆尼奥斯的武官助理取得了联系，看看他能否对这笔交易做些手脚。

迄今为止，这一切都是事实，并且已由一个告密者反馈到双十委员会后传达给嘉宝。嘉宝便将这个低级的现实计划变为自己存在的证据。他告诉驻马德里的阿勃维尔官员，如果他们愿意支付300万给穆尼奥斯，那些身处伦敦的西班牙商人作为商人代表就会反过来向军情五处的一个间谍上交30000英镑，假扮成官方"大型英国保险公司"，称资金被冻结在西班牙。那个间谍会把这笔钱交给普吉，普吉就用这些钱来付线人的薪水。塞满货币的箱子禁止走私出境。因此，嘉宝回西班牙前给穆尼奥斯留了一封信，内容用隐显墨水写成，给阿勃维尔下了指令要求他们继续跟踪那笔交易。密码尽管老套却实用：当穆尼奥斯出现的时候，会有人跟他说，"威尔斯先生有个消息要我转达你。"如果穆尼奥斯回答，"你是指伦敦的道格拉斯·威尔斯先生吗？"那么他的身份就算验证了，对方就会二话不说把比塞塔交给他。

穆尼奥斯赶赴西班牙会见了阿勃维尔官员，在说出正确的暗号后拿到了钱。然后，西班牙商人付了30000英镑给军情五处的间谍，使该机构净赚100万美元（按今天的货币价值来算），这笔巨款如流入漏斗般直接用于欺骗行动。而这场不法行动的实体——那个西班牙外交官、那笔巨款以及那封密信——完美地确立了嘉宝的形象。

尽管利润丰厚，梦计划也只是一种调整。它也很可能导致嘉宝的垮台，行动后几个月内他一直深受困扰。但在1942年夏天，一场更大的行动又摆到了眼前——火炬行动（Operation Torch），即英美入侵北非的行动。这将会成为嘉宝的亮相派对。

三、初露锋芒

要论火炬行动背后的动机，政治和军事原因各占一半：彼时，斯大林正在推行罗斯福政策，丘吉尔也正欲打开第二条战线来缓解他的军队在东线浴血奋战的巨大压力。美国和当时的苏联双双投票赞成代号"大锤"（Sledgehammer）的两栖登陆占领欧洲计划，但丘吉尔却投了反对票，称人力和物力尚未富足，反攻大陆为时尚早。1942 年 8 月 19 日，在法国迪耶普的反攻行动中，3500 支以加拿大士兵为主的军队非死即伤，非伤即俘，损失惨重。德国人戏称这是"十小时的第二战线"——证明了英国的观点是正确的。于是，盟军把目光转而投向北非。

有了主要的反攻计划，盟军自然希望竭尽所能寻求掩饰之道。于是，一场代号"独奏一"（Solo I）的欺骗行动应运而生，以使德国人相信反攻的地点在挪威而不是北非。众所周知，希特勒一直执着地认为，挪威是反攻的可能地点，可想而知那里的峡湾和城市聚集了多少精锐部队。如果那些军队常驻在挪威，那么情况对于巴顿将军来说会更容易一些——他会带领他的军队进攻卡萨布兰卡，另外两支进攻部队则向奥兰和阿尔及尔发动袭击。

"我进行的这项工作所冒的风险，在世界军事史上可谓史无前例，孤注一掷。"巴顿将军写道。超过一百艘美国船只承载着美军第二装甲师、第三和第九步兵师的全部兵力，这在之前的战争中前所未见。船队从切萨皮克湾直接航行至卡萨布兰卡，以避免途中遭遇大批德国 U 型潜艇，然后猛攻海滩拿下城池。法国维希领导人贝当元帅，卡萨布兰卡军队首领，命令他的军队要不惜任何代价抵抗一切入侵。

代号"嘉宝"
Agent Garbo: The Brilliant, Eccentric Secret Agent Who Tricked Hitler and Saved D-Day

进攻部队已整编完成。工厂开始大批量制造最新的谢尔曼坦克，而美国格鲁曼 F4F 战斗机和道格拉斯 SBD 钢铁战士全副武装登上航母，飞往卡萨布兰卡。超过 107000 名英军和美军士兵集结以待进攻。欺骗行动策划者丹尼斯·惠特利写道："如果进攻失败，结局将不堪设想，离家 2000 英里之遥的地方没有敦刻尔克之地可退。"火炬行动计划于 1942 年 11 月执行。

几个月前还是夏天的时候，嘉宝就开始调遣他的联络网，使其覆盖整个反攻行动。诱骗行动就像一盘象棋游戏：想要出致命一招，此前就必须早早在合适的地方布下棋子。嘉宝现在的问题是，他的 2 号间谍"威廉·戈伯"，即那个发现前往马耳他护航队的人，被指派负责查看法兰西殖民帝国真正的特遣部队的去向。"如果把他留在那里，他就无法注意到敌人的准备情况和装载情况，这不仅会影响间谍本人，也会影响嘉宝的整个联络网"，哈里斯对此十分担心。而如果反攻行动一准备就绪，嘉宝就突然把戈伯调遣到该国的另一处，就会引人猜测。普吉和哈里斯一再协商后别无他法，只能除掉 2 号间谍。

嘉宝告知马德里，他很担心 2 号间谍的健康状况，牵肠挂肚的他假装跑去利物浦看望那个间谍。然后，他发现戈伯身染怪病卧于病榻，他的"妻子"也精神恍惚。针对嘉宝发给德国的临床细节描述，汤米·哈里斯曾咨询过一个医生，确保其科学无误。嘉宝安排 2 号间谍住院进行手术，但他告诉德国人，在可预见的未来里，这个安插在利物浦的间谍可能无法继续执行任务了。嘉宝设法找到其他三人来顶替这个间谍（然而事实是，在利物浦内根本没有嘉宝的间谍）。因为这突然一击，一个间谍被调离了真正的登船点，而另有两个间谍——3 号和 5 号——被转移到苏格兰，即假的登船点。如今，棋子已摆上棋盘——嘉宝调兵遣将以待最后收效。

嘉宝"发现"，在苏格兰西海岸靠近特伦和埃尔，有苏格兰和加拿大的军队在进行训练，这个信息告诉德国人，挪威可能是目标登陆点。嘉宝写道："虽然我不能证实有百万大军穿过埃尔的这个谣言真实与否……但我确实看见那里存在着大量的集结军队和突击队。"嘉宝的线人曾看见盟军在那里进行登山演习以及他们的冬季设备。"还有针对这个城镇（莫法特——译者注）的情况所储备的大量防冻剂。"当士兵们离开了吉普车的引擎盖，间谍向下瞄了一眼，"看到"散热器上贴的标签："上车前所有散热器必须排干。等待首席运输官下达命令后方可在汽车上使用防冻剂。"这些细枝末节都表明军队的动向将远离卡萨布兰卡，一路向北。

德国人明确向嘉宝表示，他们认为盟军的反攻即将来临："第二战线是重中之重！是至关重要的阵地！你应该将所有精力集中在这里，天罗地网广泛收集情报并直接发航空信迅速将信息传递给我们，报告盟军的军队、物资、摩托化部队、空军和航空设备的集结状况。"费德里科命令他在威尔士和怀特岛上安插间谍寻找线索，不放过任何蛛丝马迹。于是，嘉宝急派"他们"匆匆出发，不久他们便发回了情报，称盟军很有可能会对法国和挪威发动双重攻击。然而，到了10月11日，嘉宝又告知马德里，"6号间谍告诉我，记者之间还流传着另一种谣言称目标登陆点是达喀尔。"达喀尔地处西非，大概一半面积地处海岸，在真正的目标登陆点，卡萨布兰卡和奥兰以北，相距数百英里。嘉宝立即告诉马德里战地记者是受控于陆军部的，达喀尔可能是假的登陆点，从而平息了这条传闻。因此，达喀尔可能是一个错误的目标。

嘉宝放出的烟幕弹迷雾四起，疑云重生。

随着反攻行动的临近，双十委员会将嘉宝推上了更突出的位置。他们必须在嘉宝发给德国人的情报里掺杂一定的真实信息好让德国人不对他的忠诚起疑。因此，他的线人被安排"目睹"了一支于10月27日离开克莱德河前往法兰西殖民帝国的真实护航队。嘉宝火速将这一情况报告了马德里。四天后，他又发出另一情报：登陆战舰的部队数量增加了，并伪装成地中海的颜色。"那些穿着御寒制服、配有御寒设备的军队无一登船，好像仍留在原地。"嘉宝开始暗示挪威只是一个假象，登陆行动直指非洲。最后，嘉宝献出了他的得意之作，称他在拜访信息资源部时，溜到了一个对他毫无戒备的人的办公室，偷看了一眼一份"绝对机密"的文件，名为"政策——法兰西殖民帝国"。"在那短短几分钟时间空

代号"嘉宝"
Agent Garbo: The Brilliant, Eccentric Secret Agent Who Tricked Hitler and Saved D-Day

暇里,我不可能获知更多细节了。然而,我确信……他们正在准备政治宣传,等到对这些地方发动袭击之时就会开始实施。"

嘉宝已经"找到"了目标。1942年11月1日,他匆匆地上报了一封密信,警告德国盟军即将袭击北非。这正是德国人想从他们的顶级间谍身上获取的情报。这条消息会使他们在卡萨布兰卡和阿尔及尔——反攻行动登陆区域占据上风,盟军伤亡纵使不上千也会过百。但是军情五处确保嘉宝的信需要几天时间才能通过英国的审查,所以当11月9日它抵达里斯本时已经晚了一天。这样既证明了嘉宝的价值,又不用付出任何伤亡代价。

在第八天,美军用舰炮猛攻法国维希炮兵后在卡萨布兰卡直冲上岸。巴顿将军率领他的部队在机枪的扫射和狙击手的炮火中突围上岸,在混战中他的士兵有一人击落了一架英国侦察机,而其他人则发了疯似的挖散兵坑,保护自己免受迫击炮和炮弹的伤害。美国F4F战斗机从嘉宝曾经"提及"的航母中起飞炮轰维希军营。不超过七十二小时,卡萨布兰卡就落入了巴顿将军之手。盟军在希特勒第三帝国的软肋上刺入了一柄短剑。

等费德里科终于打开嘉宝于11月1日发出的信,才将早在盟军发动主要反攻前一周就写下的所有细节握在手里。德国人个个垂头丧气,但也对嘉宝留下了极其深刻的印象:"你的上一份报告相当出色。"费德里科写道。

独奏计划是一次完胜。希特勒得知这场登陆行动后惊讶不已,"我们做梦也没有想到。"这对于盟军而言是一种殊荣。欺骗行动第一次成功地掩护了作战计划,取得了重大的战略性胜利。正当德国分析师深入挖掘着登陆行动前成捆的电报、加密信件、无线电通讯、侦察报告以及谣言,寻找可能错失的线索时,一个事实又浮出了水面:间谍嘉宝已经预见了它的到来。

当美国军队离开卡萨布兰卡朝突尼斯行进,追逐德国天才隆美尔和他的非洲军团时,利物浦《每日邮报》(*Daily Post*)的讣告栏上刊登了一则小讣闻:"戈伯,久病未愈,于11月19日在布特尔辞世,终年52岁。

威廉·马克西米利安敬念。后将举办私人葬礼（谢绝献花）。"

既然护航队早就离开了利物浦，虚构的戈伯就可以安然离世了。军情五处发了讣闻以便嘉宝有证据发给马德里。不仅如此，他还向阿勃维尔报告称他慰问了戈伯悲伤欲绝的遗孀（"这个可怜的女孩相当脆弱"），还塞给她一个装满钱的信封，告诉她威廉真的一直在忙，最后成功招募这个寡妇代替她死去的丈夫在利物浦帮忙监视码头。

随着普吉迅速攀升至双面间谍游戏的顶端，婀瑞思利也准备好了要加入他。他们仍然十分相爱。婀瑞思利从里斯本寄给丈夫的信中写道："请常相思，但也不要为了安排我去你那里太伤脑筋。你知道，我是多么地爱你，幻想自己在你身边就能让我感到快乐，让我觉得一切都不难了。你知道我对你是近乎盲目地言听计从，现在比以往更甚。你信中所交代的每一件事我都会照办。"

1942年春末，婀瑞思利终于顺利抵达英国，怀里抱着年仅十个月的儿子小胡安。此时她已怀有七个月身孕，即她的第二个儿子豪尔赫。坐在英国情报局的专车上，透过车窗，她所耳濡目染的伦敦并不比被炸毁的马德里好多少——到处都是黑漆漆的废墟、领取救济粮的队伍、厉行紧缩热潮的海报和空袭警报声，而不是她预想中那座光辉灿烂的首都。"她孤身一人，怀抱婴儿，离乡背井，来到一个完全陌生的城市，而她的丈夫却与汤米·哈里斯在一起，一天工作十四个小时。"她的女儿玛丽亚说道。不久，婀瑞思利的保姆辞职了，要找到合适的代替者又不容易。婀瑞思利努力用在英国商店买得到的奇怪食材做出饭菜。等普吉回到家，扮演27个人过了一天的他早已精疲力竭，不想再和身在伦敦的西班牙人有更多交往，害怕他们会背叛或者出卖他。夜复一夜，善于社交、极度渴望各种脑力刺激的婀瑞思利被迫待在家里。在许多方面，婀瑞思利已经取得了比她丈夫更大的飞跃，却得到迄今为止最糟糕的待遇。普吉脱颖而出，和他的新搭档汤米·哈里斯拯救世界，与真实的战舰和独裁者进行较量，将儿时的梦想变为现实。而婀瑞思利曾是他的灵感来源，两人不相上下，却被限制在帘幕背后成了家庭主妇，当炸弹将附近的街道炸得粉碎时，她却听着无线电广播里放着的格伦·米勒乐队演奏的《月

代号"嘉宝"

Agent Garbo: The Brilliant, Eccentric Secret Agent Who Tricked Hitler and Saved D-Day

光鸡尾酒》（*Moonlight Cocktail*）。

年轻的娴瑞思利身为女人想要冒险、渴望爱情，希望参与"谈论时局、分析推理、探讨问题"，但她却发现自己到了一个比多年前逃离的家乡小镇卢戈更褊狭的地方。她几乎一到伦敦就开始讨厌这里，而这也很快成为军情五处和普吉头疼的一个问题，并且在当时是他们所无法承受的。

嘉宝是双十委员会冉冉升起的新星之一，与他同时期的著名间谍还有波兰空军军官布鲁特斯，以及代号"三轮车"的塞尔维亚花花公子杜斯克·波波夫。他们每个人都用自己不同的方式迷惑着德国人。但是双十委员会主席麦斯特曼却认为间谍领域的成员愈发过剩。随着盟军将军和政治领导人开始谈论诺曼底登陆，他需要依靠一小部分相当可靠的间谍，这些人要在德国拥有较高的地位，并且不会将二流间谍上报的信息混淆致使主将受损。他建议双十委员会"'清算'我方的部分间谍，既能提高工作效率又能保证队伍的'可靠性'"。于是，他们组建了一个"执行委员会"，部分间谍开始被杀害，手段或寻常或残酷。当然，事实上没有人被真正处决，只是他们的假名被除名罢了。不过，这个实情只有嘉宝和其他少数几个诺曼底登陆欺骗行动的领导人清楚。

嘉宝很快赢得了另一个荣誉，不过这次是阿勃维尔授予他的，仅属于他们最重要的间谍的一个特权：允许单独使用一个无线电台。哈里斯得到了一台80瓦的德国制造的设备，是从一个飞往南美途中的阿勃维尔间谍身上截获的。马德里发来了加密计划和规范：一周七天的代号，可供替换的电台频率以防基本电台无法正常工作，一张密码表和代码组。哈里斯发现一个名叫查尔斯·海恩斯的军情五处工作人员曾自学了莫尔斯代码。海恩斯在克雷斯皮尼街上的安全屋即嘉宝的住所里安装收音机。嘉宝将设备的位置发给马德里，以防它的其中一个无线电测向组收到该电台。3月7日，海恩斯首次发出呼叫代码。到1942年8月，所有报告均采用无线电发送，每天在在各种场合都会有高达二十条消息突然闪现出来，有时甚至会持续整整两个小时。问题出现了——远在直布罗陀的监测站收到可疑的通信并报告给英国当局——但很快嘉宝就有了一个直通马德里阿勃维尔的通信链路。

嘉宝和那个接线员两人完成了所有信息的加密和破译工作。首先，嘉宝将信息翻译成西班牙语，如将"护航队连同三艘驱逐舰和两艘巡洋舰一起离开多佛"译成"El convoy partió del Dover con tres destructores y dos cruceros"（西班牙语——译者注）。然后再将这条西班牙语信息分割成五个字母为一组的字段，如"ELCON VOYPA RTIOD……"。接下来他就会查阅德国人提供的密码表。针对每个字母，密码表上均给出了相应的替代码，如字母"E"用"K"取代，于是"ELCON"就变成了"KCYDM"。接着，海恩斯就会戴上连着薄钢带的耳机，调整黑色搪瓷耳罩，拨开电源开关，等待黑色钢罩排风口后的管路预热。等到管路一发光机器准备就绪，他就会给嘉宝发送呼叫代码。不一会儿，海恩斯就会听到无线电传来的远处的敲击声，那是阿勃维尔在马德里大使馆外通过电台发出的回应。收到信号后海恩斯就会将加密信息"KCYDM……"完整发送过去。

德国的接线员仔细倾听着电话那端，记下编码字母，然后参照普吉加密所用的同一份密码表，将信息再逆译回去。最终得出来的那张西班牙语信息原文会被上交马德里阿勃维尔头目库伦塔尔。报告将从那里进入到情报收集史上最显著最矛盾也最奇怪的间谍机构的循环系统中。

四、帝国保安部和阿勃维尔

二战伊始,德国的两个主要情报机构——帝国保安部(或称 SD)和阿勃维尔——形成了世界上最大的间谍网络,资金之雄厚也位列前茅。从亚丁湾蔓延到纽约再到桑给巴尔岛,他们拥有成千上万个间谍,通常在合法公司的掩护下工作,如阿司匹林的制造商法本、德国汉莎航空公司以及国家航空公司。他们的间谍甚至潜伏到了远在巴西中部的戈亚斯地区,这里在地图上都尚未标明。还有两个间谍坚守在阿富汗开伯尔山口的上游河段,受命与一个托钵僧使——普什图革命者与大英帝国的死敌联系。他们还聘请了聋哑人在柏林一家受欢迎的餐厅读嫌疑犯的唇语,并开办了十几家间谍学校,其中最好的学院在汉堡(负责海外业务),很快成为了世界顶级间谍学校之一。由于办学严格,在整个战争过程中,从这里毕业的间谍只有两百个。阿勃维尔学校一项典型的练习,当属学生们跟着上级潜行穿过绿树成荫的森林区。

"那是什么?"上级问。

"一只羊。"

"什么样的?"

"一只白羊。"

"不。你必须做更确切的报告。你必须回答:在 1944 年 9 月 28 日 16 时 43 分,从维也纳往布赖滕布伦方向的路边右侧,你看见一只面对着你的白羊。"

正如德国人所料,技术部门是第一流的团队。阿勃维尔(被称为圣诞老人,因为管理者都是些头发花白的人)雇用了二十名雕刻大师和艺术家，复制复杂精细的护照装饰底纹。其竞争对手帝国保安部（被称为黑人，因为他们的制服是黑色的）经营着一个小团队，忙于加工处理沸腾的染缸，在柏林东北部施贝驰劳森的一个小村庄里批量生产特殊的纸。在第三帝国境内的任何地方，如果有外国人护照过期了，这本护照就会被秘密地一级传一级，一直传到柏林，到了那里，每个印章和排版印刷的细节都会被研究和复制。哪怕极其微小的错误也可能意味着生与死的天壤之别。例如，20世纪40年代的苏联标准护照所用的订书钉容易生锈，进而会在纸上留下红色标记。但是，一个不幸的阿勃维尔间谍所携带的护照却没有锈渍。德国技术人员没有注意到这个细节，还用不锈的镀铬线来装订护照。另一个身穿苏联军事制服的间谍也暴露了，原因是制服被看出是仿制品——只有阿勃维尔的裁缝做的那件将肩章缝到了袖子上，苏联原版的相应部位却是松动的。这些间谍的最终命运查无记录，但想来多半是悲惨的。

阿勃维尔头目威廉·卡纳里斯是一个聪明绝顶的战略家，也是一个极其刻苦的员工（有一部分是因为他悲惨的家庭生活），讨厌看到戴着军肩章、穿着整洁的党卫军制服的人。他"聪慧过人、充满生气，像老太太一样健谈"，同时还是一个动物爱好者，十分宠爱他的宠物狗，甚至会在旅行期间将自己的酒店房间借给它们用，这样它们就可以睡床而不用睡地板了。他的对手也是焦虑不安的朋友——帝国保安部头目沃尔特·许内勒贝格认为卡纳里斯与第三帝国格格不入，是一只来自帝王时代的幽灵："在许多方面，他可谓神秘莫测。"

在这两个人中，许内勒贝格当属更残酷无情的那个。他的指挥车上配有一台可覆盖25英里范围的短波发射机，方便他与参谋人员经常保持联系。在他的装修得富丽堂皇的办公室里还有一连串的电话，方便他即时与帝国总理府取得联系。高科技麦克风隐藏在家具里和墙壁上，窗户上安装了带电铁棒，以防止有人从那逃脱。如果有人未经许可试图进入许内勒贝格的办公室，先进的报警系统就会及时通知黑制服党卫军冲进办公室。嵌在漂亮的桃花心木办公桌里的是两把冲锋枪，许内勒贝格只需摁一下按钮就可以发射子弹。它们经过技术处理，因此只要拜访者靠

代号"嘉宝"
Agent Garbo: The Brilliant, Eccentric Secret Agent Who Tricked Hitler and Saved D-Day

近他的办公桌,枪管就会随着他们的移动转向。

卡纳里斯和许内勒贝格都是紧随时代潮流的人。但在试图为德国领导人提供客观信息和理性分析时,他们面对着另一种原始的神秘主义文化,一种奇怪的雅利安伏都教文化弥漫在第三帝国的上游。党卫军国家领袖海因里希·希姆莱是一个严肃认真的黑色艺术学生。他相信自己是11世纪君主海因里希一世的转世化身,希望等纳粹取得全面胜利后用耐寒品种的"草原马"取代诸如飞机和火车这样的现代化便利工具,想以此满足第三帝国的所有交通运输需求。许内勒贝格身边一直包围着巫师、法师、预言家和苦行僧。在他被意大利巴多格里奥政府监禁期间为了占卜墨索里尼的下落,希姆莱从最有成就的巫师中挑选出四十位,把他们供养在一栋富丽堂皇的别墅里,用帝国储藏室里存放的最好的美酒佳肴招待他们,并告知他们第一个算出墨索里尼确切位置的人将获得10万马克。(那些巫师原本大多数都是衣衫褴褛、混迹街头的,被拉来之前他们一致同意花时间找出答案,以便尽情享受德国领袖的热情招待。)在帝国保安部高层流传着一个笑话:为了找出盟军反攻欧洲的时间,希特勒打算召集一群巫婆和巫师。但是这个笑话仅限在帝国保安部总部内谈论,不允许外传。

随着第二次世界大战爆发的临近,为了建立起庞大的组织,帝国保安部和阿勃维尔跟英国情报部门一样,开始物色人才。新兵首先必须通过忠诚测试。在希姆莱的一次演讲中,他宣称一个情报机构"必须凌驾于一个种族之上,凌驾于流有相同血液的人种之上"。这本是雅利安人的陈词滥调,但后来他在演讲中却命令不仅情报部门的员工应当如此,情报部门的工作成果也要反映出这一特点。可以没有客观判断或想象才能,但必须"无条件地服从……坚信德国的实力,坚信德国会取得最终胜利"。

如果说伦敦是从大学和艺术、科学院里——或者更广义地说,从知识分子和文化精英中挑选人才,那么德国则采用了截然不同的策略。他们招募的是坚定忠诚的官僚、军事野心家和旧普鲁士家庭的子嗣。英国人出于需要追求的往往是些偏才、怪才或英勇之士,但阿勃维尔和帝国保安部间谍机构追求的远不是这种人才，他们选人的标准是忠诚度和可信度。他们不希望成为艺术从业者的公社或咖啡座谈会，他们想要成为进出口公司和军事部门的联盟——效率高胜过出奇招。

德国对待间谍的态度之狠毒比战争早期的英国有过之无不及。帝国保安部分发给情报官员的手册上在最前面就已声明："德国人认为间谍是罪犯和冒险家的工作。"服务了国家几个世纪的旧普鲁士家庭出身的军官不仅视情报官员低贱如粪土，还认为他们是力图夺取其工作的入侵者。德国军队"排斥处理地下间谍事务的官员，认为他们已经在与这些骗子的交往中受到了污染"。

希特勒讨厌秘密间谍，声称自己不会与他们中的任何一个人握手。当两个间谍在一次失败任务中被杀害后，希特勒感到悲痛是因为他们是德国的好男儿。"以后请用犹太人或罪犯来执行这样的任务。"蔑视间谍的德国人中有一部分是受到希特勒绝对无误的自我感觉的影响。德国将军和间谍头目们曾一次又一次地劝他反对进攻行动，但都被证明是错误的。当希特勒考虑对荷兰和法国发动袭击时，陆军总参谋长弗朗茨·哈尔德将军在他的日记里写道："参谋部里无一人敢断言这次进攻没有丝毫成功的机会。"当然，他们再次被证明是错误的。早在对前捷克斯洛伐克发动袭击前，阿勃维尔的卡纳里斯就告诉希特勒，捷克的防线十分强大，即使是装甲师也无法突破。希特勒对此置若罔闻，但最终他成了赢家。当党卫军在波兰横冲直撞，卡纳里斯再次告诫他的头目，英国和法国在德国边境靠近萨尔布吕的地方摆好了阵势，以 110 个师对抗德国 23 个师，就要发动反攻了。希特勒对他不予理睬，结果反攻也没有到来。每每都是元首凭一己之力，一次又一次地看穿了敌人虚张声势背后所隐藏的意图。

希特勒认为自己就是一个天才，身边围绕着一群"沉默如鱼"的官员，幼稚轻信的知识分子、书呆子和懦夫。他的手下要么表现出"如麻雀头脑般的平庸之才"，要么就在谈论着失败。他仅凭内心之光指引着自己，随着战争推进，他越来越抵制与他所期望的事实相违背的任何报告。当帝国保安部许内勒贝格精心编译了一份研究报告分析美国及其惊人的作

代号"嘉宝"
Agent Garbo: The Brilliant, Eccentric Secret Agent Who Tricked Hitler and Saved D-Day

战能力时,这份报告却被退回并附上批语:"你写的一切完全是胡说八道。你最好去看看精神科医生。"一年后,当他再做同样的事——这一次他如实报告了敌人苏联的情况——希特勒竟勃然大怒,命令援引其报告逮捕该分析师并以失败主义罪名控告他。许内勒贝格说,"面对现实,他封闭起了自己的内心,认为自己能从随机观测中得出重要结论。"

然而与此同时,面对送达他办公桌上的情报报告,希特勒也是一个贪婪的消费者,不断要求更多更有价值的信息。他给卡纳里斯的预算没有限额,并且认真对待每一份呈送给他的报告——只要它们没有与他的任何核心信念相违背。当他妄自尊大的倾向暂不作祟时,希特勒还是能好好动脑思考的。

在战争的前几个月,阿勃维尔的关注点集中在法国,因为那里被认为是整个欧洲大陆上德国最强大的军事对手。卡纳里斯在巴黎投入了大量资源和人力,但伦敦却始终是禁区。希特勒相信,只要他一占领欧洲大陆,就可以与丘吉尔共商和平。"我不希望看到英国领土上有任何卑鄙的间谍走过,危及我的计划。"他对参谋人员说道。

这一切在1940年夏天都改变了,丘吉尔的倔强固执和英国皇家空军的作风都表明,英国永远不会投降。德国军队作战参谋长阿尔弗雷德·约尔德将军要求卡纳里斯在伦敦启动并运转一张联络网。"尽快把间谍们输入英国。登陆行动最快可能在9月5日就会启动,最迟也不会超过9月15日。在那之前我们需要在英国安插好这帮无耻之徒。"德国在英国展开情报工作的初衷是为入侵英国奠定基础。当海狮计划(即德国进攻不列颠岛要塞的计划)最终被废弃时,德国的双面间谍将注意力转向了盟军的战争,尤其是即将来临的反攻法国行动。

要在外国发展一个根基稳定、脉络庞杂的间谍网络需要经年累月,但卡纳里斯显然没有那么多时间,若不及时安插好间谍就会使他身陷险境。这在间谍界引起了一股蜂拥至英国及其乡村的淘金热,如何在那里安插间谍也一时成了历险闹剧。例如,在1940年夏末有四个比利时籍间谍搭乘扫雷艇和小船被送往英国,抵达了肯特州的海岸。他们原先的任务——为海狮计划收集情报——尽管已过了时效,但这些间谍还是被派去了。他们中有两人只能听得懂极慢语速的英语,还有一个对英语一窍不通。着陆以后,其中一个间谍在一处灌木丛中挂上天线发出了这段话:"安全抵达,文件被毁。英国巡逻船距海岸两百米……没有地雷,有几个士兵。"他还签上自己的真实姓名:瓦德博格。投入行动前的几个小时里,他又发出了第二条信息:"迈埃尔成了囚犯,英国警察在找我,我走投无路,形势困难。"阿勃维尔甚至没有告诉他们的间谍一些有关英国生活的基本常识,例如早上九点不能到英国酒吧点苹果汁。迈埃尔就是这么做的,结果酒吧老板举报了他,他就被捕了。其他三人很快也都被抓了起来。除了一人幸免外,其余三人均在那年冬天于本顿维尔监狱的脚手架上被处以绞刑。

间谍的高流失率使阿勃维尔罕有成功案例。这也是嘉宝为何如此宝贵的原因之一:像他一样的间谍人才真是凤毛麟角。他的竞争对手除了为盟军效力者,就是死神。

但是,嘉宝在德国情报界晋升如此之快还有另一个原因。卡纳里斯视西班牙为他的精神家园,视佛朗哥将军如他的手足,对政治事业情有独钟。身为阿勃维尔头目的他曾是希特勒与西班牙法西斯的联络专员,操办过一个价值50亿德国马克的军事援助计划,整编过飞机护卫队从摩洛哥运送14000支西班牙部队以及他们的火炮。当英国的间谍活动需要一个监视站时,卡纳里斯选择了马德里作为领导该重要任务的基地。西班牙成为了进入英国和盟军大脑的锁眼。

卡纳里斯选择了威廉·莱斯纳就任这个敏感的岗位。莱斯纳原是一个海军军官,第一次世界大战后搬到尼加拉瓜转做出版商。卡纳里斯将他带回国后重新将他编入德国海军,授他指挥官的军衔并将他发配马德里担任"精益求精进出口公司"的老板,成为锌、汞和软木的经销商。马德里站老式的前门是其老板形象的投射:一个不苟言笑、老派守旧的海军军人,身着肃穆的套装,硬挺的衣领高高竖起,"他看起来像是旧广告中销售润须油的人"。他自己也留了漂亮的、日耳曼式的八字胡。面对文书工作时,他就成了一个精力充沛的人。要研究识透战时英国的纷繁错综之处,莱斯纳尚具灵活的想象力。

代号"嘉宝"
Agent Garbo: The Brilliant, Eccentric Secret Agent Who Tricked Hitler and Saved D-Day

这就留给了卡尔-埃里希·库伦塔尔"发现"普吉并培养担当大任的机会。库伦塔尔是一个杰出的德国军官的儿子。他的父亲还曾任外交官并升至上将军衔,在巴黎和马德里担任武官。他家庭的富裕与卡纳里斯息息相关——是卡纳里斯在情报部门为这个年轻人牵线搭桥、保驾护航。库伦塔尔35岁时被抹掉了一件事,这件事本可能会给身在希特勒统治下的德国的他带来悲惨厄运。在军情五处有关他的档案里,英国指出一个异常现象:库伦塔尔是"混血犹太人"。卡纳里斯于1941年通过法律宣布他为雅利安人,但这种转换使库伦塔尔的同辈难以适应。马德里间谍组织意识到,任何错误都可能意味着降职或被调往东线。"众所周知,(他)颤颤巍巍地想保住自己的位置以免被迫回到德国,待在工人营上班,因此,他尽最大努力来取悦上司。"一个告密者说道。难怪库伦塔尔曾被称为胡安·普吉联络网中的阿拉贝尔——在拉丁语里这个名字的意思是"虔诚"和"美梦成真"。

库伦塔尔是庞大的马德里情报站里公认最优秀的大脑:军情五处称他是"危险人物,德国驻西班牙情报首脑中最高效的官员之一"。但是从英国人的视角反观之,汤米·哈里斯却认为他已经看到了这个男人的致命弱点。"他是典型的缺乏幽默感的德国人,这种性格在谍报工作这样的严肃环境下,会使他被我们所编造的故事中的荒谬之处所蒙蔽。"也就是说,库伦塔尔无法想象嘉宝是人为塑造出来的,这样难能可贵的人才怎么能是假的呢?汤米·哈里斯曾和嘉宝这样的人一起工作、相处过——战争前他家沙龙的座上客满是偏执狂和异端者。那些怪人在他的眼里相当正常,但在库伦塔尔看来则怪得离谱。从哈里斯的角度来看,德国人一遇到欺诈之事就体现出文化残疾和制度残疾,因为他们会对非理性关闭心门。

到了1942年末,嘉宝已经赢取了马德里的信任,但这仅仅是第一步。决策的关键当然仍在于1200英里外的柏林,决策者也不只是意图进入盟军大脑的库伦塔尔。希特勒本人对于伦敦发生的事越来越痴迷。他抱怨自己的情报部门竟然无法在议会上告诉他反对派的姓名,也渐渐不再通过阅读《卫报》(*The Guardian*)和《泰晤士报》来寻找丘吉尔的政敌。

第二章 "嘉宝"崛起

"我们与英国仅一海之隔，相距不过37公里，却不能掌握那里的实况！"希特勒怒斥道。

然而，希特勒也有自己的杀手锏——上校亚历克西斯·冯·罗恩尼，一个身材颀长、冷面孤傲的贵族。他是一个古老家族的后裔，他的家族在拉脱维亚曾经拥有大片土地，那是腓特烈大帝为嘉奖他们在普鲁士战争中所做出的贡献所授予的。罗恩尼是虔诚的基督教徒，也是爱国主义者，对待他的同事和下属常常表现得傲慢尊贵，"难与其为友"。同时，他还是一个完美主义者，一腔热血抗敌救国。曾经受过训练的他还曾是一个银行家，战争来临后罗恩尼自愿加入备受重视的波茨坦军团，后在东部前线负伤。伤愈复出后，他就加入了军事情报部门。在那里，他使情报信息分析走上现代化，因而得以迅速晋升。所谓现代化有一部分是通过制作"敌方画报"，即把所有信息来源中对敌军兵力的评价拼凑成一个不断演变的盟军肖像。

如果说库伦塔尔是广告推销员，罗恩尼则是真正的交易商。他就像一台客观无情的过滤机器，筛选着出现在他办公桌上的大量机密情报。在德国入侵法国时，他统管"大桌会议"并正确预测了闪电战的一系列关键事件。当希特勒考虑对波兰发动袭击时，罗尼恩就与阿勃维尔的意见相悖，断言"西方盟国会抗议德国攻击（波兰），但却不会采取军事行动"。他还准确分析了人们过于高估法国军队的实力，马其诺防线（Maginot Line）是坚持不久的，这些引起了希特勒对他的注目。1942年，他接任外国西线军队的高级情报工作，负责一切有关与英美军队作战的情报，得到了希特勒元首的充分信任。但是罗恩尼既不搞神秘也从不拍马屁。事实上，他认为自己是古普鲁士骑士，他的家族为腓特烈大帝赢取战争胜利之时，希特勒的祖先还只被当作炮灰。因此，他拒不告诉希特勒他想听到的事情。

上校罗恩尼就职于德国陆军总部，该总部位于柏林以南约20英里的佐森地区，建在一个钢筋加固的带屋顶的地堡里，覆以厚厚的水泥层，以防止盟军炮弹。佐森负责分析阿勃维尔收集的情报，它是德国最高指挥部的大脑：照片分析师团队终日研究着从1500米开外拍摄的模糊不清

代号"嘉宝"
Agent Garbo: The Brilliant, Eccentric Secret Agent Who Tricked Hitler and Saved D-Day

的黑白照片,接触的都是精疲力竭的破译员与监听电话和无线通信的窃听员。那些截获的情报表明了德国监测的广度和深度:负责窃听的机构即情报服务处有六千个雇员,他们中有许多人长时间蹲在德国各地出租屋内的桌子前,监视着可疑人员的日常生活。监听站的职员会把"Z报告"写在棕色的纸上——纳粹党的官方颜色——然后发送给分析师。在战争年代,分析师每天都会收到34000份国内报告和高达9000条的外国情报信息。

任何与西方军事情况有关的情报都会汇集到罗恩尼那里:大量的外交电报,发自双面间谍(例如嘉宝)的秘密信件,盟军的报纸杂志,来自全欧洲的无线电通信信息和窃取的文档。罗恩尼的分析师们仔细研究每条消息,详细核对新信息与他们庞大的档案文件,然后对"敌方画报"提出修改建议。间谍报告得到的评论有时很刻薄:"毫无价值","信口胡言","愚蠢至极",还有更为辛辣的"满嘴狗屁"。评估完一天的工作收获后,罗恩尼会写好每日报告发给西线战区的指挥官们,并将报告的副本发给军队作战参谋长约尔德——也是参谋部与希特勒的联络员。如果约尔德认为哪条消息很重要,它就会被呈到元首的桌上。

罗恩尼第一次当上外国西线军队情报负责人时,他很自然地去找卡纳里斯询问身在英国的德国间谍的情况,得到的答案,令他惊讶不已。卡纳里斯吹嘘道:"事实上,我们在英国不仅有线人,而且有好几个,已经长达三四年了,这无疑是间谍史上最了不起的壮举……我们成功的维系使他们的工作运转良好,甚至现阶段我们都还在接收新的资讯……每天从英国发来的报告平均会有三四十份,其中很多是排除了最复杂精细的电子干扰,直接发送到我们操作的秘密无线电接收装置上的。"他描述的正是嘉宝的情报网和其他少数几个人,均是由双面间谍运作的。他们是德军最高统帅部安插在敌人堡垒里的耳目,但是他们全都受控于英国。

罗恩尼办公桌的一个抽屉里存放着一张小型欧洲地图,他会定期拿出来翻看,清澈的灰色的眼睛缓缓勾勒着落基山的海岸线和美洲大陆的山地线路,想象着盟军的部队、护卫队和供应卡车开向挪威或者离开南安普顿。正如嘉宝和哈里斯探索德国统帅部的想法一样，罗恩尼也试图想象出英国人把军队安置何处，又有多少美国士兵此刻正闲荡在皮卡迪利广场。

  当然还有，这一切背后的含义。

五、游戏预演

欺骗游戏建立在一系列深奥的军事技巧之上，其中有许多可以追溯到孙子时期甚至更早的年代，那些兵法是现代战争的浓缩。事实上，这些基本技巧是为双方间谍所熟知的，但这并没有影响到它们被一再重复使用。即使一个国际象棋特级大师对西西里防御的走法烂熟于心，仍然可能因为一次精妙绝伦、令人信服的变化而落败。这些技巧中有经典的"瞒天过海"，即虚构一个细节详尽的故事来掩盖真实的行动。瞒天过海是各国间谍兵库里的常见利器，也是嘉宝的大部分计谋的根基。接下来就是复杂程度令人生畏、危险系数令人屏息且鲜为尝试的"两面瞒天过海"（"不到彻底绝境之时，我们绝不出此下策"，英国间谍组织首脑罗纳德·温盖特阁下严肃道）。在此战术中，间谍要提出真实行动的细节，通过突然到手的计划逐渐赢取敌人的信任。但事实上，这是用于掩人耳目的虚假故事，是由他们的对手布下的，将诱使敌人寻找其他的进攻地点。当然，如果两面瞒天过海败露了，全盘游戏计划就会暴露在敌人面前，就会大难临头。另一种高超的技巧是"离间计"，即让自己的间谍打入敌方，期望他会被接纳，以此在敌人的队伍中安插内线。还有一种技巧是"脱身"，也称为"金蝉脱壳"，指的是所有双面间谍行动中最重要的计谋之一：向敌人解释为何事实与虚构之事相悖，这样敌人才不至于对你的间谍失去信任，也不至于对自己的间谍操控者起疑。

来到英国之前，普吉光靠直觉，即仅凭其高度发达的狡诈意识来感知游戏中的方方面面。但现在他必须精通其他技能，并将其大规模运用至全球范围，把大英帝国遍布全球的情报资源当作他的工具。他向情报官员提出的第一个问题就是如何使物体"消失"——这里的"物体"是指23000吨的航母。

1942年12月，双十委员会发出了一条指令，要求将重新定位的"卓越"号航空母舰——最新的印度洋巡逻航母——"隐藏"起来。这艘巨轮被调遣执行更为紧迫的战争任务，但是海军部希望德国人相信它还潜伏在非洲之角附近。这项任务交付给了嘉宝。他凭空捏造了一份报告，发自身处格拉斯哥的3号间谍，他称在苏格兰克莱德河上"发现"了三艘航母，其中一艘是崭新的"卓越"号航空母舰。（实际上，这艘航母早在一周前的12月8日就已经下水，但还需要一年时间装配船只才能投入实际使用。）3号间谍与该航母的一个军官船员拉拢关系，于是这个船员便悄悄放行了航母，不久它就"带着为热带作战特殊装配的飞机"驶往印度洋。"不倦"号航母原本有时间开到非洲之角，但是一次适当的延迟过后，仍然停留在非洲海面的"卓越"号航母上的无线电工作人员开始发送消息，让别人以为"卓越"号就是"不倦"号。阿勃维尔的间谍偶然得到消息后报告了柏林。随后，"卓越"号航母带着它的新任务默默向北起航。

两艘航母的角色转换完毕。从ISOS所截获的情报可以看出，德国和日本现在相信在印度洋上有两艘航空母舰，即"不倦"号和"卓越"号，但事实上那里一艘航母也没有。嘉宝使其中一艘航母"隐藏"起来，却让另一艘还未服役的航母亮相了。

不久之后，嘉宝就面临了一次突发危机。在一则标记了"紧急"的消息里，费德里科命令嘉宝向德国人提供从伦敦始发开往英国南部和西南部的火车出发时刻表。嘉宝详细列明了十条线路，其中有三条——坎特伯雷—多佛、多佛—迪尔和迪尔—三维治。费德里科暗示阿勃维尔的眼光还应放在更多其他的火车线路上——在不久的将来，德国人会提出进一步请求。这个请求开启了开关，照亮了情报和国防部门。为什么德国人想知道坎特伯雷开往多佛的火车时间，而且要精确到分钟呢？这是一道谜题，哈里斯、普吉和军情五处必须弄清楚才能答复。英国南部的意义何在？德国人在盘算什么计划吗——阴谋破坏行动，炸毁桥梁然后进行惊人的大屠杀？

代号"嘉宝"
Agent Garbo: The Brilliant, Eccentric Secret Agent Who Tricked Hitler and Saved D-Day

最后,国土安全部的一个官员得出了答案。他的思考方式不是去猜德国人要做什么,而是去想盟军轰炸机司令部做了什么——它们夜复一夜地盘旋在被占领国上空。自 1942 年年底,英国皇家空军发起了"轰炸火车"的政策,即一种特有的攻击形式,由"入侵者"——通常是单引擎的霍克台风式战斗机发起,其专家飞行员徘徊在空中,寻找穿越比利时和法国低地的蒸汽火车。当发现目标后,飞行员就会俯冲扑向火车并用爆破弹射击满载着武器、食物和其他重要物资的车厢。一个经历过该袭击的飞行员说道:"我看到我的炮弹击中了火车,随之火光四起,烟雾缭绕。"飞行员们有时飞得太低以至于机翼被飞向空中的火车爆炸碎片砸出孔来。还有一些战斗机转向远离了德国防空炮火,穿过电报线路回到基地时,电线已经嵌入了它们的散热器。这一行动打乱了敌人的补给线:英国皇家空军炸毁了二三十列运载着急需物资的火车。英国皇家空军飞行员,尤其是来自六〇九中队英勇的飞行员们——被英国媒体封为英雄。

这个离群索居的分析师指出,德国人想要报复"轰炸火车"行动,而且他们也不会受限于补给线。费德里科的要求只能说明空军打算跟踪客运列车,而飞行员需要知道确切的出发时刻以协调轰炸行动。军情五处反间谍部门负责人盖伊·里德尔在他的日记里写道:"显然,德国人的战术是袭击火车,然后射杀愚蠢逃跑的乘客。"

嘉宝陷入了困境。他可以轻易地进入火车站拿到列车时刻表,但这样做就意味着无辜平民的丧命。这严重违反了军情五处的政策——不能提供给德国任何可能导致直接军事行动的情报,尤其是针对平民的军事行动。但是,嘉宝如何能在拒绝的同时不让阿勃维尔起疑呢?

拖延了几个星期后,嘉宝才终于告诉库伦塔尔,时刻表是拿不到的。所以他发送的是一月份的时刻表(有点过时了),并警告说"我的乘车经验告诉我,如今火车的行车规律和以往不一样了"。他提供的时刻表是最近的,足以令阿勃维尔满意;但又不够精确,足以挽救英国民众。因此,德国空军自始至终未能开展报复性攻击。

从头到尾，嘉宝一直通过自己的强烈要求和激动情绪搅得阿勃维尔紧张难安。在报告德国空袭的轰炸效果时，他怒气冲冲地说："这简直太令人丧气了！我热血沸腾地投入协助空袭的工作，结果却听到这番鬼话。这次我已经按你的要求汇报了敌军的精神面貌，查明了我们轰炸的一些效果。"他提供了大量信息，包括空军基地和战舰位置，但是他所能透露的这些，德国人又不会采取行动。为什么德国空军轰炸机没有袭击港口，没有将驱逐舰逼出海域呢？"我已经能大概猜到，可能我的使命还未得到最高领导层应有的赏识，尽管这件事已经赢得了你的强烈兴趣，但我已经明显感觉到，柏林方面对我的工作仍持怀疑态度。"像一个难以取悦的情人一样，普吉似乎希望柏林像马德里一样崇拜他，因为军情五处明白，实权掌握在德国首都柏林。库伦塔尔连忙回信，带着官腔责备道："拜托你多点耐心，毕竟既定目标没有被炸毁，也在我们的控制之外。"

嘉宝的影响日渐增长。他派遣的线人开始出现在德国边境以外的斯德哥尔摩和索菲亚地区，远的甚至到了东京和伊斯坦布尔。阿勃维尔运给了他一种改进版的隐显墨水，包装在药棉球里伪装成医药物品。德国和英国的科学家在从事一项不断发展的化学战争——隐显墨水和显像试剂之争。随着英国人配制出更新、更奇特的化合物（从亚甲基蓝到"四价碱"）来揭开书信里的秘密内容，德国人则发明了更微妙的配方作为回应，其中一种秘密成分竟是血红蛋白。对于这种配方，间谍不得不割破手指，用自己的血滴来制造油墨。

随着墨水运来的是一组藏在十七张微型照片里的更高级的密码。这是一笔严密保护的资产，库伦塔尔交代嘉宝"务必时时刻刻防止它落入敌人之手"。哈里斯认为这是一项重大突破，"是间谍行动目前为止最重要的进展"。对于德国人最近更换的新密码技术，布莱切利庄园里的天才们经过几周努力仍然无法破解。幸好，嘉宝收到的照片让英国人"在很短的时间内"破译了新密码。此后，新的高级密码层出不穷。"丹尼斯·佩吉告诉我，嘉宝提供的那些密码信息都是最具价值的。未收到密码之前，他的工作有如空中漫步，十分怀疑自己是否找对了方向。"盖伊·里德

代号"嘉宝"
Agent Garbo: The Brilliant, Eccentric Secret Agent Who Tricked Hitler and Saved D-Day

尔写道。这也成了嘉宝树立名声的最出色一笔。不过，那个春天的头等任务是诱骗计划工作。

1943 年 3 月，嘉宝兴奋地告诉德国人，他的 3 号间谍看见了英国皇家空军"飞机识别手册"，里面全是现有航空战舰的图纸和技术数据。这本手册的主人是一个未经受命的航空服务军官，一直不太走运。当 3 号间谍不经意提到他想要这本手册作为纪念品时，这个军官说如果有合适的价格他愿意出手。3 号间谍问嘉宝他可以出多少钱，嘉宝又反过来问起了德国人。他们带回了多得离谱的 100 英镑巨款，约合现在的 5200 美元。3 号间谍讨价还价，最终只用 3 英镑就成交了。

但是，怎么把这些笨重的东西运到马德里呢？

其他信息被插入了一捆捆书和一串串水果中，另有"1 月底最后几天的信藏在了狗的胃里"。（这里的"狗"是指苏格兰梗犬造型玩具。）至于皇家空军手册，嘉宝想到一个办法：把书里面的防油纸揉起来藏在一个蛋糕里烘焙。他让已故"间谍"威廉·戈伯的遗孀调制好"混合蛋糕"，然后用巧克力糖衣在上面写道："祝福奥德特（Odette）"——这两个"t"是事先约好的暗号，代表该消息是真实的。蛋糕用外交邮袋包裹着寄往里斯本，发件人是一个秘密情报官员。嘉宝用隐显墨水在附信上写道："蛋糕里藏着航空手册，花 3 英镑买来的……我必须用一些限量供应的产品来伪装，这样才有恰当的寄送理由……如果顺利送到的话，蛋糕也是可以吃的……好好享用！"

7 月 1 日 21 时 21 分，嘉宝收到了回复："蛋糕已收到，完好无损。"库林萨尔为此计谋感到欣喜万分。航空手册是真的——尽管军情五处已经删除了所有最新的飞机信息，因此它几乎毫无用处了。一年后，军情五处的一个线人报告，阿勃维尔头目卡纳里斯到西班牙巡查时，库伦塔尔成了"这场会议上冉起的明星……他讲述了嘉宝的许多故事，包括蛋糕密报一事"。马德里的间谍头目用这段话结束了发言："在英国有一个叫嘉宝的间谍，原来是一个厨师，他烤的蛋糕尽管口味不太好，但却相当'有料'。"

每个双面间谍都有一技之长。间谍"三轮车"——潇洒的杜斯克·波波夫就是杰出的实干型间谍。他被派往外国首都与阿勃维尔的间谍们面对面交锋时就表现得相当出色，他必须思考得比盖世太保军官更深入，否则一旦下一个问题回答错误时，就可能被其杀害。与之相反，嘉宝则是以想象力和勇气著称。"我绝对没有那种勇气让我的间谍像他那般胆大无畏。"情报官员克里斯托弗·哈梅尔说道。蛋糕密报是嘉宝戏剧天赋的体现，他的这种天赋很快会在一次重大危机中发挥作用。

关于嘉宝针对第三帝国的间谍服务的价值，军情五处后来得出了可量化的估算。从马德里发往柏林的一条内部消息里有这样一行惊人的话："阿拉贝尔"——也就是嘉宝——"冒着生命危险在英国的行动，与蓝色师团（第二次世界大战时，西班牙佛朗哥派遣支援德国的师团——译者注）奋战前线的西班牙人的贡献是一样重要的。"这对库伦塔尔来说可能有些夸张——这会使他的副手膨胀起来，毕竟西班牙蓝色师团在整个援助期间派遣了45000个志愿者到东线前线作战。他们在诺夫哥罗德勇敢作战，在列宁格勒战斗时被活活冻死。战争结束后，整个师团有4594个战士阵亡、8700人负伤。

也就是说，马德里把嘉宝的价值等同于45000个战士。但如果嘉宝不是经过了反复而频繁的考验，他们之间的关系又会是怎样的呢？1943年6月，嘉宝决定通过一个事件展示自己的威力，成为世界各地的头条新闻。

1943年夏天，葡萄牙和伦敦之间的重要航线依旧开放。英国海外航空公司除了有从多赛特郡的普尔港到里斯本附近的卡波·鲁伊沃的航线，还有一条从葡萄牙辛特拉飞往萨默塞特郡惠特彻奇的航班。飞往伦敦的飞机每天都会从葡萄牙起飞，数万名难民的眼睛艳羡地目送银色的飞机一路向北。这两条至关重要的航线使英国情报部门与那座间谍之都保持联系，同时维持着与欧洲地区的主要航空连线（虽然从苏格兰到斯德哥尔摩有一趟夜间航班，但是这条航线比较危险，时间表也比较不固定）。德国空军战斗机统治了欧洲领空，有时还会攻击飞机——梅塞施密特110机枪的一次扫射曾在一个瑞士外交信使的帽子上打出了弹孔。

代号"嘉宝"
Agent Garbo: The Brilliant, Eccentric Secret Agent Who Tricked Hitler and Saved D-Day

尽管如此，777A 航班仍旧保持飞行，机舱里往往坐着间谍和绝密特使。

直到 1943 年 6 月 1 日，一架伪装的名为"朱鹭"的道格拉斯 DC-3 飞机从比斯开湾上空迂回地飞往伦敦，意在避开德国空军。突然，一支由八架 88 式轰炸机组成的四机编队从位于布列塔尼 88 式战斗机联队起飞，出现在蓝色的天空中并开始疯狂扫射，子弹重重地打在 DC-3 的机身上。"朱鹭"用机翼上的枪炮予以回击，拼命试图逃离德国战斗机的追剿，但仅到第三轮，"朱鹭"便开始冒烟，然后如一团烈焰般撞向海湾，机上无一人生还。

这一事件成为了各大媒体的头条新闻，因为船上载着莱斯利·霍华德——百老汇和好莱坞的著名英国明星，饰演过电影《乱世佳人》（Gone With the Wind）中的阿什利·威尔克斯，据报道曾与塔鲁拉·班克赫德（美国戏剧、电影女演员——译者注）和玛娜·洛伊（美国电影女演员——译者注）同居，还给军情六处做过兼职。"莱斯利·霍华德丧身空难，纳粹为罪魁祸首。"——伦敦《每日镜报》（Daily Mirror）惊声狂呼。登机之前，霍华德刚刚游历了葡萄牙和西班牙，举行了有关现代电影的系列讲座，同时秘会了反纳粹人士，坚定了对盟军的支持。

嘉宝绝不会放过这个事件。他谎称自己虚构的一个间谍就在那架飞机上，而那个送信的荷兰皇家航空公司飞行员也可能在那飞机上执勤。他给费德里科发了一条恶言相向的信息，要求他说明德国空军究竟是何居心。自此以后，葡萄牙与伦敦间的航班再未遇袭。

普吉对自己智取阿勃维尔的能力愈发自信，他和哈里斯开始设计神秘莫测的信息，迫使对手癫狂以自娱。在威廉·戈伯"死"后，嘉宝声称发现了戈伯私藏的笔记本，正是在他疾病缠身前写下的。嘉宝查看了里面的内容，"肯定那些涂涂画画是戈伯从事间谍工作期间所记下的注释。"但是他猜不透那些代码，也许德国人的运气会好些？

普吉和哈里斯在杰明街的小办公室里来回反复推敲点子、邪恶地相互较量着谁的密码更惹人心焦时一定乐不可支。首先，他们决定用德语编写"笔记"，因为戈伯出身瑞士家庭。一些消息往往在引起人兴趣的时候中断了，比如："别根海特（位于英格兰西北部——译者注）间的大型olbek……"，这就意味着在别根海特附近发现了大型的"olbek"——但德英字典列表里并没有"olbek"这个词。他们在另一条信息中暗示到，英国战舰"英王乔治五世"配备了鱼雷发射管，但其实并没有这么一回事。回忆起在里斯本的那段日子，普吉草拟了机场的详图，简略地描绘了所有事物，从不明飞机的具体位置到巨大机库的坐落之处。但他没有说出这些机场的实际位置。

哈里斯承认道："的确，传递这些笔记的唯一功德是，这是场善意的恶作剧。"普吉用胡编乱造的乐趣感染了一贯严肃的哈里斯。

尽管游戏里充满了乐趣，嘉宝第一次认真尝试为诺曼底登陆设计的欺骗计划却以意外失败告终。酒窖计划是一个"极其复杂精密的"计划，它在真实的赫斯特（英国肯特郡的一个市镇）洞穴里构建了一个虚拟的军火库，位于伦敦东南部郊区，并诱使费德里科到英国检查这些洞穴。1943年的春天，嘉宝放出话，称他的4号间谍——"直布罗陀的服务员"已经前往伦敦，打算找一家外交官和大亨们经常光顾的豪华酒店工作，希望能偷听绅士们美餐一顿后欣赏港口景色时的对话，并把消息发送到柏林。但是劳动部却把4号间谍发配到采石场工作，认定"但凡直布罗陀人应该都有挖隧道的天赋"（因为纵观历史，要围攻岛屿的堡垒，必须要有当地人帮忙挖隧道运送物资和武器）。于是，4号间谍不情愿地"接受"了挖掘工作，琢磨着可能会发现一些未知的地下仓库。但是，他发现的东西却是他想都不敢想的。

普吉和哈里斯深陷间谍小说的泥藻——他们告诉费德里科，4号间谍一路挖到了伦敦地铁，并开始投入到隧道扩展的挖掘工作中。他发现：英国人将他们的地铁线路连接到了巨大的赫斯特洞穴，那是第一次世界大战期间的武器仓库。他们用火车将"大量轻武器弹药"通过秘密小道从中部地区的兵工厂运到伦敦毫不知情的行人脚下的洞穴里（其实洞穴里一件武器也没有，只用作公共防空洞）。这一切都逃过了德国空军的眼睛，通过无人驾驶的遥控电动火车，在人们工作和生活的街道地下悄无声息地运行着。经过几个月的挖掘和调查，4号间谍"报告"他无意

代号"嘉宝"
Agent Garbo: The Brilliant, Eccentric Secret Agent Who Tricked Hitler and Saved D-Day

中发现了一个网络，恰恰是支援诺曼底登陆的兵团的。只要找出挖掘工作预计的完成时间，他就可以告诉纳粹盟军反攻的日期；而只要检测出隧道导向何处，他就可以提供盟军行动的发起地点。据此，德国人就可以推断出目标。

上面所说的这些，正是日夜困扰着希特勒使他夜不能寐的问题，也是他会千金悬赏以求解答的问题。而现在，嘉宝把答案悉数装盘奉上。

嘉宝主动提出要带费德里科穿越隧道。军情五处的间谍们开始寻找一个军火库，希望费德里科被领进隧道移除眼罩后会被忽悠，以为自己正在穿越伦敦地铁。"他会……获准返回西班牙，而后他将从那里直奔柏林宣讲他的非凡冒险，大力盛赞嘉宝的机敏和才华，让德国意识到地下仓库的重要性。"

布莱切利庄园的破译员们开始配合嘉宝通信。马德里将关于赫斯特洞穴的整个文本信息发送至柏林。

希望的曙光冉起。

接下来，嘉宝犯了一个错误。在一封信由信使送出的长达十二页的信件中，他提出了一个计划——基于4号间谍设法偷带出来的蓝图，炸毁通往洞穴的隧道。"这说明在主隧道用一枚定时炸弹炸掉一辆列车的同时隧道本身也会崩塌，周边的门店也会在同一攸关时该被顺势掩埋。"

哈里斯和普吉等待着。他们知道这个计划会传到希特勒那里：如果德国人炸毁隧道的话，诺曼底登陆就算不被取消也会大规模缩减。唯一好过预测反攻行动的，就是在行动发生之前阻止它。

紧接着，马德里发回了答案：决不。军情五处很快就明白为什么他们会出现如此严重的失误。在过去的一年里，嘉宝在马德里已经成为光芒耀眼的人物——费德里科和库伦塔尔都被这个明星牵着走。然而，他这次建议炸毁隧道却被当头浇了盆冷水。轰炸赫斯特的火车意味着把对嘉宝的控制权从马德里站转移到第二师——阿勃维尔反间谍机构负责执行"破坏行动和特殊任务"的部门。库伦塔尔和费德里科发掘、培养、雇佣嘉宝，将职业生涯都押在他身上。为何他们现在要放弃他，将他扔到另一个部门？军情五处没有料到德国情报机构的激烈竞争，对于像库伦塔尔这样的人来说,那可是生死攸关之事。

随着越来越多的消息从马德里发来,他们越来越清楚地意识到有其他两个因素在起作用:一是费德里科无意来伦敦。如果在途中被抓捕,他很可能会在残酷暴虐的审讯中心里面临长达数月的审问,甚至可能在刽子手的索套下被严刑逼供。他只会让嘉宝独闯龙潭。二是身处柏林南部佐森地区的阿勃维尔专家们已经仔细梳理了嘉宝激动得溢于言表的十二页书信并找到了他们所想要的信息。而且信里主观意见过多,客观细节不足。

英国吸取了一个教训——在佐森的阿勃维尔,不比在马德里的阿勃维尔。佐森的间谍更强硬,更善于分析,不易受到嘉宝的招牌诡计的影响。轰炸洞穴的提议是否曾经过外事情报局长官罗恩尼的灰色法眼我们不得而知,但他训练有素的官员们已然否决了该议案。酒窖计划纯属嘉宝一手打造,情节精彩纷呈,故事架构和细节深度上颇有儒勒·凡尔纳(法国作家,被誉为"科幻小说之父"——译者注)式的风格,描绘了迂回曲折的隧道和伦敦的秘密地下世界。只可惜功败垂成。

由此说明,光有想象力是远远不够的。

第三章 远洋战线

PART III: THE FAR SHORE

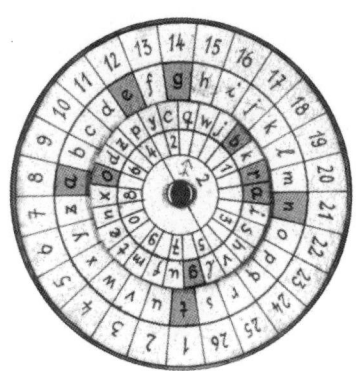

一、帽徽行动

1942年，由于受到发生在北非的火炬行动的鼓舞，苏联人在斯大林格勒英勇抵抗，而盟军则空袭了德国城市和鲁尔工业区，正义之师开始扭转战争的局势。下一步，盟军就要反攻欧洲大陆，开辟第二条战线了。最初，登陆行动计划于1943年进行，但1月份的卡萨布兰卡会议表明，人员和物资——登陆艇、补给船，尤其是要猛攻海滩的成千上万的美国军队——都尚未到位，不足以应对这场势在夺回法国进而长驱直入进攻柏林的史诗般的战斗。丘吉尔和罗斯福将反攻欧洲大陆的日期暂定于1944年5月1日。

如果接下来的整整12个月里都没有登陆行动，希特勒就有时间把部队和装甲师从西欧调到东线，给东线施压。要发动把德国师团阻挡在苏联之外的决定性战役，就必须让希特勒相信登陆行动不只是可能发生在1943年，而是已经迫在眉睫。每一场宏大的戏剧都需要彩排，因此，1943年春季和夏季，嘉宝和整个诱骗行动团队都在为诺曼底登陆进行演练——称为"帽徽行动"（Operation Cockade）。

才能卓越的中尉弗雷德里克-"弗雷迪"摩根中将接上级命令担任帽徽行动的参谋长兼最高指挥官，负责计划横跨海峡的反攻及制定初步任务。帽徽行动的目标，也是摩根的第一个主要任务，看似并不复杂。他要领导"精心策划的军事伪装和欺骗计划，在整个夏天里将敌军牢牢牵制在西线，并且要保持敌军对1943年将会发生大规模跨海峡反攻行动的期望"。该计划由三个主要部分组成，每一个部分都有相应的代码。"华顿"（Wadham）是对法国海岸布列塔尼的佯攻；"廷道尔"

代号"嘉宝"
Agent Garbo: The Brilliant, Eccentric Secret Agent Who Tricked Hitler and Saved D-Day

（Tindall）是对挪威沿海城市斯塔万格的佯攻；而全盘计划的关键"斯达克"（Starkey），则是对法国加莱海峡的"一次重大两栖佯攻"。"斯达克"计划有两个目的：一是引诱德国空军的飞机出库，并在加莱海域附近上空歼灭它们；二是让德国人相信盟军正在法国开辟第二条战线。帽徽行动的原始计划里还有一项后备措施：如果德国防线脆弱不堪，就把佯攻转变为真正的登陆行动。只要条件看起来相当有把握，帽徽行动的部队就会大举涌上海滩，直捣巴黎。

最初的计划规模令人印象深刻：盟军战斗机出动15000架次；中型及重型轰炸机在预计着陆区发动6000次轰炸突袭，日夜出动；数千支英国和加拿大部队集结登船，在英国海岸会师以愚弄德国人使他们相信登船是为反攻做准备；两艘原为一战定制的、长约190米的R类巨型战舰装满了13英寸厚的盔甲和15英寸长的重枪，准备猛烈袭击加莱海岸线上固如钢筋混凝土的炮兵连；12艘驱逐舰掩护战舰横渡英吉利海峡；海上突击分队、英国皇家海军陆战队和伞兵们准备空降以防佯攻变为实战。计划者们希望在最理想的情况下，经过十四天的激烈空战，德国空军会在这场"空中大决战"的一系列高海拔混战里被击为碎片。

如此规模庞大、错综复杂的行动很大程度上取决于双面间谍的工作是否到位。在双十委员会一次周三例会上，欺骗行动的计划者提出是否能由嘉宝担任领导者。帽徽行动将是嘉宝证明自己已经为真正的诺曼底登陆做好准备的机会。他能胜任吗？汤米·哈里斯同意了这个请求并匆忙赶回杰明街，与普吉在那里开始疯狂地增加新的下线并对现有的下线重新布阵，将他们安置在最能发挥作用的地方。帽徽行动将是当时战争史上规模最大、最具野心的一次欺骗行动。在此前的两年里，嘉宝和整个情报组织已经经受了方方面面的考验。

随着战争的推进，尽管作为盟军一方的间谍，普吉仍面临着一定的生命危险。据悉，德国人会绑架有嫌疑的双面间谍，并将其中更有价值的疑犯带到柏林问话并处决。希特勒对间谍的极端厌恶反映在1942年年底由德国统帅部颁布的"暗夜迷雾"（Nacht und Nebel）指令里，当中指出了集中营里关押的两类囚犯，即抵抗者和间谍，必须穿着背后标有"N"、"X"和"N"三个黑色字母重叠字样的外套。这些不幸者被处死的事甚至都没有告知其家属。而且，他们被杀害的方式极端残酷：间谍被带上断头台后会被要求脸朝上把脖子靠在砧板上，这样他们就会眼睁睁看着刀刃落下。

为防止德国意外入侵英伦诸岛，军情五处对双面间谍有一项计划：将他们运到北威尔士隐藏起来不让盖世太保发现。负责该项计划的西里尔·米尔斯，普吉初次来到英国时就曾见过他。由于米尔斯堪称巴纳姆（美国马戏团演员——译者注）之子，这个计划也被称为"米尔斯先生的马戏团"。马戏团计划也采用了与该行当相应的代码。1941年4月，一个官员给总部写信道："我已经给动物们安排好了住宿，年幼的动物以及它们的护养员与米尔斯先生本人住在一起。"这个计划本身并不伤感。"如果有落入敌人之手或者更危急状况之险，他们将被强行杀害。"负责管理双面间谍的塔尔·罗伯逊写道。英国人自己并不是不会杀害间谍，比如代号"邋遢"（Scruffy）的比利时人，本名艾尔冯斯·迪马尔曼，是一个客船服务员。在直布罗陀被发现后接受了皇家维多利亚爱国学校的审查就被拦下了——有部分原因是他要求将自己的工资寄给他的母亲。有两件事出卖了他：绝密情报的破译文本中有一行字提到了他，而在他的行李中又发现了制作隐显墨水的材料。迪马尔曼被送到了令人生畏的020集中营，审讯人员的严刑逼供令他最终招架不住坦白认罪，然后就被处决了。他的死亡通知也被有预谋地发布了出来，用以观看阿勃维尔会做何反应。

随着帽徽行动的诱捕，还有更多的人落入了更危险的处境。如果说欺骗行动是一盘象棋游戏，那么上面的兵卒就是那些尽管活着、呼吸着，却可能在某个时刻不得不被牺牲的人。

法国人民、英国特别行动委员会渗透到巴黎的间谍、法国游击队员乃至德国人，都等待着1943年春夏的反攻行动。靠近法国北部港口大都市布伦的海边小镇勒波特就是不幸的被占领地。勒波特的历史可以追溯

代号"嘉宝"
Agent Garbo: The Brilliant, Eccentric Secret Agent Who Tricked Hitler and Saved D-Day

到14世纪，那里世世代代居民的生活都与大海密不可分，几乎与世无争。镇上的渔民划着木船泛舟大西洋钓鲱鱼和鲭鱼，遭受着港口工作不可避免的艰辛与不幸。例如，1881年10月14日早上，镇上的71人出船后再也没有回来——全被一场风暴卷走了。寡妇们在邻居的帮助下，将孩子抚养长大。整个小镇团结一致、以己为荣，他们认为自己的渔民比附近布伦的高出一等。

1940年5月25日，当德国占领勒波特后，纳粹的红黑旗帜第一次在布伦的钟楼上空随风飘扬。几天后，镇上派渔船行至敦刻尔克，那里的英国远征军已久战疲乏、处境堪危。勒波特的渔民将精疲力竭的英国士兵从水里救出，拉上了缺边少角、带着腥味的甲板前往英国。其中一些船只的船身被德国空军战斗机射满了弹孔，沉入海峡之底。回到勒波特，镇上的时钟被换成了"l'heure allemande"（德国时间），比正常的法国时间提前了两个小时。还有宵禁规定，渔民和他们的妻子在晚上7点以后不许外出，违者坐牢。勒波特人世代玩乐的海滩上被铺满了地雷。面包和肉只能限量供应，但凡出镇就必须出示通行证。于是，烟抽完后，镇上的人就用烟纸卷干草当烟抽；肥皂用完，就拿黏土当肥皂用。然而，勒波特人有着顽强的血性。他们不屈不挠、坚韧不拔，祈求从侵占者的魔掌中解脱。

勒波特镇的居民知道盟军要想反攻是何等艰难。他们中有些人被诱拐到街上以后被迫浇注凝土修堡垒、筑平地、铺新路（诺曼底登陆时装甲车就从此碾过）。他们看着附近建起了两个巨大的炮台，任何船只胆敢跨过海峡靠近该地就冲它开炮。当地人所做的抵抗少得可怜：经常制造意外让装满混凝土的货车翻倒，放缓施工进度，搞破坏让德国监察员发疯。

1943年的夏天，随着帽徽行动开始进行，勒波特和其他法国城市都是紧张难耐，翘首以盼。解放的传闻按计划席卷了各党各派，弄得大城小镇的人们心绪不宁。这一切都在帽徽行动计划者的意料之中。他们知道燃起被占领地的希望是一件多么冒险的事，盟军针对帽徽行动所作的一份机密报告中写道："此次行动产生的影响会让被侵占者在冬季前被解放的期望升至燃点，然后到了冬季伊始又跌至失望的冰点。"但是，帽徽行动是夺回欧洲的第一步，目标直指勒波特。

到了1943年8月2日，嘉宝的全部工作精力都集中在帽徽行动上。他的7号间谍"去到"威尔士南部履行侦察任务时，在那不该有兵团的地方无意中发现了兵团，还"听到"谣言称有所谓的詹特森演习。他只能得出结论：抗击布列塔尼海岸的大作战正在计划中。恰巧这时，正在此地度假的1号间谍也无意中看到了那支神秘兵团的操练，谣传这是为反攻在做准备。为了让德国的主力留在挪威应对可能的登陆，嘉宝报告他曾听说苏联正朝着挪威峡湾进军，而他也采取了非常措施，来到苏格兰与3号间谍"交换意见"，并亲自对情势一探究竟。当然，普吉其实一直在伦敦，但是嘉宝却对他的旅行作了非常详细的报告。抵达格拉斯哥后，他先汇报了一些令人堪忧的状况：突击队绑着绳索在当地悬崖攀上附下；现有的机场旁边多出了一些新营地，显然是传言中已出动的空降部队的住所；城里身着配有皇家空军徽章制服的士兵显著激增；新的起重机出现在了当地，想必是为即将运载到位的巨型物资所准备的。

回到伦敦，嘉宝称他发现1号间谍早已等他等得心急如焚。所有的迹象都指向一场即将对法国南部发动的反攻。1号间谍直接从温彻斯特用隐显墨水写信提醒德国人："整个南安普顿同盟的北部都已被军队占领并用铁丝网包围起来，哨兵随处可见。透过树林，我看见帐篷被伪装成深绿色。我觉得那里应该还有很多车辆，因为我曾在路上瞥见一些士兵正在修一辆车，并看到几部机动车和疑似枪支的东西。我还听到有士兵在钻路。"

1号间谍的信送到德国人手中时，阿勃维尔十分惊讶地发现，那封信上有"条纹痕迹"——英国审查员将五把刷子捆在一起扫过那封信，每一支刷子蘸有不同的显影剂，用以揭开不同隐显墨水写下的字。幸运的是，那些化学物质都没有将隐形字迹显影出来（当然，这些条纹是军情五处有意为之的）。但令人担忧的是，温彻斯特的英国审查员显然加强了戒备，正在帽徽行动附近的港口寻找间谍。然后，英国政府在审查

代号"嘉宝"
Agent Garbo: The Brilliant, Eccentric Secret Agent Who Tricked Hitler and Saved D-Day

寄往伊比利亚半岛、瑞典和瑞士这些地方的信件时采取了额外的步骤，因为这些地方"是众所周知安插有敌军间谍的地方"。每一封寄往这些可疑地点的信都要经过显影剂的扫描。这可是一项巨大的工程：仅仅在第一周的审查中，审查员就测试了22000封信件。但是在诺曼底登陆前夕，为了支持帽徽行动，这类事情英国必将贯彻到底。阿勃维尔通过无线电通讯警告嘉宝有关英国对间谍的镇压行动，并命令其下线的信件不得从反攻部队聚集的城镇发出。

嘉宝又虚拟招募了一个新下线来丰富帽徽行动的报告内容：她是战争部的一个员工，而战争部是所有反攻计划的神经中枢。早在里斯本时，嘉宝就以有女人缘而声名远播，如今他却欢天喜地地与这名相貌平平、衣着土气、胆怯自卑、鲜被追求的秘书"同居"。"这使我更容易接近她，"嘉宝跟费德里科吹嘘道，"她早已欣然放下谨慎戒备了。"德国人看到这种老套的招数还管用，肯定会哈哈大笑——地中海的花花公子对英吉利的冰山女人毫无抵抗力。然而，嘉宝的新仰慕者却花了他一大笔钱："你必须让我知道我是否要全权考虑与她相处时的开销，因为每回我带她出去自然要吃喝玩乐，送她礼物。我确信与这个女人交往可以获取一些信息……她根本不在乎我已婚，也完全不指望我能离婚。"

虚假登陆行动目前定于9月8日，随着日期的一天天临近，嘉宝愈发不安起来。"情况看起来变糟了。"他给费德里科写信道。在多佛港口侦察的4（1）号间谍"汇报"道："大规模袭击的准备工作已到紧要关头。突击船在多佛和福克斯顿集结。有说法称针对该海峡的大规模空袭和炮击意在摧毁德军防线，同时能辅助大量驳船和小船在那里汇集。"这是对德国空军投放的诱饵，旨在诱导他们来到开放领空，英国皇家空军就可以把它们炸毁在英吉利海峡。嘉宝继而留言道："J（2）号间谍从朴次茅斯发来报道称，许多反攻的驳船已通过陆运送达到位。同时，预计重型突袭机管局和国家消防局已从其他地方调来增援。无数的轻巡洋舰和驱逐舰已经停泊在了港口。"另有"大约70艘突击艇在汗布尔河运送军队。加拿大部队的护卫队和装甲车不断抵达该地，以深蓝方阵为主要标识"。

嘉宝的虚拟下线将德国人的视线指向英国东南部的南安普顿港。这可能是整个加莱海峡最偏远的登陆点。然后，他们的联络中断了：他们已经尽可能地给了最强烈的暗示，现在是时候让德国人自己得出结论了。所有线人都中止了信件往来，嘉宝报告说英国人正在搜寻他的线人。最后，英国当局驱逐了该地区所有的外国人——这不是嘉宝捏造的消息，而是事实。

大事将近的感觉昭然若揭。

"帽徽"这类行动是极其复杂的间谍活动，相当于监制一部史诗动作电影，参演成员是来自不同军队的成千上万的士兵，驻扎地从格拉斯哥到达喀尔，还要将谣言播撒到远至里约热内卢和东京这样的地方。轰炸机在加莱上空发动一波接一波的突袭以弱化敌军防线。登陆艇造好后即被运至登船港口。名为"比格波斯"的虚假坦克运载舰和名为"维特波斯"的虚假运兵舰停在英国港口水上。四万顶帐篷竖立在朴次茅斯、多佛和其他港口城市的组装地区，给德国空军侦察机一种短期内将有大量士兵涌入的印象。伦敦地铁的墙上涂写着公告，提醒乘客现在法规明令禁止参观英国南部。酒店经营者盛怒难平——这时正是暑假旅游高峰期——但也只好被迫打电话通知客人取消预订。警卫把守着要道，任何人携带相机或望远镜都会被拦下。移动电话窃听分队徘徊在坎特伯雷大街和布莱顿大街上，偷听人们的日常谈话。即便你是路人甲，如果你在家跟亲人谈论前一天晚上在酒吧遇到的英俊潇洒的加拿大警官，可能一分钟后就会有人敲你的门。（这是加密的无效数据，为的是使它看起来像是经过双重加密、难以理解的信息。）滑翔机从北部机场消失了却出现在了南部机场。嘉宝及其下线的报告都被定时地、有计划地同步送达。

德国空军飞机飞回了德国和德占法国，带回了存满最新照片的相机，记录下了拥挤的港口以及布满假帐篷的新营地。加莱海峡上空突然发生交火——德国空军战斗机与英国皇家空军交战决斗。英国飞行员击落45架敌机的同时，牺牲了23架飞机。行动开始前九天，皇家空军出动飞机6115架次，他们的战斗机和轰炸机潜水穿过了防空炮火，让人觉得加莱

代号"嘉宝"
Agent Garbo: The Brilliant, Eccentric Secret Agent Who Tricked Hitler and Saved D-Day

海峡是用来发动大型登陆的地点。德国和英国的炮舰在波涛汹涌的英吉利海峡决斗，互相发射鱼雷，机枪疯狂扫射。

黑色宣传间谍精心设计、故意泄露的信息使媒体中了圈套。不久，BBC就报道了这样一则新闻："对被占领国的解放行动已经开始……当然，我们坚决不会透露行动的发起地点。"这则新闻迅速传遍世界。法国民族解放委员会告诉它的成员们解放的第一步"从此刻起随时可能降临"。美国媒体高调宣称"反攻西欧的关键时刻即将到来"。甚至连坎特伯雷的大主教也在为此努力。某次布道期间，他曾号召信徒为即将投身、献身于解放欧洲大业的士兵和船员们祈祷。

帽徽行动的理想是：如果一切顺利，佯攻发展成真正的反攻，盟军就乘机迅速攻入法国——这也正是普吉的愿望。"我有能力将战争的结束日期往前推动。"他说。他想拯救的不仅是盟军士兵的生命，还有德国士兵的生命。普吉最终为了他童年以来一直坚信的理想卷入了战争的中心。他后来写道："世界上有三种人：兴风作浪者、束手旁观者和不明所以者。"普吉现在坚决把自己归为第一类人。

帽徽行动的舞台已经搭建完毕。但是，会有观众来捧场吗？

二、亲情欺骗

当普吉和汤米·哈里斯一起在办公室里度过一个又一个心烦意乱的钟头，为帽徽行动规划着他承担的那部分无比复杂的工作时，他突然遇到了一个令人意想不到、忐忑不安的问题。在英国待了两年后，婀瑞思利开始有叛变的迹象。

军情五处的许多工作人员都存在家庭问题。汤米·哈里斯和他的妻子希尔达在醉酒后就会神奇地发生一发不可收拾的激烈打斗。盖伊·里德尔的妻子卡里普索和他们的四个孩子一起跑到了美国，而里德尔对他们的去向一无所知，直到他无意中瞥见玛丽女王乘船去纽约的宣传照片时，才发现他的孩子们正在甲板上挥手。盟军欺骗行动中无可争议的天才达德利·克拉克终身未娶，但他曾经爱上一个名叫妮娜的苏联贵族并加入了由这个"典型斯拉夫美人"设计的外汇走私行动。它几乎断送了克拉克的自由，也使他赔了一大笔钱。但与这些非传统人士相比，婀瑞思利仍属一个特例。普吉深晓这一点：一旦她被唤醒，就会像硫酸甘油一样随时可能爆发。

婀瑞思利已经受够了战时的伦敦，那里肮脏不堪、难以容身。她住在伦敦的最初几个月里，城市里每夜都是火光冲天，住在郊区的人们会跑到外面看着"遥远的火焰发出巨大夺目的红色光彩"。一个伦敦人回忆道，着火期间空气可达到华氏1800度。死亡变为一种常态。一天夜里，一个妇女走出家门准备溜她白色的苏格兰梗犬，正在这时，德国空军开始突袭。解除警报的信号拉响后，她的尸体才"被发现挂在道尔街尾的一个电话亭上，离她家差不多一百米远"。死尸随处可见——或漂浮在

代号"嘉宝"
Agent Garbo: The Brilliant, Eccentric Secret Agent Who Tricked Hitler and Saved D-Day

泰晤士河上，或泡在酒窖里，德国空军离开后好些天了才被人发现，早已腐烂。突袭轰炸之后，空气里的某种质地令人作呕：高射炮枪支的无烟火药气味、德国炸弹爆炸散发的磷、燃烧的木材、污水、百年建筑释放出的粉尘、树皮刮掉后树脂烧焦的气味——"那些日子里的那股混合气味，灰尘、脏水和臭气糅杂在一起，就像刚刚摧毁多栋建筑一样"。一个战时住在首都的英国人回忆道。"窗户上掉下的玻璃碴在脚下'嘎吱'作响，成堆的残砖废瓦中发出弹片的嘶嘶声令人丧胆。伦敦人开始害怕"月色轰炸机"——明朗的夜空中挂着一轮满月时，就会吸引德国空军像黄蜂一样倾巢出动。每晚都纵横交错着四千束探照灯，其中有许多是安装在移动卡车上的，用以引导英国防空枪手。在伦敦，目光所及之地无法找到一处没有战争的痕迹。

报纸的报道令人难以接受，尤其是对像婀瑞思利这样孩子尚幼的父母。《新闻纪事报》（*News Chronicle*）报道了一次空袭的后果："幼小遇难者一个接一个地被发现。其中有一个身穿蓝色针织睡衣的黑头发的男孩和一个身着粉色衣服的金发女孩。其他幼儿刚被穿好衣服包在襁褓里过夜。家人只能靠着绑在他们脚踝上的小标签来辨认。"

婀瑞思利以一个陌生人和流亡者身份穿行在这满目疮痍的景象里。她的丈夫是这场战争的一个关键间谍，但她不能告诉任何人，甚至不能佩戴"甜心徽章"的小翻领别针，因为那是军服的徽章，也是皇家空军的缩影，戴上去就等于告诉其他女人你的男朋友或丈夫是英军成员。邻居从各自的窗帘背后窥视着邮局的送报男孩骑着噪音嘈杂的摩托车来到他们的街上，发动机轰隆隆响着，大家默默地祈祷他不要停在自己的家门口——他的麻袋里装的是战争部发来的电报，通知家人他们的儿子在行动中死亡或是失踪的消息。每晚，婀瑞思利的丈夫忙完秘密工作都会回家，但她不能和邻居分享任何事，也不能告诉邻居他们来到这里是做出了怎样的巨大牺牲。

两人的婚姻面临越来越大的压力。随着嘉宝越来越深地投入到欺骗行动中，夫妻二人的关系明显打上了"紧张"的标识。1943年6月22日，军情五处反间谍部主任盖伊·利德尔在他的日记里记录了一条令人不安的状况:"嘉宝家里出现了危机。嘉宝妻子思家成疾,埋怨丈夫过度沉溺于工作,在某种程度上忽视了她。因此,她希望回到自己的祖国。她认为,嘉宝的整个联络网都是假想的,因而我们没有进一步使用它服务的必要了。"

这是一个简单的推理。为什么军情五处就不能模仿嘉宝独特的说话方式而让他们夫妇俩回国呢?但帽徽行动将证明普吉是嘉宝发声的必要看护人,在塑造人物方面他的非凡创意和超强记忆是不可估量的。婀瑞思利让军情五处释放她丈夫的请求被立即回绝。

普吉夫妇的决裂发生在1943年6月21日晚上。婀瑞思利安排好与她最近遇到的几个外国人一同出席一个西班牙俱乐部的晚宴。身在伦敦的一些西班牙名人也会参加晚宴,包括使馆工作人员。婀瑞思利期待穿上她最漂亮的礼服,享受西班牙美食,兴许再小饮两杯香槟。她太需要一个夜晚外出放松了。但普吉坚决不让她去,说太危险了。西班牙大使馆是出了名的亲纳粹党羽的巢穴,哪怕只是些许轻举妄动,他也决不能冒这个险。

当婀瑞思利听到自己又得在家里度过又一个夜晚的消息时,她气炸了,两人争得"面红耳赤"。普吉觉得无法跟她待在同一个屋檐下了,就离家出走并在当地的电话亭给军情五处打了个电话,告诉他们如果婀瑞思利打电话过去做出什么蛮横无理的威胁尽可以无视她就好。婀瑞思利真的打给了死敌汤米·哈里斯,这个取代她成为普吉的工作拍档的人,在电话里冲他发出刺耳的尖叫:

> 我最后一次告诉你,我已经不想再跟我的丈夫一起,哪怕多待五分钟。如果明天的这个时候,你再不把即刻出境的证件给我准备好,我就去西班牙大使馆……我还没受过更大的威胁,就算他们杀了我,我也要去……我很清楚自己说些什么做些什么就能让你和我丈夫烦死……毁了你们的一切,我就痛快了。你明白了吗?我不想再在英国多待一天。

代号"嘉宝"
Agent Garbo: The Brilliant, Eccentric Secret Agent Who Tricked Hitler and Saved D-Day

娴瑞思利威胁要揭露嘉宝。这一事件一路反馈到了军情五处的高层——最后甚至汇报给了丘吉尔。"真该把她关起来继续隔离监禁，可惜这个国家的法律根本不允许发生那样的事。"盖伊·里德尔咆哮着。

军情五处必须控制住娴瑞思利。负责监督双面间谍的塔尔·罗伯逊匆忙赶到普吉家中"听取她的不满"，但娴瑞思利坚持自己的立场。一个间谍建议她假装被告知，军情六处截获了一则盖世太保发给他埋伏在伦敦的间谍的消息，要他"联系嘉宝"，这是一个不祥的征兆，可能意味着对她的丈夫的预谋陷害。另一个分析师建议军情五处致电西班牙大使馆并告诫他们去找一个"急于暗杀大使"的疯妇。但是，让警察加入这场戏会使问题更加复杂化，"令人烦不胜烦"。军情五处也不是没有考虑过送娴瑞思利回西班牙，但里德尔无法相信她不会在那乱说话，尤其现在她对军情五处和普吉同样厌恶。

我们只能凭想象欣赏娴瑞思利的演技。几个月前，她在马德里扮演的精神错乱的人妻能把阿勃维尔间谍费德里科吓个半死，当时她还只是演戏，现在却是真的被逼到头了。娴瑞思利的绝对死敌哈里斯称她是"高度情绪化和神经质"的人，甚至是"心理不平衡"。但更有可能的是，她只是渴望回家。

战时，英国对这个情绪化的女人完全没有同情心。"制造事端"不仅是惹是生非，更会使军队士气因其单方面的自私遭到挫败。当他人的丈夫丧身前线或是伦敦上空，失去亲人的家庭并没有冲着军情五处的官员大吼大叫，哪怕那是正当的。但娴瑞思利的所作所为远远不只大吼大叫。"与她的丈夫相比，嘉宝妻子是一个歇斯底里、受人宠坏、自私自利的女人。"汤米·哈里斯写道。

军情五处必须拿出一个计划。最终，普吉亲自做出策划。在一次会议上，普吉提出了一个大胆的行动来阻止普吉的妻子出卖他们的事业。哈里斯被这个"相当激进的"计划大吃一惊，这比假暗杀的想法更加残忍。从案例笔记的阅读中很明显可以看出，普吉对娴瑞思利的所作所为表示十分震惊和尴尬，他想一劳永逸地结束妻子所带来的威胁。为此，他决定用自己所学到的一切欺骗和阴谋的伎俩用来对付他的妻子。

第三章 远洋战线

里德尔布置了这场计划:"今拟议,下午5点之后即西班牙领事馆关门后,莱恩·伯特给嘉宝夫人送去一封信,告诉她,她的丈夫已被逮捕,要家里提供他的睡衣、牙刷等物品。明天如果她看起来有后悔的情绪,就会有人带她去一间牢房探视嘉宝,要么在炮排,要么在020营地。"在她到达之前,军情五处会告诉她一个令她不安的消息:早些时候,他们带普吉会见他们的头目,正是他告诉这个西班牙人他的使命已经终结。头目随即要求普吉发送最后公报给费德里科,让他找些借口解释为何要中断联系。怒不可遏的普吉拒绝了这个要求,并要求知道他为何被停职。里德尔告诉他,这是因为婀瑞思利显然已经失去了理智还威胁要揭露一切。自己的妻子受到侮辱,普吉"脾气完全失控",试图攻击军情五处头目和他的间谍搭档。总之,他"表现得相当暴戾",就被逮捕起来丢进大牢,和各种各样的间谍及反抗者一起面对长期监禁或者处决。普吉别说事业尽毁,甚至可能丧命,而这一切都是为了维护婀瑞思利的名誉。

020营地是一个严酷无情的地方,那里原是一战时患上了炮弹休克症的部队的收容所,外面用带刺的铁丝网围了起来。这里面关满了正在接受严酷审讯的囚犯。它的掌管者——陆军中校罗宾·斯蒂芬斯,外号"锡眼",为人极度具有偏见,常常大摇大摆地穿过集中营的走廊,埋怨着"可恶的德国人"。斯蒂芬斯尤其鄙视西班牙人,认为他们"顽固不化、毫无道德、一成不变"。他从未将右眼的单片眼镜摘下过,透过镜片,他用颇具威胁的眼光盯着囚犯。有谣传称他连睡觉时也戴着那只眼镜。尽管婀瑞思利从未想过自己的丈夫有一天会被处决,但已有14个进过020营地的德国间谍遭此命运。这个地方清晰地散发着威胁的意味。军情五处希望她能悔改,替她的丈夫申诉说明他是无辜的,并承认"整场危机全归咎于她的愚蠢"。

难怪哈里斯会觉得普吉计划的戏码太猛烈。如此一来,婀瑞思利会误以为自己乱发脾气可能使丈夫被判死刑。然而,普吉却没有因此畏惧退缩。"对于他的计划可能对他的妻子造成的反应,他愿承担全部责任。"哈里斯写道。军情五处同意由普吉操控本次行动,并允许他在事态恶化时随时改变策略。哈里斯写道,"如果计划失败",或者婀瑞思利发现

代号"嘉宝"
Agent Garbo: The Brilliant, Eccentric Secret Agent Who Tricked Hitler and Saved D-Day

这一切都是普吉想出的计划,那"就会永远毁了他的婚姻生活"。

这项计划很快就付诸行动了。一个军情五处间谍将普吉被捕的消息带给了婀瑞思利,她立即陷入"歇斯底里的爆发",拒绝提供她丈夫的睡衣和浴室用品。然后正如普吉所料,她给哈里斯打了电话。哈里斯将她丈夫被捕的来龙去脉转述了一遍:先是会见军情五处的指挥官,而后拒绝费德里科写断交信,最终暴力反抗被拷入狱。

婀瑞思利听完后平静地回答说,"普吉的反应如她所期盼的一样。她说听到丈夫所做的这些牺牲后,她意识到他的一生都一心扑在工作上。她也很能理解他宁愿进监狱也不写我们要他写的信……她确信他这样做是为了使自己免受责备。"普吉精准地预测到他妻子的反应。现在就看她会不会上钩了。

尽管婚姻严重破裂,尽管婀瑞思利深感孤独和被忽视,她对普吉显然仍有相当深厚的感情。她一边流着泪,一边告诉哈里斯军情五处错抓了她的丈夫,普吉是会把一切献给盟军的人,甚至包括他的生命。她恳求哈里斯释放普吉,然后挂了电话。

计划大获成功。但婀瑞思利还没说完,几分钟后她又打回给哈里斯,这次"她的态度更加强硬无礼",并扬言要带着她的两个孩子消失在伦敦的背街深巷。然后她打电话给普吉的无线电报员海恩斯。他大为震惊,报告说婀瑞思利"显然处在绝望的状态,请他在三十分钟内到她家"。如果军情五处以为婀瑞思利根本没有能力策划出如她丈夫一样疯狂的谋略,那他们就错了。惊恐不安的海恩斯快速赶去了普吉家中。

在那里,海恩斯看到了一个可怕的场景:婀瑞思利一人在厨房里语无伦次地自语,家里充满了臭鸡蛋味道的气体。显然,军情五处逼得她想自尽。海恩斯迅速关掉煤气并将婀瑞思利抱起来让她平躺在地上。幸运的是,她仍有呼吸。

她身边的人没有一个相信这是自杀未遂。"她不能假装想自杀来引起注意吗?"她的孙女塔玛拉自问道,"绝对可以。但是,她的两个孩子还在房子里,她会真的自杀吗?绝对不会。"里德尔也同意这个观点。"这显然是为(她丈夫)谋利的一点小伎俩。"婀瑞思利用自己编排的

第三章 远洋战线

小闹剧胜了英国间谍一筹。但在表演方面,她还是低估了普吉。

海恩斯试图让婀瑞思利平复下来,但当天晚上她又再次尝试放煤气自尽的把戏。军情五处被迫派一个间谍整夜照看她,确保她安然无恙。第二天早上,塔尔·罗伯逊赶到普吉家,婀瑞思利恳求他饶她丈夫一命。现在看来,意外事件已经摆平,普吉的计划也奏效了。婀瑞思利追悔莫及,连续"几个小时不停地哭泣"。哈里斯要求她签署一份文件,承诺她不会再试图离开英国了,并答应让普吉自由地忙他的工作。她听命签署了文件。有了军情五处的这份文件,普吉现在就可以按他和军情五处协议的那样,取消最后的、也是最痛苦的行动。

但他没有这么做。他很清楚婀瑞思利有多么强硬固执、老谋深算,普吉想把戏做到底。或许也想惩罚自己的妻子。要知道她差点毁了嘉宝,还让成千上万的盟军士兵命悬一线。因此,他决定让婀瑞思利度过她永生难忘的一天。

最后的好戏上演了。婀瑞思利乘着囚车——其实是安全的警车来到020营地。她被蒙住眼睛带到审讯中心,"锡眼"斯蒂芬斯穿着廓尔喀族步枪制服在那里等待着她。眼罩被除去后,婀瑞思利看到"锡眼"透过单片眼镜怒视着她,厌恶之情全写在了脸上。他转过身,在他的带领下,她见到了穿着常见囚服的普吉。

间谍普吉现在被控制住了。看着婀瑞思利坐在他面前哭泣,他问妻子"以名誉担保"她是否去过大使馆透露他的秘密。(他知道她没有这么做,这要多亏军情五处安插在大使馆的间谍提供情报。)她告诉普吉自己没有这么做,这一切都只是为了引起关注。"她向他保证只要他能从监狱里释放出来,她会比以前更加热情地在各方面帮助他继续完成他的工作。"然后普吉说出了噩耗:明天一早他要受审。军情五处的负责人,就是他试图攻击的对象,明天会在维多利亚酒店与她会面并交给她判决书。

第二天一早,婀瑞思利会见了那个头目——由一个名叫扮演库森的情报官员精湛娴熟地扮演。他告诉婀瑞思利,她"九死一生才免于被捕"。至于普吉本人,军情五处决定从轻发落。他们允许他回家继续工作,但库森强调,如果她再次威胁就可能危及普吉在英国的日子甚至包括他

代号"嘉宝"
Agent Garbo: The Brilliant, Eccentric Secret Agent Who Tricked Hitler and Saved D-Day

性命。"彻底得到惩戒"的婀瑞思利回到家中等待她的胡安回到她身边。那天晚上他被释放，新长出的浓密的胡茬记载着牢狱生活的痕迹，使他看起来"更像列宁"。

哈里斯发现整个事件十分引人入胜，让他得以一探这个与他一起胳膊挨胳膊工作了整整两年的健谈而又神秘的同事的私人生活。普吉究竟有多了解婀瑞思利，又如何用间谍的伎俩策划一场戏缓和她的冒失。看到结果后，哈里斯不得不服。它证实了"计划实施之前嘉宝就做出的结论是正确的"。

但是，军情五处的盖伊·里德尔看到的则是这一幕的另一面。"据我推测，过去的48小时里所经历的事让（普吉）有些动摇了，"他在6月24日的日记里写道，"尽管计划是他自己提出来的，这的确是他一生中不得不做的一件令他不愉快的事。"普吉知道婀瑞思利确实想家，也很清楚她受的苦，而他却有大把时间实现他童年的梦想。谣言曾给他们的婚姻带去了困扰——盖伊·里德尔一度指出某海军军官"很长一段时间以前与（婀瑞思利）有了些感情"，虽然在记录里没有再进一步提到这个官员。

的确，婀瑞思利的脾气闹得肆无忌惮，但她的痛苦却也是真实的。普吉没有站在她的立场为她着想，而是欺骗她，这样他就可以继续自己与希特勒的私人斗争。

普吉从未谈及这一事件，事件的记载中也没有普吉的版本。他冰冷的处理方式的动机，至今无人知晓。但也许，婀瑞思利的戏码里拿着千万士兵的性命去冒险惹怒了他，加上她侵犯了自己一直认为几乎神圣的东西——他的想象力，彻底触怒了他。帽徽行动才刚刚上演，她就试图将他最伟大的设计昭告天下，告诉世人嘉宝是假的，表明英国可以幕后操作嘉宝的整个间谍网，说出和普吉一样花哨的话。事实上，她曾尝试过将普吉与嘉宝区分开来。

作为回应，他把婀瑞思利耍得迷迷糊糊。他们夫妇二人的欺骗能力一开始可能势均力敌，但是现在普吉在各方面已经超过了她。他已然精通欺骗的把戏，即使是用它来对付自己爱的人，也已然游刃有余。

三、制胜一击

　　1943年夏季和初秋，帽徽行动的规划者们，连同普吉和哈里斯，开始体会到约翰·麦斯特曼所说的"折磨人的烦恼"，集体愁断了肠。几个月来的态势愈发反映出，规划者们明显低估了让指挥官和成千上万的士兵在遥远的营地组成一支反攻部队需要付出的代价，尽管这只是场佯攻。于是，盟军纷纷削减计划、撤回资源。6月17日，联合规划人员删掉了计划中的一项条款，即如果敌军防线脆弱，允许将帽徽行动演变成一次真正的反攻。从那以后，帽徽行动将是一场纯粹的欺骗演练，即光打雷不下雨。四天后，英国皇家海军抗议称他们不能接受在佯攻中使用强大的R类战舰。万一它们受到沿海炮兵的袭击沉入英吉利海峡怎么办？那样德国人又可以大肆宣传他们的胜利。于是，这个想法被悄然取消了。

　　前方发回报告称大多数应该参与反攻的美国官员甚至都不知道帽徽行动的存在。本该提供船只和人员的美国海军告诉规划者，他们不能直到佯攻前两个星期还隐瞒实情，而且他们提供给行动的部队没有一支经过两栖训练，所以毫无用武之处。并且直到8月他们才意识到，帽徽行动，即要求从美国东海岸调派一支强大的海军护卫队支持佯攻的计划，早在一个月前就已经开始了。这个想法也因遭遇挫败而夭折。这时，规划者们又开始寻找一支在9月8日大概能够横渡英吉利海峡的美国海军，然后发现两年多来在现有的军营里都没有这样的部队，即便要求这样的部队参与作战，它也无法及时到位。帽徽行动的领袖也茫然不知所措："谁能行行好告诉我，我该说什么？跟谁说？何时说？"弗雷德里克·摩根将军冲他的下属嚷嚷道。

代号"嘉宝"
Agent Garbo: The Brilliant, Eccentric Secret Agent Who Tricked Hitler and Saved D-Day

进一步审视帽徽行动的主要目标——诱使德国空军飞机离开机库——就会发觉这是对付德国空军行之有效的政策，以在预期的登陆日到来前使其空军飞行员按兵不动，然后开着卡车和吉普车大举进军封堵内陆要道，歼灭敌方兵团。即使德国人对这次佯攻信以为真，德国空军飞机也将得以全数幸免于被击落。因此，帽徽行动背后的基础研究其实是有缺陷的。

反攻北非——这场火炬行动的重头戏，最终不了了之，所有对欺骗行动的固有偏见再次回潮。大家纷纷议论这是在浪费宝贵时间、浪费大好燃料。私下里，许多盟军司令都觉得欺骗行动是不光彩的，且最终收效难以预料。

如果说欺骗行动的架构像好莱坞制片厂的体系，那么其缺陷则更像一个生态系统：每个事件都会对一个广泛区域内的其他所有事件产生影响。如果当面欺骗时说得支支吾吾，或是谣言传播不当，双面间谍的声誉就会受损，反之亦然——如果哪个环节的工作做得不好，臭水流过整个系统就会把其他一切也腐蚀掉。驻安卡拉大使馆发生一件事都可能使嘉宝的某条消息过时失效。帽徽行动中的几个工作网点——主要是需要用来支撑叙事的军事设备——就是那开始腐坏的臭水，导致整个生态系统本身的存在都饱受质疑。

反复无常的英国天气也未能创造天时。雨水和风暴意味着取消出行的架次，德国空军就无法出动侦察机来核实盟军建立起来的假象。这使丘吉尔闷闷不乐，他在看过计划后写道："我觉得这里的物资并不够充足……即使有所不便，也应该要装配更加大型的船舶。"首相的批注瞬间让小舰队的船只也被动用起来，他们很快形成一个二叉头的攻击，从东部的索伦特海峡朝着比奇角行进，为突袭行动加强兵力。可惜数量太少，也为时已晚。

无论从哪个角度看那些证据的构成，这等级别的诱骗行动完全是超出盟军实力的。"日益高涨的绝望情绪逐步上升"笼罩着帽徽行动。而媒体将大家的期望哄抬得太高。美国媒体于8月下旬报道了这样一则新闻："据非官方消息来源透露，盟军将在秋天对德国发起行动，进军柏林的英美联合部队将超过苏联军队。越来越多的迹象表明盟军可能在未来几个月内从意大利和法国发起登陆行动。"

面对这一切，连普吉也变得沮丧起来。为了使准备发给德国人的情报得到批准，他和哈里斯必须经历迷宫式的流程。首先，规划者要提供给双面间谍大量的"连载故事"，即那些将被传到德国人那里的特殊故事，包括信息必须传出的目标日期和与故事有关的真实事件（比如，两个扫雷舰队将于9月1日离开多佛的事实）。这样一来，规划者就可以将整个欺骗行动的情节拆解分镜，然后分模块发给不同的间谍，让他们传送到阿勃维尔，希望他们收到这些片段后能将整个故事情节编织起来。这样，矛盾和错误开端就可以被消除在发生之前，一气呵成的映像就能闪亮登场了。

纸上谈兵听起来无限美好，但也只是在纸上。"我们所面临的困难是巨大的。"哈里斯写道。最大的问题是要将故事改写成情报。哈里斯一天到晚抱着"连载故事"以创作一条粗略的消息，然后把消息交给普吉，由他根据过去几个月中他所设定的不同角色的人物特点来修改润色，然后将修订好的版本翻译成西班牙语。之后，消息会再被译成英语发送给规划者，他们会再做出自己的调整，然后把文本发给相关部门——如果这是一则报道扫雷艇的消息，收件人就是英国皇家海军。英国皇家海军可能会提出异议：战局瞬息万变，而原始计划里设想的场景可能会一下子改变。军官会根据海军的变化作出修改，并把信息发回普吉和哈里斯的信息链上。这样，普吉就会"频繁"找出新版本故事中的毛病，例如，海军军官或者情报官员会希望他说一些嘉宝根本不会说的话，或者与他早期发出的消息相矛盾的事。论及嘉宝的角色塑造时，普吉的态度就坚如磐石了——他必须不惜一切代价保护这个角色。因此，普吉会再次修改信息，整套曲折的编写流程就得重头来过。

面对这套"乱成一团"、"无比费劲"和"催人恼火"的情报系统，一向镇定的哈里斯也绝望了。他发现，在生活中其他领域不拘小节、不爱计较的普吉在塑造嘉宝时成了一个彻底的完美主义者。普吉后来解释道："我一旦做一件事，就想把它做好。"于是，整个审核流程成了一

代号"嘉宝"
Agent Garbo: The Brilliant, Eccentric Secret Agent Who Tricked Hitler and Saved D-Day

串看似永无尽头的连环信件。这就好比试图在一场战争中写一部小说，而小说描述的正是即时的战况。

嘉宝固执地持续将跳动的战鼓声传播到马德里："45艘鱼雷艇停在多佛……数以百计的轻型海军舰船包括炮艇抵达该地，装载了大批物资后开往伪装下的集结点……所有留在指定区域的英国皇家空军在8月25日都解禁成为可作战部队。"为了支持他的消息，等待预备任务的潜水兵和突击队爬上加莱沙滩留下只言片语，希望当地人从中获取即将到来的反攻行动的信息。对海岸发动的一系列袭击——称为福弗尔任务——也开始了，盟军敢死队得到上级命令，但凡看到的德国士兵全部抓起来带回英国审讯（并让德国人知道他们已经在侦察目标）。一支突击小组爬上了陡峭的海滩悬崖，但无法绞断在崖顶上发现的带刺铁丝网。为了不空手而归，他们设法剪掉了一小段铁丝，并把它带回英国让工程师来研究。其他人或由于浪大无法登陆，或在发现德国巡逻舰后撤退以逃避追捕。这些举动的重点是让敌人注意到他们，但迄今没有任何证据证明德国人发现了福弗尔任务。

规划者们不得不自问：如果我们发动了反攻却无人来防，怎么办？

对1943年夏末反攻行动的期望的高涨横跨整个欧洲大陆，关于佯攻的新闻传遍了远近四方。中国驻安卡拉的部长向他在重庆的上司汇报到："英国和美国将于9月底在第二战线发动进攻。海陆空三军将同时在欧洲大陆行动起来。"在荷兰海牙，亲纳粹荷兰将军亨德里克·斯法特被暗杀。在法国里尔，一枚引爆的手榴弹炸死了23个德国军官。一群丹麦人将一个德国士兵践踏至死，一列载着纳粹军队的火车在接近奥尔堡时被蓄意破坏。比利时公民冲着德国士兵呼叫道，"还没卷铺盖走人吗？盟军来了！"

9月7日20时33分，嘉宝发送了一则紧急电文给马德里：如果天气允许，反攻将于次日清晨打响。这则消息被传到柏林，然后送至驻巴黎的军事行动总部。德国海军炸沉了几艘试图靠近加莱海峡的船以削弱预期的两栖攻击，即盟军所说的斯达克行动。驻法国的第三帝国师旅已进入警戒状态。但是最后时刻的暴风雨使登陆行动推迟到了第二天早上。丘吉尔通过电报发送祝福："好运！斯达克。"

9月8日晚，英国境内的机库里，蚊式轰炸机的引擎隆隆作响，在黑暗中咳嗽着醒来。蚊式轰炸机和更加重型的惠灵顿轰炸机排列在跑道上，目标是附近的法国小镇勒波特和双联机枪炮兵连，代号分别为"宗教"（Religion）和"行板"（Andante）。战斗机是258架飞机组成的巨大空中舰队的矛头，勉强借用给帽徽行功。几分钟后，代号"D狗"和"K金"的重型哈利法克斯轰炸机发动引擎，飞向万里无云、洒满月光的高空。由于距离目标很近，轰炸机加了最少的油、运载着尽可能多的炸药隆隆直冲高空。美国陆军航空队派出的飞机飞到了8500多米的高空，英国人则飞得稍低一些。波兰飞行员拼尽全力驾驶着飞机，机舱里装的4000磅"巨型炸弹"是阿森纳的轰炸机司令部里威力最大的炸药。在剑桥的一个基地里，斯达克宣告它的第一个遇难者是一个新西兰机务人员。他搭乘的一架斯特林重型轰炸机滑出跑道，撞上附近的两幢房屋使之起火。当地面人员赶来援助时，海湾的炸弹爆炸了，救援人员、机务人员连同飞行员均遇难身亡，四架飞机受到防空炮火的袭击倾斜着盘旋在法国上空。成千上万个参战士兵、飞行员连同领航员，无一人听过斯达克这个名字，也不知道他们的轰炸是在为一个幽灵服务。

这是一个温暖的夜晚，在法国渔业小镇勒波特，空袭警报突然在鲁卡诺的市政厅响起并上上下下蔓延到海岸，绝望的音符响彻狭窄的鹅卵石街道。到了下午晚些时候，天空中出现了第一架飞机——美国的"掠夺者"号，1000磅炸弹在空中打着转落下，发出清脆且刺耳的声音，当地居民都听见了，之后，炸弹撞上了那些色彩鲜艳的房子。起初，勒波特人以为这是个案——炸弹投错了地方，密集聚居了5500人的小镇上的几户人家不幸遇难。但很快，不断暗下来的天空中引擎的轰鸣如同阵阵鼓声，飞机每八秒投下一枚炸弹。镇民纷纷跑到地窖里，而投弹的时间间隔不断压缩，他们周围的世界看似陷入了无止无尽的爆炸。

勒破特的街道变成了屠宰场。建筑物被炸得粉碎，散发出的灰尘令人窒息，而尸体则被烈性炸药炸得支离破碎。幸存者把死者和伤者抬到

代号"嘉宝"
Agent Garbo: The Brilliant, Eccentric Secret Agent Who Tricked Hitler and Saved D-Day

用百叶窗和桌面拼接而成的简陋担架上，跌跌撞撞地穿梭在街道寻找医生，而那一枚枚滚烫的炸弹仍在尖叫着划破夜空。每一次爆炸都会引起地面震动，晃动着人们的双腿。一颗炸弹落在人群附近爆炸，14个人中有13个因爆炸或弹片的冲击倒地而亡，唯一的幸存者被尸体包围着，紧张到无法动弹。当地的牧师阿比·博丁爬进地窖与家人挤在黑暗中祈祷，火焰的浓烟和砖石爆炸的灰尘使他们难以呼吸。几个小时后，他返回地面巡视，发现房子被炸弹直接命中倒塌了。返回英国的机组人员即使远在泰晤士河回望法国，仍然可以看见小镇上燃烧的火焰。

勒波特人民被压在倒塌的房梁和屋顶下，救援人员排成了人链想救他们出去，却被新一波的轰炸一起掩埋了。一个始终看护着婴儿的妇女在一堆瓦砾中被发现。尽管她死了，但是孩子仍在她的怀里哭泣。"我们（都在）等死，因为逃不掉。"一个勒波特人回忆道。

这座法国小镇93%的面积被摧毁。376名男女老少在一夜间被杀害。如果勒波特人在地窖里听着烈性炸药在空中爆破会感到一线希望，那是因为他们可以互相安慰对方，爆炸暗示着期待已久的反攻已经到来，纳粹的占领即将结束。这一波接一波遮天盖月的飞机如果不是意味着自由还能是什么呢？美好而温暖的黎明到来了，透过交错的碎石瓦砾和浓浓黑烟，他们望向平静、蓝色的英吉利海峡。

9月9日，天朗气清，是发动反攻的好日子。一列专用火车忙把英美的将军和上层官员从伦敦带到肯特的海滩。在那里，他们可以看到由三十艘船组成的护卫队冒着蒸汽驶离邓杰内斯前往法国。而在第二波攻击时，丘吉尔的二十船舰队也开往南部海岸比奇角的白垩崖头。与驱逐舰一道发出轰隆声的是泰晤士河的驳船，这些以往用来招揽生意的船只如今也投入了战斗，包括用来运送游客走水道参观伦敦的旅游轮船。尽管这些船只是娱乐船只，但这并不重要——凑足数量才是关键，有没有战斗力不要紧。从岸上看，谁也不敢断言船上空空如也，除了盟军的船员。

随着一个舰队的盟军战士朝着加莱海滩而去，怒吼冲破云霄，将军们脚下的地面震了起来。上午9点，这支强有力的登陆部队距海岸仅剩

10英里，但是德国空军的反击并没有出现，也没有敌军船只试图出来拦截。"看到每个人都圆满完成各自的工作真令人振奋，"全盘行动的总指挥摩根将军感叹道，"不幸的是，德国人除外。"

上午9点整，船上的无线广播传来暗号"妙语"，护卫队放下桅杆套迅速掉头原路返回。飞机在灿烂的天空中缓缓划出180度的弧线。帽徽行动结束。

嘉宝不得不解释登陆行动为何没有到来，否则将有永远失去德国人信任的危险。这场辩解被称为"中止"。当BBC开始报道帽徽行动只是一场演练时，嘉宝立即通过电台否认此事。"我绝对可以证明荒谬可笑的新闻广播的官方报道是在撒谎。"他对马德里方面说道。普吉报告，美军曾从加莱海岸掉头是因"惊讶和失望"于计划的改变。为了保护自己，嘉宝暗示马德里登陆行动是真的，只是最后一刻因为盟军与意大利在9月8日宣布的停战协议而被取消。新的联盟使战争规划者不得不重新考虑他们的第二战线策略。其他双面间谍也纷纷发出消息暗示，盟军只是觉得德国的防御太坚固，于是决定从空中打击德国，而不是在地面与装甲车正面对抗。嘉宝写道："我不认为英国最高指挥部会幽默到让军队出海兜风，也没有那么多富余的汽油和炸弹用来自娱自乐。"一些恶毒的阴谋展开了："挥霍无度的谣言"席卷整个伦敦，人们纷纷讨论相关的幕后实情。

嘉宝的消息既是一次有力反击，也是一枚烟幕弹，但它真的能隐瞒事实，让马德里的超级间谍误以为自己错了吗？在杰明街的办公室里，普吉和哈里斯屏住呼吸，等着看他们是否已经无可救药地毁了嘉宝。9月13日，嘉宝发送了一包剪报来支持他所说的情况，并继续疯狂地收集情报来源。终于，马德里的响应开始涌入。

嘉宝安全脱险。"他们对我完全绝对地信任。"

显然，这整个谜团在柏林仅被当作次要新闻。德国的最高战争策划者们从未相信会有登陆行动，所以为什么要为一点刚愎自用的报告而烦恼呢？对他的操控者而言，如今的嘉宝看似不容置疑。"你的努力和你

代号"嘉宝"
Agent Garbo: The Brilliant, Eccentric Secret Agent Who Tricked Hitler and Saved D-Day

的线人使我们清楚地了解了那里所发生的事,"费德里科滔滔不绝道,"你能想象这些报告具备的不可估量的价值吗?为此我恳求你继续小心行事,以免在此重大时刻危及你自身或是你的组织。"库伦塔尔也支持他的明星间谍。这个马德里头目不仅发电报向柏林完整解释了盟军取消登陆的原因,他还补充了自己想强调的重点。嘉宝报告所说的盟军的"惊讶和失望"加强了"这项措施在盟军队伍中所引起的厌恶情绪"。但如果希特勒的高层官员正确权衡有效证据,在将来忽视嘉宝的报告,他该如何掩护真正的登陆行动的到来呢?

　　哈里斯拿到了从柏林发到马德里的新消息,里面是对嘉宝的工作评估:"这两份报告都是一流情报。在9月1日到9月3日期间,在布伦对面的海峡的确观察到了英国的扫雷舰……请让阿拉贝尔继续监视所有部队的动向和准备工作,以及任何可能的登船活动,尤其是在英国的东部和东南部。对此类问题的快速报告是我们迫切期望的。"嘉宝的报告被视为"极具价值",他对军队动向的报告"极其重要"。即使是佐森的灰眼天才罗恩尼上校,现在也被嘉宝的魅力所折服。这个双面间谍如此欺骗阿勃维尔,却获批对他的所有线人提高50%的工资,对帽徽行动的所有重要参与者给予奖金。

　　嘉宝不仅取得了胜利,而且他现在所做的是二战期间其他间谍所不能为的。他不知不觉把自己慢慢从一个间谍变成了一个分析师,甚至是一个神使。也就是说,他不仅一点一点用情报喂饱了德国人,还能接着告诉他们这些报告意味着什么。有那两个高高在上的关键部门的消息来源,嘉宝逐渐成为一个盟军意图的预言家。

　　早期,阿勃维尔对此有抵触,抱怨嘉宝的信里,全是冗长的分析和推测。因为在德国的体系里,间谍都是深受鄙视的,他们只被允许传递有价值的信息。但后来阿勃维尔的官员不再抱怨了,而是咨询嘉宝以求建议,这是他们几乎不会对其他间谍做的事。然而,仅仅是咨询可能还不够。

　　在帽徽行动的规划者看来,这些评论却有着截然不同的意味,是严苛而尖锐的。"盟军的动向再明显不过了——显然，（他们）这是瞒天过海。"西线德国军队的指挥官格特·冯·伦德施泰特说。"整体的伪装和间谍报告的数量引起了猜疑，认为情报是故意泄露到间谍手里的。"罗恩尼上校的权威声音从佐森的地堡里响了起来。这个贵族直接给希特勒写信道："对于传闻中迫近的行动，多份不约而同的完美报告……揭示了一场蓄意的欺骗和误导。"罗恩尼像往常一样，是欺骗规划工作中头脑最清晰的分析师。

希特勒对于登陆行动的谣言无动于衷，甚至在1943年4月至12月期间，将三十六个师中二十七个调离西欧送往苏联前线的西西里岛和巴尔干半岛，而这恰恰是盟军所不希望看到的。颇有讽刺意味的是，如果盟军在1943年9月9日真的反攻法国，他们会发现整个海滩几乎没有德国军队。斯达克最后的报告发现，加莱的要塞和碉堡已"几乎空无一人"，如果发动反攻将易如反掌。

盟军指挥官也和敌人一样对帽徽行动无动于衷。那些等到真正的登陆来临时需要他们竭诚配合的重要将领们都吓坏了。战略情报局（中央情报局的前身机构）秘密情报负责人威廉·凯西在9月9日，即帽徽行动上演当天，与美国驻欧洲军队总司令雅各·德弗斯将军待在一起。"（他）边看边摇了摇头，"凯西回忆道，"（他）看过了行动计划，表示不喜欢，结果计划失败了。"对欺骗行动一贯的质疑又突然爆发了。如果真正的登陆来临时敌人能像对待帽徽行动一样不为所动，那么盟军就能啃下滩头和诺曼底的沿海城镇。无论如何，登陆日将会引起一场血腥屠杀。

至于汤米·哈里斯是否知道勒波特和其他地方的伤亡状况，我们不得而知。如果他不知道细节，案件负责人则至少必须怀疑有不少人已经死于帽徽行动。但是这个消息从未告知普吉，因为工作上没有让他知道的必要，况且从他处理婀瑞思利问题的强硬态度上看，普吉是一个情感丰富、容易心软的人。"暴力与我的所有想法是背道而驰的，"普吉多年后说道，"凭良心我不希望死一个人。"因此，没有必要让他心烦或是冒险影响他未来工作的敏锐度。

帽徽行动是一场灾难。男男女女死于一场无望且搞砸了的行动。所

代号"嘉宝"
Agent Garbo: The Brilliant, Eccentric Secret Agent Who Tricked Hitler and Saved D-Day

有一切——人员、谣言、骗局、黑色宣传、截获电台——都是这场巨大的军事错觉中必不可少的要素，这一切联合起来创建了一个天衣无缝的虚拟实境，在英吉利海峡上塑造了一支德国人察觉得到的巨大军队，尽管从未靠近他们。帽徽行动试图逐渐给敌人灌输恐惧，但它却只引起敌军的轻视。盟军欺骗规划者们坐在伦敦的办公室自问：德国人是怎么知道的？他们是怎么发现帽徽行动是假的呢？难道我们遗漏了这场游戏中的什么关键要素？是场景？叙事？还是整个主题的问题？

盟军规划者们针对德国对斯达克的反应做了彻底深入的报告，并附上"绝密"的字样。这份报告写得十分引人入胜。分析师对敌人为何无视该行动提出了五个论点："一、他们没有注意或者未能重视做好准备应对斯达克，直到为时已晚未能做出任何举动；二、为了确保其他地方不出状况未能加强海峡沿岸的兵力；三、用正常智力水平估计盟军当时并未处于反攻西欧的状态；四、估计斯达克最多不过是第二个'迪耶普'；五、提前获知了斯达克的真实目的。"

换句话说，就是"我们完全不明白它为何不奏效"。这份报告不只反映出触目惊心的伪君子的典例，更是哲学上绝望的陈述。对于1944年秋天在伦敦四处游走知道行动真相的少数几个人来说，这个秘密才是最可怕的事。帽徽行动宣告失败，原因却无人知晓。

四、搅局者

  1943 年 12 月 20 日，在森林资源贫乏的东普鲁士，希特勒待在一间使用当地木材搭建起来的简陋小屋里，深思着第二战线的战事。与他聚集一所的参谋人员满脸疲惫和焦虑，即使东普鲁士的灌木丛林地远离柏林，远离那个正在不断遭受英国皇家空军和美国重型轰炸机袭击的城市。坏消息不断从东线和斯大林格勒传来，使希特勒总部人员的情绪更加沮丧。冬天的严寒气候和英吉利海峡的恶劣海况让处于法国的德国师旅得以休兵养息，埋设地雷，建立更坚实的炮兵阵地。但现在，春天来了，盟军的焦点应该集中在反攻大陆计划。希特勒提前一个月在第 51 号指令中总结了利弊得失：

> 东线的危险依然存在，但在西线，一个更大的危险隐约出现了：盎格鲁－撒克逊人准备登陆！……东线的绝大多数领土可能使我们处于不利地位，但即使规模较大，也不会对德国的神经系统造成致命打击。可是西线情况就不一样了！一旦敌人在这里的广阔战线上成功突破我们的防御，那种直接后果将是无法预估的。

  实际上，后果很容易预测到：如果盟军拿下了法国的滩头阵地，他们就可以长驱直入驶向德国的工业中心鲁尔区，摧毁它的弹药和坦克工厂，在直捣柏林的同时削弱其发动战争的能力。这就是丘吉尔所说的，这不是（战争的）最后一幕的开端，但也许是第一幕的尾声。

代号"嘉宝"

Agent Garbo: The Brilliant, Eccentric Secret Agent Who Tricked Hitler and Saved D-Day

随着普鲁士小木屋里的会议的推进，希特勒的参谋人员集体围在一张巨大的欧洲地图前。最后，元首宣布反攻可能会在春天到来，大家纷纷点头表示赞同。与元首意见不一致是绝不容许的，况且，他非常了解被称为大西洋壁垒的反登陆防御工事。希特勒"对防御的位置比对任何一个官员"在德国军队的职位"都更为了解"。现在，连元首也一道研究起了地图。他说，"如果我们从一开始就可以知道，哪里是佯攻地点？哪里是真正的主攻地点？那就最好了。"

从这张 1943 年 12 月版的欧洲第二战场地图上判断，人们可能会认为盟军将从少数几个目标中选择可以打开第二条战线的地点。但如果从反攻部队的需求考虑，其中许多候选地点都要被一一排除。荷兰拥有深水港口，而且比法国更靠近鲁尔区，但它的海岸远在英国皇家空军战斗机的航程范围之外。加之盟军的坦克无法越过其沙丘，而一旦德国人发现登陆的蛛丝马迹，便可以打开堤坝淹没低地。丹麦也被排除在外，因为它离盟军的补给线和莱茵河沿岸的工厂太远。最后，只剩下两个真正的潜在目标地点：诺曼底和加莱海峡。

加莱海峡具有明显的优势：它距离英国海岸最近，离多佛港只有 21 英里。一旦攻下加莱，盟军就可以直达德国的中心地带：英格兰东南部与杜塞尔多夫的距离比杜塞尔多夫和柏林之间更短。但在这种种好处背后埋有一个陷阱：德国人把他们最所向披靡的师旅和最坚不可摧的炮兵阵地布置在那里。加莱的大西洋壁垒架着从德国军舰上拆下的口径 16 英寸的大炮，公认固若金汤。攻击者如果走海路就会发现成千个机炮轨迹从悬崖上倾泻而下，装甲师则会陆续到场将谢尔曼坦克打落水中。而加莱对岸的多佛港和福克斯顿港又太小了，难以让一切物资——从吃的土豆到用的迫击炮弹大批量运出，而这些都是第一兵团拿下海岸后就即刻需要的。

最后，盟军驻扎在加莱海峡往西南方向 160 英里开外的诺曼底，那里的海滩鲜有重兵把守。诺曼底位于霹雳 P-47 和闪电 P-38 战斗机的行程范围内，能够让德国空军远离即将到来的盟军部队。那里只有一个德军装甲师，即第二十一师，负责保护该地区，而在加莱则有五个这样的装甲师。诺曼底海滩的吃水较浅，行得通的道路也只存在于内陆深远的腹地。但让人意想不到正是选择诺曼底的首要原因和最大优势。为了使登陆行动能够按计划开展，对该登陆点必须严格保密。

为了瞒住希特勒，诺曼底登陆的规划者不能依靠神秘而古怪的希姆莱，也不能指望希特勒"内心的声音"去指引他冒着巨大风险入侵波兰和荷兰。第三帝国高层仍然沉浸在神秘主义和否认事实中。在读到一份关于苏联食物短缺问题的冗长报告时，希特勒就在报告顶部写了四个大字——"这不可能"。但是比起防御工作，这个偏执狂更善于进攻行动。希特勒的自我主义并不是表现在过度沉迷于猜测盟军的登陆地点，而是他想看看自己能否攻下波兰来反驳将士们的建议。他的决策本质上并非取决于他的骁勇无畏，而是取决于"专业"问题。比起考虑入侵法国一事，面对第二战线的选址问题时，他会更容易冷静地去关注有效证据、寻求建议，然后基于实际的情报报告改变自己的想法。

这对于军情五处和嘉宝这样的双面间谍来说既是福也是祸。它意味着希特勒会广开渠道听取信息，只要信息足以令人信服就可以左右他的想法。但是，这也使德国判断登陆地点的决策过程变得更加民主和客观，也就意味着隐瞒真实登陆地点的工作愈发艰难。

诺曼底登陆的信息仅透露给尽可能少的盟军军官。这些参与计划者的绰号统称为"偏执狂"（Bigot），彼此之间采用绿色密话机通话。当这十个"偏执狂"在登陆前的一场事故中下落不明后，盟军展开了一场疯狂的搜索行动，直到找到每一具尸体。负责发送诺曼底登陆有关信息的无线电话务员，被警告在酒吧甚至是厕所里都不许说话。

绝大多数人都认为反攻计划胜算不大。在过去的几个世纪里，支持反攻的两栖登陆行动均以血淋淋的教训闻名于世。1274年和1281年，忽必烈袭击日本失败的原因在于恶劣的风暴天气和不良的船只设计；1588年，西班牙无敌舰队的一支部队企图在英国海岸登陆，也因风暴天气和激烈海战而失利；1741年，浩浩荡荡的英国侵略军在卡塔赫纳被一支比它小得多的西班牙分队击败；1915年和1916年的加利波利更是成

代号"嘉宝"
Agent Garbo: The Brilliant, Eccentric Secret Agent Who Tricked Hitler and Saved D-Day

为了灾难的代名词。事实证明，英国在二战中取得的三场胜利登陆——北非、西西里岛和萨勒诺——是因为这三个地点均未设防。当1942年8月盟军袭击位于迪耶普的防御森严的海岸时，那场登陆以牺牲数千条生命为代价惨败收场。

此次诺曼底登陆的伤亡率预测为90%。盟军希望，在最理想的状况下能够有五个师于24小时内登陆法国。在那里，有五十个德国步兵团和十一个德国装甲师在等待着他们。当帝国总参谋部头目艾伦·布鲁克爵士制定出代号"霸王"（Overlord）的详细攻击计划时，他是这样结束发言的："好了，就是这样。可能它未必有用，但还是得硬着头皮上。"黑斯廷斯·伊斯梅元帅在给一个陆军元帅的信中说到："很多本应更明事理的人理所当然地认为霸王行动会是一场血腥屠杀，规模堪比索姆河战役和帕斯尚尔战役。"1944年初，丘吉尔写道："看着潮汐被他们的鲜血染红，我也迟疑……我也害怕。"

正当盟友为横跨海峡的反攻行动忧心忡忡，而希特勒也正对着地图冥思苦想登陆地点之际，一场针对如何向德国人隐瞒诺曼底登陆的秘密战斗在伦敦发起了。白厅的地下室里挤满了人，反复起草修改即将告知柏林的"故事"。这个计划的代号最终命名为"保镖"（Bodyguard），取自丘吉尔的著名演说："在战争时刻，真理是如此宝贵，以至于有些时候需要以谎言充当保镖来捍卫它。"但是1943年末，这个观点在实际运用中的进展却并不顺利。

在白厅底下的伦敦操控部办公室里，欺骗行动的操控者约翰尼·贝文和他的工作人员一起为1943年冬天的总体欺骗计划而努力奋斗，其中包括身材魁梧、善于交际的作家丹尼斯·惠特利，他从早前的艰难时期起就与放火烧文件的头目隆比并肩战斗。贝文的员工审阅着各部门从不同角度对行动提出的建议，试图解释如何深入德国人的内心将欺骗进行到底，如何把这些建议像马赛克般镶嵌到整个欺骗计划中以及执行该计划的最佳方式。

贝文的员工们写了一张又一张纸，将故事分段再分段，并注以"掩饰这次远征目的的可能性因素"和"敌军获取我方真实意图的可能途径"这样的标题。贝文读完这些文稿，将注有评论的稿件发回给他们，要求他们详细地描述更多细节使之更真实一些。如果他的军官假定一切进展顺利，他就会勃然大怒。因为这套机器里的齿轮是连锁的——如果在土耳其的一个方案失败了，另一个在挪威的方案就会陷入混乱。因此，贝文想预估到每一种可能的灾祸。也许是斯达克的失利仍然折磨着他，也许是他看到漫步在白厅大街上的美国士兵，想到他们的命运掌握在自己手里，这个善良人开始紧张焦虑起来。不管是什么原因，那一份份草案使保镖计划愈发冗长且扑朔迷离。

渐渐地，丹尼斯·惠特利开始意识到，"草案已经成为一份无可救药、令人沮丧的文件……实际上在暗示长官们计划成功的概率仅有十分之一。"这个小说家向他的上级提出警告并在最后说服贝文必须改变计划。员工将二十页的计划书缩减到三页。参谋长"毫无怨言"地接受了此事。

曾经推动过这项计划的丘吉尔感到十分兴奋。"计划已然足够接近真相，看似不仅能使希特勒先生信服，还将彻底误导他。"保镖行动若使盟军获得"一点额外的优势，就可能意味着一场辉煌胜利和一场血腥危机的区别……如果我们能赢下这局，这将会是历史上最大的骗局！"到了1943年12月，这个计划正式启动并运行。帽徽行动的大撤离只是简单的一步。这一次将会有真正的登陆到来。他们只需要掩饰登陆行动的两个事实——时间和地点。

还原其本质，保镖行动阐明了盟军希望德国人相信，在登陆之前会有一场虚假的双面攻击：一是在春天对挪威发动袭击；一是在夏天对加莱海峡的登陆。然而，反攻欧洲大陆所需的师旅兵员不足，登陆艇的生产也跟不上预定计划，以致"夏末之前没有发动横跨海峡的大规模行动的可能"。7月15日被提为预登陆日，对挪威的佯攻称为"北部坚忍行动"（Fortitude North），对加莱的计划则称为"南部坚忍行动"（Fortitude South）。

情报机构开始对保镖行动进行分工，并将其付诸实践。到了1月，当艾森豪威尔接管了诺曼底登陆计划，他的下属意识到双面间谍"在证

代号"嘉宝"
Agent Garbo: The Brilliant, Eccentric Secret Agent Who Tricked Hitler and Saved D-Day

明自己是迄今为止最有效的控制机密泄漏的渠道"。嘉宝和布鲁特斯——那个虚拟的波兰飞行员——就像矛的尖端,首当其冲。整场欺骗行动中将有几个间谍及其案件负责人会被调位。

普吉和哈里斯开始从他们的小办公室里为盟军宣传他们反攻行动的准备状况。1月5日,嘉宝告诉马德里,"我看到英国新闻评论说德国政界声称坚信反攻大陆将在未来15天内爆发。如果这是我们最高指挥部的信念,您可以立即向总部确认这一时期并无危险存在。"1月15日,嘉宝在利物浦发现了一种新型的美国登陆艇停在阿尔伯特码头,并发了一张草图给德国。但整个码头就只有这一艘船,没有半点世界末日就要降临的迹象。1月21日,嘉宝写道:"今天和朋友聊天。他认为英美反攻大陆应该在很长一段时间内都不会发生。"另一个双面间谍也用部队姗姗来迟、局面一片混乱这类事情来麻痹德国人。军情五处的首个双面间谍泰特——沃尔夫·施密特在1月20日的报道里说:"美国的劳工问题造成反攻驳船生产力的削减,已经到了可能影响未来行动日期这样的程度。"三天后,布鲁特斯附和道:"我们之间有一种相同看法,认为蒙哥马利可能会在埃及一次又一次地操练所有军队。"阿勃维尔的线人报道,肯特郡开始钻起给部队营地用的承压井,除非是预备长期停留,否则没有军队会这么做。

但是从伦敦发出的消息却从未获批通过。德国人用无线电台告诉嘉宝,他们的分析师发现有关加速行动的报告飙升,应该是有什么大事正在酝酿。阿勃维尔发给了嘉宝一串非常详细的关于反攻部队调查问题并说道:"各种消息来源均称在那些岛屿采取行动的准备工作近期已全面展开。我迫切盼望并无比期待你的报告。"1月14日,阿勃维尔又发出消息:"出于战术原因可以假定未来行动的危险中心是德文郡、康沃尔以及韦茅斯和南安普顿之间的南海岸。"这是完全正确的,这些地方都是诺曼底登陆的真正登船点。德国驻里斯本大使馆3月发来的电报称,"很多报道坚持所谓的反攻将推迟,我们部门认为这是对实际计划的系统性隐瞒手段。"

嘉宝仍然未遭受怀疑,但德国人及时地拆解着欺骗计划,其原因不难理解：英国南部的港口和海港挤满了大量登陆艇。机场停了那么多架飞机，以致人们开玩笑说可以踩着战斗机的机翼从英国的一头走到另一头。到处都是士兵，"他们从陆路坐火车、公共汽车、卡车，或步行来到这里，由数以千计的联队整队为数以百计的连队和营队，通过狭窄的英国道路向南进军。到达集结区域后，他们整编成数十万人的师、部队和军队——总计约 200 万人。"历史学家斯蒂芬·安布罗斯写道。他们带来了近 50 万辆汽车、4500 名厨师、成千上万顶帐篷和数吨笨重的设备。军队高层尽力伪装新来的部队和设备：他们在营地铺设砾石小道，这样德国空军就不能拍到穿过英国草地的新足迹；金属网盖住坦克和吉普车，使其躲开那一双双好奇的眼睛；议员巡查营地，以防嗜酒的士兵和当地人在附近的酒吧厮混；营火被明令禁止，尽管英国的乡村仍然笼罩在晨雾里。但是，伦敦的酒吧和娱乐厅在任一时间都有来自六十个不同国家的 100 万名士兵穿梭其间。随队带来的大量设备使英美士兵间流传着一则笑话：大不列颠岛永不沉没的秘籍正是那些拴在地上的银色防空气球。

1944 年初，试图隐藏这支庞大军队的每个参与者都顿感压力倍增。随着该行动发展到一个白热化阶段，普吉作为嘉宝的创造力正一点点耗尽。有时候他编写并发送四五条消息，最长的有 8000 字，还不包括他在战争期间写得 1200 条无线电信息。"汤米·哈里斯和我所从事的工作是十分艰难的，"他写道，"它迫使我们去解决复杂的问题并做出困难的决定。"哈里斯紧紧看着他的伙伴——普吉的才能不可在最后关头来临前消耗殆尽。"他整个人仍然沉浸在……工作中。"哈里斯写道。

普吉只要再坚持不久就能得以逃脱战争。他和家人一度被疏散到白金汉郡的塔普洛镇，在泰晤士河边的旅馆投宿。这个充满田园风光的地方，看似一个远离那座废都的世外桃源，住满了二十五个难民，其中有一个让普吉教她西班牙语的红头发犹太女孩、一对捷克夫妇和一个西班牙大使馆的前副领事。那里晚上有派对，普吉从未错过一场——他渴望轻松的交谈，尤其是跳舞。"青春时期的我是公认的好舞者。"他得意道。现在，他大肆跳起斗牛舞和狐步舞，在酒店的木地板上使劲踩着鞋跟娱乐众人。

代号"嘉宝"
Agent Garbo: The Brilliant, Eccentric Secret Agent Who Tricked Hitler and Saved D-Day

但普吉不能告诉这些一同住店的朋友自己来英国的真实原因,也不能坦露对自己使命的焦虑和担忧。

到1944年之前,阿勃维尔都是一个不完善的组织,常常处于和竞争对手帝国保安部的斗争中,甚至与其出谋划策的对象——军队较量。但它在全球范围内拥有16000个间谍,而且擅长在众多地区开展间谍活动。麦斯特曼曾写道:"现有证据表明,在一切间谍和反间谍艺术上,德国人至少与我们水平相当。"在1939年著名的芬洛事件中,帝国保安部使英国情报部门相信,一群心怀不满的德国军官正在荷兰边境城镇芬洛策划一次反对希特勒的政变。两个英国秘密情报处间谍去会见这群谋划者,结果被俘,希特勒为入侵荷兰找到了一个冠冕堂皇的借口——英国秘密情报处成员在芬洛的出现,证明荷兰不再是中立国。这场阴谋的完美演出成了英国间谍头目多年的梦魇。这场史上最大反攻行动的迹象,在英国港口和里斯本的后街深巷随处可见,纵使阿勃维尔的高层存在缺陷,它也不会看不出这些迹象。

为了侦查反攻行动,德国人不得不勉为其难;为了掩饰反攻行动,英国不得不成为幻术天才。

嘉宝尤其处在枪口之下。前几个月,他打算扩大自己在英国南部和西南地区的间谍网,试图从"视英国人如瘟神"的威尔士雅利安人、激进的希腊共产党员、破坏分子和法西斯分子中引进新的"雇员",为登陆行动做准备。德国人知道南安普顿和德文有状况,期望他们的明星间谍让他们知道究竟那里发生了什么事,包括军团的徽章和帐篷的数量这些细节。

嘉宝继续让德国人信服他的组织线。和他的部长朋友讨论完后,他给马德里写信说,英国官方认为比起陆路攻击,德国更有可能被他们的空中力量扳倒。几天后,嘉宝的情人,即那个相貌平平的秘书证实了这一观点。"她强调的最重要的一点是,如果没有做好万全充足的准备,英国和美国是不会发动进攻的。"但是,当嘉宝的说法与他的线人的情报相矛盾时,他要如何继续假装英国还没有采取任何真正重要的举动呢?

即使出众如嘉宝这样的人才，也无法将一支反攻大陆部队遮掩在一片黑暗当中。

有一人对坚忍行动厌烦之至，这个身材矮小、专横跋扈、衣冠楚楚的男子名叫大卫·斯特兰奇韦斯，是一个异乎常人的上校，常常惹怒他的许多同辈。一个战友说他"很不讨人喜欢"；另一个回忆说他是"令人难以置信且难以忍受的缺乏责任心的人"（虽然这两人都承认他们私下里很欣赏斯特兰奇韦斯）。这个上校极度憎恶官僚政治，如果他觉得对方刚愎自用，就会直接无视规程。几年后当一个历史学家采访他时，他仍毫无歉意："'我不怎么受欢迎。'他大方地承认了。"大卫·斯特兰奇韦斯内心的信念与蒙哥马利和巴顿将军的一样强大。他离开情报组织后成了英国国教的牧师，自创出一套理论认为没有任何说教的持续时间都不应超过八分钟。尽管他是一个出色的演说家，但他的演说从未超过此期限，这使伊普斯维奇教区的信徒对他多了几分敬意。

斯特兰奇韦斯出生于1912年，是一家著名研究医院创始人之子，相貌十分英俊。早前他在剑桥大学三一学院学习历史，于1933年加入了服务于马耳他的威灵顿公爵军团，之后在敦刻尔克大撤退中参与了第一次行动。德国军队在身后追赶，法国军队困在海滩上，熬过几个小时的苦头后，斯特兰奇韦斯发现岸边漂浮着一艘废弃的泰晤士河驳船。他命令他的士兵脱去制服，这样就不会沉到水里，并与他们一起游到那艘大船上。运用孩童时代学到的航海技能，他带领着士兵安全地回到朴次茅斯。在那里，市长和一群摄影师正等着迎接返回的部队，这个思维敏捷的官员身披着船上的窗帘走出船舱。斯特兰奇韦斯因为救出他的兵团而受到表扬。

1942年，斯特兰奇韦斯第一次尝试参与阴谋策划。他被选为诱骗计划的传送者配合火炬行动——即嘉宝积累初次经验的反攻北非行动——将计划经由直布罗陀发给身处开罗的将军。在他的行李里，他携带了一份欺骗规划者丹尼斯·惠特利创作的最新蹩脚作品，还有一封惠特利写给朋友的信，里面满是一些八卦，都是盟军希望传递给德国人的有关即

代号"嘉宝"
Agent Garbo: The Brilliant, Eccentric Secret Agent Who Tricked Hitler and Saved D-Day

将到来的反攻的信息。军情六处知道直布罗陀酒店里那些受雇于阿勃维尔的员工常常翻看英国来客的行李。斯特兰奇韦斯略施小计，信息很快就发到了柏林。

这个衣冠楚楚的军官在达德利·克拉克手下工作后逐渐形成了独树一帜的风格。克拉克是盟军在中东的间谍活动的策划者，他的欺骗思维十分活跃，是这方面的天才，他的一个官员评价他是"所见过的人里最全知全能的一个"。一头金发、身材矮小、穿着得体、"语速缓慢、声音洪亮"、眼神里闪烁着隐隐的喜悦，克拉克在转入欧洲战场之前已是中东战场的传奇。双十委员会执行的许多理念，包括时机的重要性、取悦敌人的故事的必要性——都是克拉克在开罗的艰苦时期研究出来的。他把办公室选在妓院的地下，这样就没有人会注意到任何一个上门找他的官员。"他肯定是那个时期最不寻常的情报人员，也很可能后无来者，"他的一个参谋人员大卫·米尔说道，"他的思维方式异于其他任何人，也远比他人灵敏。透过对手的眼睛，他能够看到外面的世界。"克拉克拥有堪比摄影般的记忆力，他能够一次记下许多复杂计划里的细节。在他的领导之下，欺骗组织像一支部队一样，成为一个创新者、一种技术奇迹：它涤清了整个中东，建起一个服务于伪造目的、拥有1200种不同文集的书库，收集了几乎每一种被纳粹使用的收入来源、金属、橡胶和浮雕邮票，并能够重现德国重要官员的签名，持续更新一本巨大的索引文件，随时能告诉你什么内容在哪一页。和现代的联邦调查局一样，它可以重建一份烧毁或者破碎的文件。它甚至可以把一个人的肤色染成棕色，这样他就能以一个阿拉伯人的身份过关。

大卫·斯特兰奇韦斯是克拉克最优秀的学生之一。跟随这个大师学习之后，他被派到突尼斯，并在那里想出了一系列巧妙的情节，成功瞒骗了德国最厉害的指挥官埃尔温·隆美尔。

盟军间谍行动成功的一个关键在于参与其中的那个双面间谍的能力。胡安·普吉担任此角色后成了世界上最伟大的骗子之一。他本可以成为一个庞氏阴谋者或一个小白脸，然而他渴望做些更有益的事。这些特质很少集中在一个人身上——骗子不想拯救人类，不切实际的人文主义者没有能力在德国情报部门最优秀的人才面前耍把戏。大卫·斯特兰奇韦斯正是看中了普吉的双重性：他是一个聪明的战略家，这在战斗中是致命的。换句话说，他是一个强硬的地下指挥官，深入思考欺骗行动并研究如何把它整合成一场动态战争。

斯特兰奇韦斯在突尼斯和其他地方做到了这一切：他制定了计划并选择了合适的间谍来执行，监督有形的和无形的欺骗，实时监视德国人的回应，甚至加入欺骗行动引发的战斗中。他参与了从头到尾的每场欺骗行动，在欧洲战场没有人有此经验。中东就像是斯特兰奇韦斯的欺骗实验室，他在那里进行实验直到最后总结出自己的理论。

突尼斯战役中就体现了这一点。1942年的冬天，英国第一军队和美国二队从西边步步逼近首都。斯特兰奇韦斯通过代号"奶酪"（Cheese）的假阿勃维尔间谍传递信息，将德国人的注意力转移到南部。据说"奶酪"是一个有斯拉夫传统的叙利亚人，本名威廉·凯尼恩琼斯，真实身份是一个具有进取精神的英国陆军中校。与英国陆军通信兵明确的愿望不同，他在开罗有一台用备用零件装起来的业余无线设备，并用自己准得离奇的报告赢得了阿勃维尔雅典站的信任。随着奶酪不断发出虚假的最新情报，并在真的坦克部队南边放置了一些假坦克，给德国空军造成一种假象，以为装甲部队发生了重大调动。斯特兰奇韦斯蒙骗了"沙漠之狐"隆美尔，使他相信那个没有盟军的地方正是盟军部队的所在。

但首都突尼斯仍未被攻下。斯特兰奇韦斯跳进一辆装甲车匆匆赶去那座浓烟四起的城市，那里仍然回荡着隆美尔的支持者最后的枪声。斯特兰奇韦斯一抵达德国总部，就飞速冲了进去，炸开保险柜的门，拿走了秘密代码、机密文件和密码机，在德国人发现之前销毁了。然后召集法国殖民警署的剩余警力恢复城市秩序。惠特利戴上小说家的帽子，称斯特兰奇韦斯是那天"第一个进入突尼斯的人"。虽然这可能是一种夸张说法，盟军步兵第二天早上也大举进入城市并发现"这座首都几乎在（他）控制之下"。伯纳德·蒙哥马利元帅是出了名的难对付，却也对这个劲头十足的年轻军官留下了深刻印象。当蒙蒂（Monty，蒙哥马利的简称——译者注）被召回英国参加诺曼底登陆时，他带上了斯特兰奇

代号"嘉宝"
Agent Garbo: The Brilliant, Eccentric Secret Agent Who Tricked Hitler and Saved D-Day

韦斯，提升欺骗小组的实力。

斯特兰奇韦斯于1943年圣诞节左右抵达伦敦。惠特利记得第一眼看到的这个奇招百出、才华横溢的人的感觉。"他是……那么衣冠楚楚，即使同是穿着军服，他却好像钻进硬纸盒一般笔挺。"但他刚刚进入的欧洲战场与中东是截然不同的：这里组织庞大、分支蔓生，而且非常政治化。计划经过几个月才被批准并实施。每个间谍都有自己的官员。如果你要让英国皇家海军按计划进驻，必须花好几个星期才能找到真正的负责人。这里的权力关系程度之复杂不亚于任何一个政府，而斯特兰奇韦斯的地位几乎低于坚忍行动中他所需要的每个人。

但斯特兰奇韦斯并不在乎你肩上有多少条杠，他一贯以践踏别人的私人领域和推翻那些他无权否决的人而臭名昭著。事实上，他似乎很享受惹怒上司。"他自以为是蒙蒂。"一个官员说道。

坚忍行动整体历时数月，是集合伦敦最优秀的人才共同奋斗成千上万个小时的成果。每个人都赞同这项计划，但新来的斯特兰奇韦斯才看了一眼方案就断定这是全无用的垃圾。"这么说吧。这个计划的策划者都是些一直待在英国而且从未做过任何实际欺骗工作的人。换句话说，欺骗工作和军事活动搅和在一起了。"斯特兰奇韦斯似乎可以看到享受完丰盛午餐的丹尼斯·惠特利穿着丝绸内衬夹克醉醺醺地回到办公室制定这项计划，然后呼呼睡午觉。这项计划是在一个没有窗户的办公室里构思完成的，没有任何用处。

在一次重要的情报首脑会议上，斯特兰奇韦斯站起身，手里举着一份坚忍行动的计划书。他宣称这项计划毫无用处，然后在书写这份计划的人面前慢慢撕毁它。"这是最大的挑衅，"一个官员的报告中说道，"斯特兰奇韦斯说的那些话简直令人不堪启齿重复。"

时间来到了1944年2月，诺曼底登陆则拟定于5月1日。坚忍行动的制定者面无喜色。"每个人都十分愤怒。那个傲慢自大的混蛋，他以为他是谁？"但因为斯特兰奇韦斯有蒙蒂撑腰，英国最强大的军事指挥官及欺骗行动的规划者，至少必须听听他的想法，然后想尽办法扼杀这些想法。

陆军少校罗杰·弗利特伍德·赫斯基是行动 B 组唯一的情报官员。欺骗行动被植入"SHAEF"，即艾森豪威尔的盟军远征军最高司令部，赫斯基也在保镖行动的规划成员之列。他曾是一个出身高贵的绅士，当过律师，"是十全十美的英语乡绅的典型"。他家那栋 12 世纪的缪尔斯庄园，被认为是整个村庄最门庭若市的房子，同时还拥有"全英国最好的波尔多红酒酒窖之一"。整个英国情报机构里几乎再也找不到一个比他更自信十足、地位稳固的人。2 月初，随着斯特兰奇韦斯开始参与发表新的欺骗计划，赫斯基向他的官员保证该计划与保镖计划相比，不过是换汤不换药，里面塞进去的"那点新想法"，是为了挽回颜面。在为诺曼底登陆创建欺骗计划的战斗中，占上风的不是这个傲慢的皮条客，而是那名老卫兵。

赫斯基的声明发表后不久的一天，修订后的文件送到了他的办公室里。他静静地读完它，然后把它递给一个军情五处官员兼联络员克里斯托弗·哈默。

"你怎么看？"

哈默将计划书翻阅了一遍，一边看一边露出越来越惊讶的神色。后来他表示："最后的真相出人意料。"

但是，看罢后，他抬头看着赫斯基，说出了结论："我不相信我们能侥幸地成功实施这个计划。"

五、幽灵部队

许多盟军军官认为诺曼底登陆无法"瞒天过海"——这是完全违反逻辑的,毕竟它太过浩浩荡荡、显而易见。协助计划诺曼底登陆的英国将军怀特利告诉朋友,他不会花一英镑赌早前的坚忍行动计划获胜。一个名叫拉尔夫·英格索兰的美国情报官员称,意图误导希特勒的这个想法就像"把一件装裙环的短裙和一条带褶边的裤子套在大象腿上,让它看起来像一个穿衬裙的女孩"。诺曼底登陆之前,当一个伦敦操控局成员站在一群重要高级军官面前介绍保镖计划时,他的观众呈现出"断然拒绝相信它可以蒙骗敌人"的表情。还有就是那些根本不"理解"对方介绍的到底是什么的观众。当一个工作人员提出有关加莱的计划时,一个陆军准将抗议道,"但是我们不打算在加莱海峡登陆啊。"

面对这些疑问,斯特兰奇韦斯非但没有缩减计划,反而逆其道行之。他构想了一场更大、更冒险的欺骗计划。他提出创建一支虚构的军队,即美国第一集团军。这支集团军由100万人组成——当然,这些人都是不存在的。然后这支军队被派遣到子虚乌有的加莱登陆计划中。新计划的目的是欺骗纳粹,使他们相信诺曼底登陆只是佯攻,一支队伍浩荡的、几乎完全隐形的军队正等待着发动真正的攻击。对于这样一个大胆的策略,其他人甚至连想都没想过。

斯特兰奇韦斯希望嘉宝和其他人一起创建一支幽灵部队,而盟军应该赋予它一个沸腾活跃、动静可闻、火药味浓的生命,任用受过专门训练的兵团士兵和技术人员,动用数十艘英国海军舰艇和数百架第八空军的战斗机和轰炸机。斯特兰奇韦斯和他的人员会集中精力在双面间谍和虚假无线电通讯工作上，保镖行动的其他单位将创建一支特种部队——录制喧哗声、假爆炸声和一切假的音效，让它从视觉上和感觉上都像是一场真实的反攻。

这场计划可谓别出心裁、十分大胆，相较之下，两年前双十委员会在那间简陋的半圆形活动营房策划的攻击简直相去千里。"经历最初的打击之后，我认为每个人都会觉得有些丢脸，也正因如此他们没有思考事情本身。"情报官员克里斯托弗·哈默说。一个英国历史学家后来称斯特兰奇韦斯的方法是，"忠于英国式怪癖的传统：霍恩布洛尔船长或（夏洛克）福尔摩斯小说中的情节，现实中的海军上将科克兰或者中国式英雄，他们在面临着类似的挑战时都会赞同这种做法。"

要凭空创建这支军队，通常即使不用数月也要花费数周时间召开委员会会议、编写战略文本，集团军队和陆军通信兵之间也要相互协商，斯特兰奇韦斯称此为"糟糕透顶的工作程序"。他哪一条都没有照办："我所做的就是直接找到通信长问他，'这个你能做吗？'他回答，'当然可以。'我很了解他，他也清楚我在做什么，我们从来未就一件事情讨论过'为什么'。""为什么"，在这个陆军中校的字典里是一个不太受欢迎的问题；"为什么"是大卫·斯特兰奇韦斯的专属领域和独有财产。他的人员很快就学会了不去问"为什么"。"我们逍遥法外，但这一切都是为了这场事业。"斯特兰奇韦斯伤感地回忆道。

胡安·普吉从未见过大卫·斯特兰奇韦斯，可能连他的名字都没有听说过。但如今有一个策划者，他的想象力和普吉一样，宽广无畏、天马行空。

最后时刻，情况发生了改变，行动以五个双面间谍为首。波兰飞行员"布鲁特斯"基本负责向敌人传送虚假的战争序列，即准备进攻法国的部队名单。丹麦间谍"泰特"，真名沃尔夫·施密特，1940 年 9 月空降英国被抓，入狱后变节。给他取这个代号是因为他像流行音乐厅的喜剧演员哈里·泰特，该演员以其口头禅"令尊安好？"而闻名。间谍泰特负责将美国军队离开美国加入欧洲行动的信息传递给德国人。代号"珍

代号"嘉宝"

Agent Garbo: The Brilliant, Eccentric Secret Agent Who Tricked Hitler and Saved D-Day

宝"（Treasure）是一个十分敏感的法国女人，她曾出卖过军情五处，因为她认为是军情五处的一个间谍杀了她的狗。她被迫离职，但军情五处仍旧以"珍宝"的名义继续散播消息。她负责通知阿勃维尔，蒙蒂已被任命为美国第一集团军指挥官，转变德国人的想法，即英国人领导美国人，然后再反过来。这在假的军事行动中发挥了很大作用。代号"三轮车"，大胆的塞尔维亚人杜斯科·波波夫，负责偷走假的反攻计划，即横渡英吉利海峡进攻里斯本，并直接把计划交到德国人手中。嘉宝则是重中之重，负责以他散布各地的"线人"联络网的名义发送无数的"报告"。

为了加强南部的坚忍行动，即对加莱的佯攻，嘉宝开始派遣他的虚拟间谍前往英格兰南部和西南部的目标城市及城镇，即"进攻"加莱的出发点。2月份，7（2）号间谍——退休的威尔士水手，前往多佛；7（4）号间谍——代号"破布"（Rags）的印度诗人，被分配到布莱顿；7（5）号间谍——旅游营业者，被安插在德文郡；7（7）号间谍——虚构的雅利安世界秩序同盟里的财务主管，去往哈里奇。4号间谍——未能诱使费德里科去往赫斯特洞穴的、来自直布罗陀的服务员，被派去汉普郡掩饰那里的加拿大第三步兵师。7（3）号间谍前往遥远的印度。但是，多数虚构的间谍都被安顿在英国东部和东南部沿岸可能的登船点。嘉宝也在等待信息部和战争部内部的"源消息"，准备好好加以利用。就德国人所知，嘉宝现在不仅可以捕捉到作战命令源于何处——伦敦，还可以从人力和物资的转移中探测出指令对应的是现实中的哪些地区。虚假的盟军作战序列成了至关重要的东西。哪些军队正在威胁法国？是由哪些师旅和兵团组成的？谁是指挥官？军队在往哪边移动？这就是德国人渴望知道的。

等盟军士兵开始袭击诺曼底海岸时，必将不可避免地导致德国领导层的分裂：一边相信这是真正的横跨海峡攻击，另一边则被嘉宝和他的同事说服，坚信这是一个假象而真正的袭击是在加莱。如果嘉宝可以说服其中几个核心信徒，他们就会像小型间谍一样推动在伦敦发明的这项计划。嘉宝不得不转变这些人的想法，然后给他们提供依靠德国的战争机器赢得战争的方法。

第三章 远洋战线

对于这个被盟军称为"远洋岸线"的海滩，诺曼底登陆以后的日子将和诺曼底登陆当天一样生死攸关：这与人们的普遍看法相反。大多数军队攻击一个防御薄弱的海岸，至少能通过自己运用的大规模军队在海滩上获得一个立足点。起始阶段，美国、加拿大和英国军队的数量将远远超过德国防御部队，应该能够夺取最初的几寸领土。1943年10月底到11月初，罗恩尼上校坐着奔驰对大西洋壁垒进行为期五天的视察后确认了这一想法。他很清楚盟军进攻部队将在所有远离森严防御的港口登陆。登陆后的日子，正是登陆部队最脆弱的时候，却是决定成败的关键。盟军将试图把成千上万的士兵、坦克、供应卡车、榴弹炮和急救箱运上岸，而德国人则会集合自己的力量试图掐断并摧毁盟军暴露的位置。即使是隆美尔也承认这一点："敌人可能通过在不同地点创建桥头堡获得成功，实现对我们沿海防御的重要渗透。一旦发生这种事，我们的后备部队将会迅速采取措施将他们打回海里。"

德国人为这场横跨海峡的攻击已经准备了两年，有十个装甲师为反击做储备。艾森豪威尔尤其担心德国第十五军——它有三个装甲师，就在加莱海岸的几英里外安营。据军情五处估计，如果嘉宝可以在登陆后整整48小时内阻止其中一个后备装甲师向诺曼底海滩进军，塑造嘉宝这个角色所投入的大量时间和精力就是值得的。整整两天内要牵制住一个师，这绝对是欺骗史上的里程碑。十天，是欺骗行动预计的最高期限。

嘉宝个人想实现的目标更多。在过去的几个月里，随着战争以骇人的速度消灭兵团、摧毁城市，他对希特勒的仇恨只增不减。他说道，"我既不是犹太人，也不是波兰人，更不是法国人，但我觉得我可以感觉到这些国家人民的阵痛。"

坚忍行动策略中嘉宝的职责就是供给阿勃维尔一连串来自英国南部和东南部虚假登船点的无关紧要的信息。起初，这些信息几乎是百分之百真实的。偶尔的虚假报告会在周围其他可以查证的事实的掩护下被掺杂其中。然后久而久之，真话和谎言的比例会缓慢地在不知不觉中改变，直到通篇报告查无真言。

代号"嘉宝"
Agent Garbo: The Brilliant, Eccentric Secret Agent Who Tricked Hitler and Saved D-Day

正在嘉宝准备构建他的幽灵部队时,一份新的调查问卷从马德里发来:"我们最有兴趣知道的是到时候会形成多少支盟军军队,而现在又已经完成了多少。还有每支军队的指挥部和指挥官的名字以及他们的组成部分,即麾下的军团和师旅以及分配给每个军队的任务。"德国人实际上是在邀请嘉宝帮忙将假兵团的信息填入他们的图表里。

嘉宝开始发送"极度优质的"资料,每天最多能发送五六条消息。这么多的信息流向马德里,使他在很大程度上忽略了写长信的做法,而是几乎完全依赖于无线电联络。1944年1月到诺曼底登陆前的这段时间,他总共收发了五百多条信息,节奏快得惊人。驻马德里的阿勃维尔成立了一个特别办公室,专门处理从嘉宝的联络网涌进来的这些"重要信息"。

嘉宝勾勒出了一支在英国东南部发展壮大起来的浩浩荡荡的军队。由于没有时间再描写华丽的辞藻,他的行文变成"海明威"式的风格:"利兹海德和多金之间的要道上停放了数百辆卡车、汽车和吉普车。我还看到大约四十部坦克用网状物伪装起来了……带有第二集团军徽章的供应货车护卫队通过牛津正在开往伦敦方向的途中。美国的标识可见于供应服务机构SOS的星标、第八集团军空军、美国陆军航空队的地勤人员和鹰状标识的头上……该地区有两三个美国军营和至少一支黑人先锋部队。2月25日起,美国人在塔尔博特港口进行制造人工烟幕的练习。"

斯特兰奇韦斯坚持让嘉宝不要公开指出加莱海峡。"你别把一切放在一个巨大的银盘上全盘呈现给他,必须让他自己把故事编织起来。如果故事出了差池,他只会自责,不会怪你。"于是,嘉宝慎之又慎,从未提及假的目标地。事实上,在那成千上万条消息和谣言包括心理战中,所有人都不允许提及加莱。对斯特兰奇韦斯而言,这是一场盛大又华丽的冒险。如果罗恩尼和德国将那些信息的要点组合成英国人所期望他们拼出的画面呢?帽徽行动已经证明这种难以捉摸的东西是致命的。但如果写得太露骨,罗恩尼和希特勒又会怀疑这是一场骗局。

随着美国第一集团军的建立,嘉宝又想出了一套奇怪的黑色宣传对付第三帝国的怀疑者。2月23日,他将一封信藏在一个丘吉尔人头造型的存钱罐里寄出去。在信中,他透露自己和一个"政府部门的朋友"进行长谈后得知，英国政府准备了几项计划以防德国军队在一场可能的盟军反攻前遗弃法国。他告诉马德里，苏联在东线取得的进展使英国白厅相信德国人可能会撤退到他们家门口，因为他们知道斯大林的军队"不会尊重任何人。他们将会彻底摧毁她（德国），将每一个有用的人带回国奴役他们重建苏联"。而从另一方面讲，英国人的心地则更温得多。"（德国指挥官）知道我们不希望看到一个破败的德国。征服德国并不是我们的本意，但是我们要摧毁一切纳粹主义和武装征服的余味。我相信德国军队很可能会将邀请我们伸出援手，将他们从步步逼近的灾难中拯救出来。"

这封藏在存钱罐里的信是一种策略性的开局，意图让德国向英国投降，加剧他们对斯大林抵达柏林后的情况的恐惧，同时提出了慷慨的投降条款。信息部负责确保投敌者或纳粹支持者不会遭到报复行为，意在告诉德国人，英国人是想保护他们的，而苏联则会像对待绵羊一样屠杀他们。（这封信为后来柏林的分裂和前期的冷战埋下了伏笔。）嘉宝又语惊四座地宣称，聚集在英国南部的浩浩荡荡的美国第一集团军，并不是进攻部队，而是占领军。

嘉宝还窃取了一张传单——同样完全是捏造的。一旦德国人离去，这种传单就会撒遍法国：

致法国人民：

德国军队现已撤离法国领土。法国军队和盟军部队正从海、空两路来到贵国的各个地区。

请避免一切可能造成暴力横生或类似事件的大规模反投敌活动。无论对敌人如何仇恨，对其勾结者如何不满，对他们曾对反抗德国压迫的爱国者的所作所为怎样愤怒，切记个人复仇将可能导致骚乱……

法国解放了。联合国万岁！

盟军远征军总司令
德怀特·戴维·艾森豪威尔

代号"嘉宝"
Agent Garbo: The Brilliant, Eccentric Secret Agent Who Tricked Hitler and Saved D-Day

当然,在发送这封信时,"超级纳粹分子"嘉宝对撤军法国的想法大加嘲笑。"我告诉(我的部长朋友),德国绝不是像意大利那样会撤军的国家,对于它所失去的迟早会让那些获益者血债血偿。"无论如何,种子已经播下了。

但是,正当嘉宝开始施展"法术"时,德国人几乎一眼就看穿了它。3月,德国大使馆和世界各地的公使馆收到了一条来自外交部长约阿希姆·冯·里宾特洛甫的紧急消息,命令他们不惜一切代价查明代号"霸王"所指的意思。诺曼底登陆的秘密代号泄露了,面临一场巨大政变的冷酷上校罗恩尼,现在可以查阅任何盟军报告侦查这个代码。

与帽徽行动的情况一样,事实再次证明,身处佐森的天才们比马德里的间谍组织首脑们更难以对付。

六、登陆日前夕

随着时间"滴答滴答"地走向6月，盟军竭尽全力以惊人的速度集结，让嘉宝的幽灵部队成真。乔治·巴顿将军，真实的第三军队指挥官，被任命为虚构的百万之师即美国第一集团军的总司令。选择他担此重任是合乎逻辑的：希特勒认为巴顿是盟军最优秀的领袖，连德国最高统帅部都对他难以预测的战术敬重三分。巴顿将军很快就现身英国东南部各处，表现出整顿那支并不存在的部队的样子，被媒体大肆报道。巴顿自称是"糟糕透顶的先天蹩脚演员"，但他声称很享受"饰演莎拉·贝恩哈特"（法国女演员——译者注）。他的表现算不上细腻：和共事的将军们告别时他会大声说道，"加莱海峡见！"跟第三军队的人说话时，他会笨拙地提醒他们，"你压根不知道我在这里，对吧？"

在坚忍行动中，大卫·斯特兰奇韦斯几乎取消了所有的有形欺骗，他更青睐依靠双面间谍和无线电通讯。但是，保镖行动还是需要一场盛大的舞台演出赋予嘉宝的策略以真实性，从而愚弄德国人。盟军需将真理和谬误进行适当的取舍后混合在一起：他们煞费苦心地用上千块碎片打造出两吨半的登陆艇为诱饵，停泊在英国港口。防护措施极为严密。一次，一艘尚未公开的假船在奥威尔河上遭遇一艘驳船的撞击，之后驳船船长和船员们全部被逮捕关押起来，直至诺曼底登陆后方才释放（因为碰撞就会立即发现这艘假船是个空壳子）。

此外，仿制的营地也建了起来，营火有专门的工作人员生起并看护。他们在营地间来回奔波，保持升起的烟雾适量。推土机在农田上开垦出假跑道，工作人员在上面安装了假灯，并建起假的木制飞机停放在跑道

代号"嘉宝"
Agent Garbo: The Brilliant, Eccentric Secret Agent Who Tricked Hitler and Saved D-Day

边上，甚至每天将它们调转90度，给人一种它们一直在夜间飞行的错觉。当夜幕降临，安装在临时车厢上的汽车前灯就会在飞机跑道上被吊上吊下，模拟战斗机起飞和降落的场景。德国空军袭击了其中一些在他们炮弹勘测范围内闪烁的怪物，工作人员就夜以继日地工作——修复那些弹坑，和真的飞机跑道遇袭后的做法如出一辙。这个布景师还设计出带有假弹坑的画布，一块用于晴天（阴影较深），另一块用于阴天。其成果之逼真，以致有几个皇家空军飞行员曾试图降落在这个假跑道上，并因此撞坏了他们的飞机。

康沃尔郡的整个山谷都筑起堤坝、集满水源，灯火通明。欺骗行动的规划者希望德国空军夜间突击队会误以为注满水的山谷是一个港口，并将炸弹投到水里。每个军营平均由七八百人组成，被命令冒充拥有15000名士兵的师部。真正的师部应有的装备全部准备到位：命令发给指挥官，邮件送达指挥部，负责军营陆军上校或准将会在白天出现在他的帐篷，穿着少将制服，钻进一部插有少将三角旗的指挥车。他的所有参谋人员都被虚假晋升，穿上了新制服（尽管他们的工资保持不变），他们的车辆也被重新喷涂过，印上了正确的贴花和徽章。他们开着车在镇上游荡，和（美国）陆军妇女军团的女兵调情，幸运的话还能在当地酒吧喝酒，由始至终穿着制服昭示他们身在该地区。他们还以破纪录的速度，运用金属线、木材和帆布搭建起医院和仓库，为假的突击部队提供医疗服务。

该计划的核心之一是修建一个巨大的储油设施，用旧码头防波堤、废弃油箱和城市废墟中捡出的污水管道为材料搭建。它竖立在多佛海峡附近一段三英里长的海岸线上。盟军从一家英国电影工作室里征用了一台吹风机，在那个地方鼓起巨浪般的尘土，这样德国空军就会以为施工人员正在努力工作。只有当你绕着庞大的场地走一圈才会发现那里的小屋和建筑物都是废弃的，而唯一流经管道的只有风。

报纸报道，蒙蒂和国王乔治六世正在检查这套庞然大物般的设施，不久后，柏林的阿勃维尔办公室里就读到了这些报纸。艾森豪威尔在多佛的白崖酒店为修建仓库的人员举行了一次演讲。英国皇家空军和美国战斗机在假的枢纽站上空巡逻，但是他们接到命令，要让一定数量的德国空军侦察飞机轻松地经过此地——除非飞机跌破9000多米，到达相机可以探测出视觉错觉的临界。那些低空飞行的飞机均被击落，燃烧着跌入海洋。但是，当强大的德国炮兵在加莱的格里内角开始向那个储油设施抛射弹药时，重头戏来了。英国士兵中的骨干人员点燃钠使该场所火光冲天，以此愚弄德国观察者以为他们命中目标才导致仓库起火。

鸽子也被征召入伍，为哥伦比亚行动服务。成箱的鸽子被空运到比利时、法国和荷兰，脚上系着的带有信息的标签是鉴别它们隶属第一集团军的特征。箱子上贴着的标签告知发现者，这种归航鸟一经释放就会自动飞回英国，还鼓励当地的游击队成员将消息系在鸽子的爪上传信。许多鸽子飞回了终点站，其中有一只有脚上系着一张小纸条，上面用德语潦草地写道："还你的鸟，我们吃了另一只。"

计划延伸到了伊斯坦布尔、伯尔尼和里斯本的书店。男男女女大步走进商店，问店主是否有该地区51号地图。如果店主回答没有，客户将提高音量要求预订。51号地图自然覆盖了整个加莱海峡。所有图书和技术期刊都是由军情五处编写印刷的，里面有针对加莱的进攻理论，这些书躲过审查，被寄到了德国。

3月，丘吉尔参观了一个虚假的装甲师，到达目的地时他走下亨伯指挥车，抽着一根雪茄，视察了来自谢伯顿工作室的电影场景设计师用橡胶制作的假坦克。"真是一次令人印象极其深刻的装甲展示，"他对向导——战争内阁少将霍利斯说道，"但是霍利斯，你能向我保证这里的每一辆大型坦克都会被弓箭击败吗？"霍利斯告诉他只要一个小男孩拿着一把猎刀就可以办到。早些时候，一头公牛从农田里逃出来撞上了一辆假坦克。瞬间坍塌成一堆废墟的坦克把公牛吓了一大跳。

由于大批身材魁梧、年纪轻轻的美国士兵涌入东部省份，萨福克郡和肯特郡的牧师在他们的女教友中抗议"道德衰落"。一个愤怒的英国人写信给当地报纸抱怨军营附近突然出现了数百个用过的避孕套。女性宣泄的不满则在于，美国吉普车扬起的粉尘散落在他们刚洗过的挂在晾衣绳上的床单和尿布上。当然，这些美国士兵都是真的，在刚刚抵达当

代号"嘉宝"
Agent Garbo: The Brilliant, Eccentric Secret Agent Who Tricked Hitler and Saved D-Day

地时遭遇了文化冲击。这些士兵们带着他们的民族特点——"扁平足"和"多毛发",对任何不认识的英国人都称呼其为"麦克",工资是普通英国士兵的五倍。但他们大多待在乡村的西部和南部地区,即真正的登船港口。所有那些出现在英国东部报纸上的愤怒来信均出自身在伦敦的年轻的情报官员之手。双面间谍"发现"了这些信件并将他们剪下来发送给马德里的操控者。最终,消息传到了柏林。

普吉和哈里斯每天工作十四个小时专注于发送信息,慢慢将完全真实的信息改变成彻底的虚假情报。为此,盟军也生产了各种令人难以置信的设备,以便在进攻前和进攻期间欺骗德国人的感官:飞机投下的火球和烟幕弹落到水里,产生鱼雷艇着火的错觉;无人驾驶的船只模拟攻击舰的爆炸;海军的装补术——以巨大的木头、帆布和电影专用贝壳为材料,可以把一艘平凡的护卫舰变成科罗拉多级战舰,或者将一艘潜艇驱逐舰变成护航航空母舰。最后一项发明的成果称之为"瑞士海军",由一组完全没有杀伤力的船只组成,但看似具备超强的攻击能力。战斗的声音被记录在磁线或是有声影片里,模拟钢铁工人修建一座桥梁的噪音、登陆艇引擎的轰鸣声或是坦克猛冲的咆哮声。盟军的感官资料库可以模拟熊熊大火、持续六小时的排枪交战声、毒气(类似芥气的会烧伤皮肤的化学物质,但不会致死)、无烟火药的味道、整个海军护卫队(通过"窗户"的使用——将涂上一层铝箔的纸条贴在船侧,在雷达探测器上显示的就是巨大的船只)、一个舰队的飞机(通过"假冒的先锋"——卡车,携带无线电发射器播放 300 多米上空引擎的声音),以及其他许多设备。甚至连《泰晤士报》也被忽悠,在显眼的地方刊登专栏,突出一组照片的变化,展示在苏格兰福斯湾的战舰。

英国被封锁得严严实实,成为一座敌视任何外国入侵者的岛上城堡。沿海地区从兰兹角到东安格利亚的西北边境,从阿布罗斯到苏格兰邓巴,都宣布禁止游客进入距海岸线十英里的范围内。令人眼花缭乱的有形欺骗准备就绪:制造坦克轨道的机器,一着陆就会爆炸的假伞兵以及名为"热水器"的鱼雷,一旦着火就自动推进到一个指定的点,静静地等待着,然后在正确的时间升到表面播放事先录好的音效。还有美国人发明的"煤气灯",由一个无线电接收机连接到扬声器组成,当它随着降落伞下降到战场时,战斗的声音就会淹没该区域,四小时后它就会自动毁灭。还有一种设备称为"针尾鸭",插在一些受干扰地区,发射出酷似照明弹的"华利光线",伞兵部队的军官用它来给军队发射信号。更不用说能够模拟战争嘈杂声的收音机,重现战争味道的化学混合物,以及可以播放整段士兵对话或全中队假士兵的喧嚣声的留声机。此外,还有"黑色宣传"活动:在敌人领土散发传单,并通过秘密电台播出具有颠覆性的消息,将一系列的谣言散播到远至里约热内卢的地方——该行动称为"谣言战役"(sibs campaign),取自拉丁语"sibilare"一词,即发出嘘声的意思。战争的谣言和虚假的领导分散在里斯本的各中立大使馆及其他地方,外国外交官员在伦敦对真正的反攻计划的情况做一些"指点"。在德国集中营的战俘收到添油加醋、絮絮叨叨的信件,这些都是用来迷惑德国审查员视线的。

嘉宝的幽灵部队还拥有专门为其打造的徽章:第一集团军的徽章是一栋蓝色的五角大楼,上面有一个黑色罗马数字"I"。有些爱挑剔的职员在军需总长的办公室抗议这款设计,称"将黑色放在蓝色的背景上违背了可视原则",但这种配色方案最终被保留下来。四个信号小组被设置在英国的不同区域来模拟幽灵部队和真正的军团的通信。一辆无线通讯卡车扮演整个分区总部的通讯,将消息发送到各个旅团。美国人带来了他们自己的特训部队 3103 信号服务军,漫步在英国乡村,与"隶属"嘉宝的军队的活动并入一列。当嘉宝"发现"大量臂章表明一些部队已经搬到营地时,卡车就会从新的位置爆发出一阵阵来来往往的声音。

罗恩尼上校一直注视着这些举动,因此盟军拦截他的报告来衡量欺骗行动造成的影响。当得知他的情报报告里称盟军师旅的预计数量上升时,欺骗行动的规划者们笑了。随着嘉宝给德国人制造美国第一集团军的假象,斯特兰奇韦斯用画布创建盟军的摹本并散播谣言时,这些数字开始增加。1944 年 1 月,罗恩尼估计共有 55 个师旅驻扎在英国。但实际的数目只有 37 个。

代号"嘉宝"
Agent Garbo: The Brilliant, Eccentric Secret Agent Who Tricked Hitler and Saved D-Day

然而，意外状况永远无法被彻底消除在外。在戈森村计划中，商船在甲板上运载了大量的登陆艇，一路行至直布罗陀海峡。这样做的目的是向沿岸众多观察所有进出海峡的交通情况的德国人展示，资产并没有从地中海被转移到英国，这会让希特勒担心挪威。而那些登陆艇实际上是大型的充气假船。在利物浦顺利装船时一切顺利，直到突然刮起大风，此时若有德国观察员通过双筒望远镜勘察，就会看到这些数吨重的舰艇在船的甲板上疯狂地跳跃，就像生日气球一样。

有些计划从未被通过，或是被证明在该领域无用。莱伯恩行动中，情报官员就谨慎地询问中立国家当局如何保护存放在低地国家（指荷兰、比利时和卢森堡——译者注）的伟大艺术作品。这个想法是为了暗示反攻指向荷兰，但德国人没有领会出这一点。美国人贡献了"匪夷所思的电子"，尝试反过来制造一次敦刻尔克大撤退：让上百艘小渔船和其他船只会聚集在英国东南部港口，做出一副准备带二百万人进军加莱的模样。这项计划搁浅了——盟军究竟为何要使用渔船？其他方案十分奏效。为了增强北部的坚忍行动，即佯攻挪威，英国皇家空军的假飞机从萨福克郡的领空飞往苏格兰东部，足以给人造成四个重型轰炸机师被转移到更接近斯堪的纳维亚之地的假象。英国部长到瑞典天真地询问同行者能否收集到斯德哥尔摩的天气数据，甚至提供复杂的空中导航设备。这样做的唯一理由就是准备要派一个登陆舰队开往北部。

格拉夫行动的蹩脚演员迅速对瑞典加大施压。那个部长询问瑞典是否允许盟军飞机降落在其机场，并请求"英国运输专家"被许可进入该国，策划让德国从挪威撤退之计。他还要求盟军飞机可以飞在全瑞典上空进行侦察任务。一个海军准将被送到瑞典会见瑞典国家空军总司令。这个海军准将问道，如果盟军进攻挪威，瑞典人可以派出自己的军队阻止集中营里对某些挪威人的大屠杀吗？与此同时，无线电话务员发送来自嘉宝的幽灵部队的消息。一份典型的报告里这样写道，"80个师，请求支援1800双钉鞋和1800套滑雪板固定装置。"

德国人被吓坏了："在瑞典的高级英国空军军官的可靠报道试探针对反攻目的移交瑞典空军基地一事，可以视为北欧地区一场小型行动的暗示。"希特勒决定在挪威和丹麦保留 25 万应急部队，而英国分析师估计只需留 10 万人即可维诗该地区和平。也就意味着，那 15 万的增兵将不会参与诺曼底的作战。

铜头蛇行动沿用自一个好莱坞的剧本。在参观那不勒斯南部时，欺骗策划者达德利·克拉克从他满满当当的行程里抽出空隙观看了比利·怀尔德的间谍电影《开罗谍报战》（*Five Graves to Cairo*），其中结束部分融入了阿拉曼战役的实际取景。扮演隆美尔的是奥地利明星埃里希·冯·施特罗海姆，他给自己设计戏装，并接连几个小时研究这个著名德国将军的照片。怀尔德十分敬畏该演员："他站在前景中，胖胖的脖子一动不动，仅通过面部表情就可以比几乎其他任何演员表现出更丰富的内涵。"

坐在观众席的克拉克入迷地观看着表演。那种过火的表演和那个长相酷似蒙哥马利将军的英国演员让他想到一个主意。如果冯·施特罗海姆可以在影片中饰演隆美尔，为什么那个英国演员不能在真正的战争中扮演真正的蒙蒂呢？

克拉克知道阿勃维尔在直布罗陀一直维系着一个观察哨，这个哨位安置在机场，因此可以通过望远镜观察每日航班送达的每个乘客。如果蒙蒂突然出现，意味着这个英国将军是来勘察服务于西部法国地中海佯攻的发射基地。这次佯攻被称为仇杀行动，几个月以来这个行动一直极度缺乏资本：几乎没有任何真正的士兵参与到仇杀行动，也几乎没有任何的攻击船只。但蒙蒂的造访将会创造奇迹。阿拉曼战役的英雄对此方案十分迷恋，这是不难预见的，正如盖伊·里德尔在他的日记里写到的，因为它利用了"第二条战线的开拓离不开蒙蒂"的理论。

在《开罗谍报战》中饰演蒙蒂的演员个头比真正的蒙蒂将军高得多，使得他的条件不够理想，而另一个欲冒充蒙蒂的后备演员又在一次汽车事故中弄断了他的腿。克拉克不得不到外面另寻演员。在对英国士兵进行调查研究后，他在皇家军队薪水兵办公室里找到了一个完美的替身——中尉克利夫顿·詹姆斯，可以冒充蒙蒂的双胞胎。詹姆斯以前模仿过蒙蒂，那是在一次英国战争集会的挣扎过程中，詹姆斯走上台，假装自己是著名的蒙蒂将军，人群随即疯狂起来。

代号"嘉宝"

Agent Garbo: The Brilliant, Eccentric Secret Agent Who Tricked Hitler and Saved D-Day

如今，詹姆斯搭乘飞机前来会见蒙蒂，学习他走路的样子，说话的语气，说话时的手势。这个演员被告知要戒酒戒烟（因为蒙蒂不沾烟酒）。詹姆斯的右手中指在一战中断了，此次也给他安上了一个假肢。1944年5月26日，他搭乘丘吉尔的私人飞机来到直布罗陀。在飞行期间，詹姆斯偷偷溜到飞机后面偷喝被他藏起来的随身瓶杜松子酒，吓坏了他的看守者。在6000多米的高空上，这个顶替者被"猛扇耳光，全身按摩……浇泼冷水"，以使他清醒起来。

当飞机着陆时，假蒙蒂被迅速接去参加一场招待会，并在那里留下了有关名为"303计划"即进攻法国的线索（当然，这是无中生有的事）。其中一个受邀嘉宾伊格纳西奥·莫利纳·佩雷斯，同时是西班牙联络官员和阿勃维尔间谍。佩雷斯第一眼看到那个光彩照人的将军时惊得眼睛几乎快掉下来了。"他热切地投奔殖民部长询问进一步的消息，而后者假装尴尬地被迫承认这个总司令正要前往阿尔及尔。"佩雷斯离开会场跳进他的车子，飞也似的奔向了拉利镇，在那里打电话给他的阿勃维尔联络员。最后，假蒙蒂被带到阿尔及尔并在四周游走了一番，把德国人的注意力全部吸引到中东战场，直到诺曼底登陆后才被藏到了开罗。

盟军还使用基本经济学知识愚弄纳粹。比如，他们希望德国人相信一场进攻希腊的战斗将在1943年到来时，中东统帅部的一个出纳就开始成桶地购买德拉克马。欺骗规划者想在保镖行动中稍微尝试一下不同的策略。他们问英国财政部打印正面带有"驻法英国占领军"字样的1英镑纸币。英国间谍在他们的钱包里塞了一些这种纸币，收到餐厅或酒店的账单时，他们就会取出一张标有该字样的钱。"让人看一眼后就赶紧抢回来，递给他们一张普通的1英镑纸币。"这个简单的技巧有效帮助散布伦敦周围即将发动进攻的谣言。

美国人尝试了一个更绝妙的方案。他们早前就意识到，把游击队派到巴黎南部的铁路站检查盟军轰炸袭击的效果，不仅付出了太多生命代价，还暴露了法国对盖世太保的抵抗。现在他们只要确认巴黎大堂每周的橘子价格，那里有大量的批发市场商人前来购买产品。如果价格上升，意味着火车没有顺利通过，炸弹击中了目标。如果价格下降，则意味着轰炸机必须调整他们的战略。在诺曼底登陆前夕，欺骗规划者们也在观察法国某些被占领地区的国际火灾保险市场。他们希望同样久经世故的德国思想家也密切关注市场寻找盟军计划在何处投掷燃烧弹的线索，并相信他们会在攻击前确定好目标。1944年2月，为英国情报部门担任双面间谍工作的一个商人通知阿勃维尔，他在火灾保险公司委员会找到了一份工作，这个英国组织委员负责追踪世界各地的保险政策。他报告说发生了一件奇怪的事：一个不愿透露姓名的政府机构人员在询问挪威、比利时和法国北部的保险政策。这会是……？

参与创建这些幻影的盟军间谍和技工里甚至有一些人都对此信以为真。"我们活在虚幻世界里……很容易产生一种奇怪的精神状态，久而久之，我们发现真相和幻象将会区别开来。"花了几个月时间奋战在挪威佯攻的上校罗德里克·麦克劳德这样说道。普吉对他的虚构线人也深有同感："我创造了他们，他们是我的孩子。"

到了1944年初春，千头万绪的线凝聚起来编织成整幅织锦。这桩由欺骗行动策划者打造的精妙阴谋是将双面间谍的工作衬托得真实可信的背景。但嘉宝和其他几个双面间谍仍然是矛头和锋刃，是德国人最密切听从的人。如果没有德国人对嘉宝的信任，就是再精妙的计谋也会变得无关紧要。

到了5月，罗恩尼经过计算认为共有79个师在英国，但是实际只有52个。欺骗行动造成的数据差距从18个增加到了27个。不过，这个数字不只是双面间谍狡猾精明的结果。1943年夏日里的一天，罗恩尼强迫行动官员中校洛萨·梅茨与他交谈——梅茨对于外国西军关于盟军军力的每日报告表示得异常激动。罗恩尼告诉梅茨，"从现在开始，我们必须夸大。作战参谋在我们的报告中扣除了一定比例的军力。所以我们必须做好准备，必须有所夸大。"

罗恩尼知道希特勒拒绝接受对东线苏联军队的准确估算，因为这样做无疑会暴露国防军必败的事实。任何得知敌军真实状况的人都会被打上失败主义者的烙印，要么遭到迫害，要么遭受忽视。罗恩尼感受到古

代号"嘉宝"
Agent Garbo: The Brilliant, Eccentric Secret Agent Who Tricked Hitler and Saved D-Day

人保卫德国的那种责任感，夸大了自己军队的数字，他认为这可以作为对希特勒排斥真相的非正面答复。即使元首降低了罗恩尼对军力的估计，它们仍然会比希特勒的下属所报的乐观数字更接近事实。

梅茨惊呆了。"上校先生，我不能那样做。从作为一个士兵起，我就被教育：有一说一，所言非虚。"

罗恩尼让他的部下三思，给了他二十四小时的时间考虑。第二天，梅茨回来答复道，他会照办。

欺骗行动规划者未能利用希特勒大多数的心理异常。但是，现在却有一个德国军官对元首否认现实的心理做出反应，通过创造一种错觉抗衡希特勒的错觉。嘉宝的虚构体系里接收了一个意想不到的来自德国内部的支援。

"纠结中更添纠结，"丘吉尔写道，"阴谋与反阴谋，诡计多端和变节背叛，欺骗与双重欺骗，真间谍、假间谍和双面间谍，黄金、钢铁、炸弹、匕首和行刑队，所有一切都交织成复杂多变的纹路，那么得难以置信却又千真万确。"

通往柏林的路线是清晰的。嘉宝发送到马德里的每条消息都被传送到德国首都，然后电传给上校罗恩尼在佐森的部下。不仅如此，每个目击者的报告，包括一个美国士兵在英国酒吧喝醉酒或者透过挡风玻璃发现一伙伞兵这样的消息都被发往柏林。并且由于罗恩尼的方案，士兵的数量上涨到了极点。哈里斯写道，"全国的队伍和错置的阵形都受到了调遣及重组，嘉宝情报网报告的主题成了德国最高指挥部日常情报报告的主题，在德国政界广泛流传，并在随后得到了所有德国人的赞赏。"

嘉宝赢得了这场游戏。他连同布鲁特斯和泰特一起，成功地在英国创建了一个百万人的幽灵部队，而且仅建立在几顶空帐篷和几辆仿冒的货车之上。但是到这里，任务仅仅完成了一半。

随着诺曼底登陆日期的飞速临近，下一个问题又出现了：我们如何才能说服德国人，让他们相信真正的军队将在6月6日登陆法国海岸是虚假信息？如何才能让他们相信事实完全是另外一回事？由于他和斯特兰奇韦斯已经施魔法凭空变出了一百万人,嘉宝不得不采用准备袭击诺曼底海滩的真正的美国、加拿大和英国士兵以及成千上万辆坦克和吉普车,然后再让它们消失。

  出于多种多样的原因——有的显而易见,有的深不可测,但事实证明这个命题比以往的种种困难百倍。

七、集结号

德国统帅部内部发生了分裂，汤米·哈里斯长久期盼之事终成现实。数月来，希特勒一直坚定地站在相信加莱为登陆点的阵营。但是1944年仲春，他的目光越来越多地聚焦在诺曼底。3月4日，元首指出诺曼底和布列塔尼是最有可能的登陆地点。3月20日，在同将军们的一次会议上，他给出的仍是相同的信息：盯住诺曼底。4月份，在研究了法国海岸线地图后，他用他的手指轻拍着多石的海岸说道："我支持把我军全部力量放在这里。"5月2日，作战参谋部部长即副将军约德尔拨打了陆军元帅格特·冯·伦德施泰特在巴黎塞纳河西岸的豪宅里的总部电话，告诉他诺曼底和布列塔尼需要额外增配人员和物资加强海岸防御。"敌人一旦在这两个半岛上取得部分成功就会不可避免地牵制住西线战场总司令的强大军队"，以及在法国和欧洲占领区的德国军队。

罗恩尼和隆美尔，加上大部分的德国统帅部成员，都曾一度支持加莱这个选项。甚至一个业余战争爱好者都能够立即看出攻击该海岸线的优势，更不用说德国官员接受过的专业训练——强调逻辑和正统理论，而不是欺骗——也支持这种想法。但在5月初，隆美尔却游说希特勒注意控制储备力量，加强诺曼底防御。伦德施泰特则表示抗议，他希望储备着这些部队直到敌人发起主攻。当时，希特勒站在伦德施泰特一边，但是隆美尔对一些海滩后面薄弱的防线感到越来越紧张，这些海滩就是后来人们所熟知的代号分别为奥马哈（Omaha）、犹他（Utah）、黄金（Gold）、朱诺（Juno）和宝剑（Sword）的滩头。

随后，德国领导层发生了二次分裂：一些德国分析师警告反攻一役将是致命一击,而其他人则相信将盟军会发动两场攻击,首先发生的会是阴谋佯攻。希特勒产生了动摇,不确定打开攻击序幕的会是佯攻还是实战。但是到了5月份,约德尔告诉西线战场总司令的参谋长,诺曼底"将是敌人的第一个目标"。"第一个"目标当然是在暗示会有第二场更强有力的攻击发生在其他地方。

普吉和哈里斯在他们的办公室马不停蹄地工作,以加强德军的这种怀疑。4月9日,嘉宝用无线电告知马德里:"线人跟我介绍的南部海岸的情况确实堪忧,敌人每分每秒都可能采取行动。"他请求联络员帮他确认所听到的是实还是虚。"你必须让侦察机飞到英国北部和西部港口确定那里是否确实存在我昨天的消息中提到的船舶。"当然,嘉宝知道船在那里——他从不发送一条自己尚不知物资是否到位的消息。

接着,在4月下旬,虚构的直布罗陀服务员即我们所知的4号间谍在伦敦"发送"了一封信给嘉宝,称加拿大第三步兵师已经领到了呕吐袋、救生衣和冷冻干粮。这些都是士兵被派往参加两栖进攻前的最后关头会领到的物品。唯一可能的结论是什么?进攻开始了。

登陆已经发生了?嘉宝狂躁不已。但是间谍J(5)——与嘉宝有过一段风流韵事的战争部秘书——反驳了这份报告。她声称4号间谍看到的行动只是登陆实战演习的一部分。两个间谍之间就此爆发了激烈的冲突,他们全由嘉宝一手打造、熟练操纵。当4号间谍"报道"加拿大第三军已经接到命令清除了一个地区扎营以备二线军队的到来时,嘉宝站到了他的这一边。间谍组织首脑猛地抓住称这只是演习的说法:"这证明了J(5)的谎言,都是因为她无知的建议。今天她还说南部地区的军队是在演习。"嘉宝发信息给马德里称他的情人J(5)被蒙蔽了。他警告德国统帅部做好准备,在接下来的几个小时里会有百万大军开始在法国登陆。

对于嘉宝和汤米·哈里斯而言,这是一场经过计算的风险。嘉宝会因为预见一场不会发生的大规模攻击而失去信誉吗?或者他会因展示了人性的弱点,无法每次都正确解读情报而获得信任吗?登陆部队自然没有出现。事实上,嘉宝虚构的线人看到的行动是实际演练的片段,即费

代号"嘉宝"
Agent Garbo: The Brilliant, Eccentric Secret Agent Who Tricked Hitler and Saved D-Day

比乌斯演练,也是诺曼底登陆前最后的排练。5月3日,横跨英国南部的攻击部队涌入他们的海军支援艇,每条船都开向着陆区的仿真点。加拿大第三军的士兵冲入西萨塞克斯郡的布拉克尔歇姆湾,美国第一步兵师则扑向斯莱普顿沙滩。

一个星期前,在另一场名叫老虎演习的彩排中,九艘德国巡逻船发现了美国登陆艇继而攻击了它。混乱的状况接踵而至:盟军的船只被友军的误射炮火掀翻,不习下水的士兵未因救生衣穿着不当像石头一样沉入海底。谢尔曼DD坦克被跌入大海,一台运输设备被德国的炮弹击中,一下子变成了一团燃烧的火球。美国士兵跳进了莱姆湾水域,作战包裹的重量下迫使他们的头埋在水里。仅仅一场演习,就使得683个士兵不幸遇难,而且全部都是美国人。当幸存者爬上斯莱普顿沙滩时,更大的混乱致使重型巡洋舰霍金斯发射了真弹药,又有308个士兵葬身于混乱之中。

反攻行动被笼罩上了另一层乌云。这场大屠杀也对欺骗计划造成了危害。在英国人不知情的情况下,希特勒接到了这场灾难性演习的报告,凭借他的超凡记忆回想起沿岸那晦涩不清的异常现象,联想起斯来普顿海滩与诺曼底十分相似。盟军的这个重大失误使他越来越坚信盟军会在诺曼底登陆。

如今,实际的诺曼底登陆前的最后训练——费比乌斯演习正在进行。从4号和J(5)间谍的消息来看,演习是欺骗行动的一部分:他们向德国展示嘉宝的联络网已经蓄势待发,为登陆行动做好了准备。随着费比乌斯并非实战的事实逐渐明朗起来,5月7日,嘉宝发出信息表示后悔自己行动太仓促,他将整件事怪罪到一个神经兮兮的间谍身上:"4号间谍的愚蠢暴露无遗。我简直厌透了他,尽管没有让他知道。"

这是嘉宝常用的一种微妙的心理技巧——抱怨他的线人是如何的愚蠢,来博取阿勃维尔官员的同情。这就像与间谍头目之间的办公室闲聊,而阿勃维尔的反应也十分宽容体贴。"我们这里一小圈了解你的故事和你的组织的同事经常谈论你,总觉得我们就像活在与你有关的事件里,因此我们当然能充分体会到你的忧虑。"这也是嘉宝将库伦萨和费德里科与他紧紧捆绑在一起的另一种方法——他发现神秘的雅利安人和反英腐败官员，这正是德国人想听到的，即英国的纳粹支持者有如蜂窝状般密集，他们期待德国人的入侵。嘉宝呈现出了敌人所希望看到的画面，克敌制胜自然实至名归。这就是德国人称之为"神经战"的部分。

嘉宝向马德里汇报称4号间谍对于自己的滔天愚蠢似乎有点气馁。库伦塔尔敦促他给予宽恕："你应该给他更多的鼓励，如果不这样做，当真正的反攻即将发生时他可能会因为过于谨慎而未能及时通知我们。"每个人都处在一触即发的状态，寻找着诺曼底登陆的端倪。与此同时，正确鉴定费比乌斯只是演习的J（5）号间谍行情暴涨。这正是嘉宝所希望的。

5月，法国的抵抗组织报道称隆美尔将精锐的莱尔装甲师从匈牙利调遣到法国，还把第二十一装甲师派到距离诺曼底海滩只有三十分钟路程的卡昂。有谣言称其他装甲师还会跟随过来，这表明德国人现在相信真正的反攻登陆点在诺曼底。这个消息干扰了在伦敦反攻规划者们。欺骗行动是导致失败的原因吗？诺曼底很可能是登陆的目标这点越来越暴露于天下。嘉宝的使命的第二部分——加莱登陆的骗局——必须加足马力推进，以将德国统帅部的视线转移出盟军的真实意图。

一场惊天幻想准备启动了。

为将德国的视线从西线转向东线，美国第一集团军出马了。真正的美国第三陆军被增派兵源冒充美国第一集团军，借出了它真实的地面部队。当时，第三陆军位于英国西北部的柴郡，但如果它要参与加莱的进攻就必须驻扎在东海岸，因为那里更接近目标。盟军没有把士兵、吉普车和坦克运到数百英里外——这样做会对指挥官形成重大压力——而是通过信息传播达到目的。一组写手偷听到了第三军的交通信号，继而创造了新的"脚本"，将军队留在东部。尽管这些含糊不清的话是机密——被译成密码的文本消息纯属胡言乱语，是信号话务员从报纸文章中摘取第四或第五个单词后煞费苦心创造出来的，直到后来IBM才发明出了一种机器可以拼出完全随机的一组单词。一切都在严格保密封锁下完成，

代号"嘉宝"
Agent Garbo: The Brilliant, Eccentric Secret Agent Who Tricked Hitler and Saved D-Day

发送信息的无线电话务员自身从未被告知信息是真还是假。在他们的手法里，哪怕只是一个小小的改变，都可能会将胜利拱手让给德国人。

位于英国西部的第三军的无线电网络逐渐沉寂，几周后又突然出现在靠近东部海岸的东安格利。盟军发明了一种装置，允许单个电台模拟六个电台的通讯，这样整个部门的信号就可以由单个话务员仿造。德国人很快就发现了这个电台，并在地图上按了一枚图钉标出了第三军的位置，即它在东安格利的新营地，而真正的军队其实在数百英里之外。

嘉宝报告，军队的列车车队和公路车队互有配合，因此双面间谍"看到"火车在准确的时间穿过了真实的城镇。甚至有一份卡片目录不断展示着第一集团军每个团和营的位置，双面间谍对自己"行至"英国东南部的哪一区会遇到哪些部队都了然于心。嘉宝的7（7）号间谍，即雅利安世界秩序联盟的财务主管，在离大本营数百里外的伊普斯维奇"发现"了坦克军官并报告了此事。德国人听闻后连忙在地图上移动代表他们部队的小旗："之前一直以为在伍斯特县内的美国第六装甲师……现在据说在英国东部的伊普斯维奇地区。"每一次瞄准都将德国人的目光凝聚在东部，远离西部真正的登船点。5月15日的一份情报报告声称："可以看出，敌人的主要注意力已经愈发明确地集中在英国南部和东南部。"真正的反攻部队并没有移动一寸，而假的部队现在正对着加莱。

嘉宝火速发出发现美国第一集团军标识——几周前他在德国人脑子里植入的蓝色五角大楼上带有黑色罗马数字"I"的徽章——的线人在海岸线附近的小镇的所见所闻。将报告在地图上标图后，德国人发现盟军军队正在前往多佛周围的港口。5月29日，一个由66个机载中队的真实战斗机组成的大规模护卫队在英国南部的汉普郡机场起飞。嘉宝创造的其中一个线人看着他们离开，但报告的却是他们从肯特和苏塞克斯一带离开，再一次把指向带离诺曼底。飞机还在加莱投下了炸弹，德国空军证实了这场突袭。

随着诺曼底登陆不断迫近，嘉宝那台80瓦的无线电台愈发运转得发烫。5月25日："通过第二十八师的一个美国情报员，我得知丘吉尔、斯马茨（Smuts，南非温和派总理——译者注）、艾森豪威尔和巴顿在5

月12日观看了一种秘密武器的演示……"（这是一种能够炸毁类似于奥马哈海滩上的混凝土工程的设备。）5月31日："萨顿北部共同区的东萨顿索蒂森路遭到坦克的碾压，显然是坦克的演练及试验场。"如今嘉宝的联络网已庞大到可以提供给阿勃维尔来自美国的生产情报："现在他们每月生产300架飞机及约15000辆军事运输车。飞机和信号设备现在是优先考虑生产的产品。加拿大发送了100万吨面粉、50万吨培根和猪肉、43000吨鱼罐头、64000吨奶酪和4.8亿颗鸡蛋到英国。"

间谍甚至尝试了经典的反转技巧。5月22日，嘉宝向马德里汇报，他的J（3）号间谍，即他在信息部的情报员邀请他为政治战争执行委员会（Political War Executive，简称PWE）工作——那里是黑色宣传的地方。马德里欣然抓住这个机会，在第二天就给予批准。嘉宝的计划的目的是呈上德国人会反过来理解的宣传单：如果PWE说诺曼底是目标，那么德国人就可以肯定盟军的目标是加莱。"我从中肯定能够得到的，也是我认为最重要的是，为了欺骗我们而隐藏事实的意图。"嘉宝在PWE的工作中学习后写道。

这是嘉宝最长的一次游戏里的成熟期，他开始回到里斯本的那段艰苦岁月。他再一次扮演了分析师，做起了其他间谍都做不到的事。嘉宝不仅仅意图在斗智上胜过像罗恩尼这样的人。在某种意义上，他想取代他们。

随着登陆进入倒计时，矛盾发生了。双十委员会命令哈里斯和普吉发出了意图进攻波尔多的情报，这场佯攻称作艾恩赛德行动，将在"D+10"——登陆后十天发动两个师执行该行动。普吉二人并不看好这项计划：波尔多并不在德国人雷达搜索的目标之列，更何况纳粹到底能相信多少虚假攻势呢？两个二级间谍——泰特和一个年轻秘鲁美女代号"布朗克斯"（Bronx）按照命令执行，暗示即将到来的进攻。布朗克斯得到了德国人授予的特殊密码，每一个都指示着不同的目标。例如，一份电报上写着："我需要175英镑用于治疗牙齿。"这就意味着袭击将发生在巴尔干地区，如果要求200英镑则是希腊的意思。布朗克斯现在发送了一条消息给阿勃维尔，说自己的牙齿治疗需要花费125镑——这

代号"嘉宝"
Agent Garbo: The Brilliant, Eccentric Secret Agent Who Tricked Hitler and Saved D-Day

是波尔多的信号。

但嘉宝毫不退让。他后来按照命令在6月5日发送了一条有关攻击波尔多的消息，随后又称怀疑自己报告的准确性。普吉和哈里斯不会将他们得来不易的声誉葬送给像艾恩赛德这样毫无价值的行动。

甚至在间谍之间也情绪暴涨。当嘉宝和布鲁特斯发送了有关巴顿的几乎相同的消息时，布鲁特斯的案件负责人盛怒难却："这在我看来是荒谬至极的，"他写信给上司道，"在如此重要和机密的问题上，两个间谍如何能获取这样完全类似的材料。"相同的情报会指向一个问题——德国的这两个间谍均在盟军掌控之中。幸运的是，阿勃维尔对待嘉宝的报告时并不认为这暴露了布鲁特斯的情报，而是在证实其情报。盟军始终保持着好运。

随着嘉宝将他的军队向东移动到其虚构的出发点，盟军轰炸机司令部也加入了行动。他们的飞机在49个敌军机场投下了烈性炸药，其中投掷在加莱的炸弹数量是诺曼底的两倍。飞行员出行了多架次炸毁塞纳河、瓦兹河、默兹河以及艾伯特运河（比利时运河——译者注）上的桥梁，掐断直通加莱的电话线和电报线。但是他们在帽徽行动中也做了相同的举动，所有人都清楚结果是什么样的。这一切都被德国人看在眼里了吗？他们这次有把这些碎片正确地拼凑到一起吗？

5月，德国将军汉斯·冯·克莱默，隆美尔的非洲军团的资深一员，因为健康原因被盟军战俘营释放。作为一个高级军官，在离开战俘营前他被安排与传奇将军巴顿共进晚餐。整个用餐过程中，所有人都称呼巴顿将军为美国第一集团军指挥官。巴顿将军企图哄诱冯·克莱默，不遗余力地用美酒佳肴款待他。两人的谈话不时会转向意味深长的法国地区，特别是加莱。

吃完晚餐后，冯·克莱默被带到一艘红十字会的船上横渡英吉利海峡前往被占领的法国。靠岸后，冯·克莱默直奔柏林最高统帅部告诉他们他的奇遇奇闻：在前去乘船的途中，他会设法暗中偷偷瞥了几眼窗外的场景。路上挤满了成千上万的美国和英国军队，显然已准备发动进攻。他被带到一个停满了形形色色突击艇的港口，护送他上船的两个军官无

第三章 远洋战线

意中透露了他们的所在地——靠近多佛，海峡正对岸就是加莱。

最高统帅部的成员们越听越惊讶。冯·克莱默是登陆准备工作的唯一的德国目击者。反攻登陆点的神秘面纱已然滑落。他们将冯·克莱默塞进一辆车将他送到希特勒的总部，他在那里向元首复述了一遍故事。

当然，冯·克莱默前往搭乘红十字会船的路线是经过精心计划的，为的是让他看到尽可能多的军队。因此从车里他清楚地看到，兵团沿路行进的场景，而那两个谈论他们真实所在的英国军官也是情报官员。冯·克莱默途经的道路其实在英国西南部而非东南地区。等待他的船停靠的港口是朴次茅斯——攻击诺曼底的天然始发港。

虽然嘉宝和双十委员会取得了进展，但希特勒仍然对诺曼底持有怀疑。当时，丘吉尔正阅读着嘉宝的成果报告。海因里希·希姆莱发了一条私人贺信给马德里的库伦塔尔，祝贺他找到了这样一块有价值的瑰宝，并要求嘉宝继续保持警惕。"进一步侦察的人员（即嘉宝的间谍）必须及时查清登船的起始时间和英国东南部军队的目的地。"上校罗恩尼甚至在报告敌人的意图时引用了嘉宝的话，将嘉宝和他在信息部的朋友之间的一段谈话放到他自己的评价中。汤米·哈里斯惊叹道："一个间谍的报告被逐字引用在这么高级别的官方报告中，真可谓史无前例，独一无二。"

军情五处在传入的问卷中也注意到了一个微妙的变化：询问嘉宝虚构的部队的不再仅限于阿勃维尔成员，这表明虚拟的美国第一集团军在德国的眼里已经由虚转实；而且这些问卷不再源于马德里，而是直接发自柏林。

距离诺曼底登陆仅剩余 23 天，嘉宝揭开了欺骗行动最后一部分的序曲。他会见了莫须有的战争部情妇并"得知"反攻将以转移注意力的佯攻开场，以便将希特勒的储备部队吸引到远离目标地点的区域，但真正的登陆点仍是未知数。嘉宝一直忠实于斯特兰奇韦斯的准则，从未提及加莱或诺曼底，但言下之意一目了然。第一场攻击将是佯攻，德国人必须按兵不动，直到真正的进攻打响。八天后，轮到信息部开始表现：嘉宝被要求帮忙基于实际的军事报告为第二战线编写宣传册，这些册子将

代号"嘉宝"
Agent Garbo: The Brilliant, Eccentric Secret Agent Who Tricked Hitler and Saved D-Day

被发送到拉丁美洲。通过信息部的一次信息泄漏,嘉宝预测到了盟军对北非的进攻,可惜这则消息在进攻打响后一天才送达德国人手里,起不了任何作用。这一次,他将使用无线电发送警告,绝不会再有任何延迟。他将在登陆发生时揭示真相。

要将诺曼底完全控制在希特勒的关注范围之外是不可能的,诺曼底对于反攻部队而言具有太多的优势。随着时钟"滴答滴答"地接近最后一小时,关键在于使希特勒相信他马上要见证的进攻只是佯攻。嘉宝说,虽然你在诺曼底看到了部队,但眼见并不为实。他们都是假的,是骗子,是吓唬人的东西。不要理睬它们。

5月28日,距离诺曼底登陆仅剩下九天,有一个迹象表明嘉宝和布鲁特斯说通了希特勒:盟军截获的一则由日本东京大使发给其东京上级的消息里,包含了他与希特勒元首一次长谈的记录:

> 谈到第二战线时,希特勒……认为大约已有八十个师在英国集结……我因此询问元首他是否认为这些英国军队和美国军队已经完成登陆作战前的准备,他给了我肯定的回答。我接着问元首他认为第二战线会以什么形式成形出现,他告诉我目前他个人认为最有可能的是,在挪威、丹麦、法国西海岸南部和法国的地中海海岸进行完声东击西的行动之后,他们将在诺曼底或布列塔尼建立一个桥头堡。静观事情发展之后再着手在该海峡建立真正的第二战线。他说,德国人对尽快得到打击敌人大部队的机会再期待不过了。

因此,诺曼底将被紧随"真正的第二战线"之后。希特勒说,这个信息源于"相对明朗的征兆"。这些征兆就是嘉宝、布鲁特斯和其他一些可信任的消息来源。他们渗透到了德国领导层的核心。

这是天大的好消息。但在一千英里之外的里斯本,一些事件将整场戏剧推向高潮。这些事将会把所有怀疑的目光引向嘉宝的任务,而且似乎奏效了。一个月前的4月29日,一个神秘且充满抵触情绪的男子消失在欧洲的间谍之都。他是与希特勒的私人翻译私交甚好的间谍官员伍德豪斯的朋友，军情六处的档案里对他的描述是"一个金发碧眼白肤、佩戴单片眼镜、牙齿又黑又蛀却又智商超群的人"。盖世太保对他的失踪疑虑重重。而那个失踪男子已经知道了有关嘉宝的一切。

八、囚徒

这个人真名叫约翰·"强尼"·杰布森。他像是一个司空见惯的老派德国恶棍，右眼戴着一只单片眼镜，这看起来略带讽刺意味。身为汉堡航运大亨的富家公子，他就读于弗莱堡的中世纪德国大学。杰布森无可挑剔地表现出一个航运大亨的年轻后裔的模样：身着昂贵笔挺的西装，交往美丽夺目的女朋友，开着增压的梅赛德斯－奔驰 540 K 敞篷车呼啸着穿过阴暗的黑森林深处。在 20 世纪 30 年代早期，大学挤满了褐衫党（即冲锋队，或者风暴骑兵）和黑衫党（简称 SS），但是杰布森对他们都不屑一顾。他是一个无拘无束的精神自由者，憎恨希特勒和在校园里横行的焚书者。

在弗莱堡，杰布森会见了温文尔雅的杜斯克·波波夫，即后来盟军的双面间谍"三轮车"。他和杰布森在同一所大学上学，一样嘲笑学校里的黑衫党。两人很快便成了朋友。事实上，在对一个女人的争夺中，杰布森充当了波波夫的帮手。这个塞尔维亚人在决斗中选择用手枪而非传统的军刀，因此震惊了弗莱堡的学生。另一个决斗者抗议这种选择，杰布森就出面处理这个复杂的谈判，称鲜为人知的塞尔维亚骑兵荣誉准则里规定，塞尔维亚人只能用火器战斗。这是一个善意的谎言，波波夫选择枪是因为他枪法一流。最终他赢得了枪法比赛，决斗不久被叫停。

波波夫的鲁莽大胆还表现在其他方面。他在学生辩论中公然抨击希特勒，不久，盖世太保的人找到他，审问了八天并将他关入监狱。狱友告诉他，他注定要被送去集中营。波波夫的许多大学朋友对他怀有敌意，但是杰布森恰恰相反，他努力营救波波夫出来。德国人将这个年轻的塞尔维亚人驱逐出境,并发出一连串隐晦的威胁和警告让他不要重回德国。波波夫在巴塞尔一下火车便发现他的德国朋友杰布森正在车站等他,两人开着那辆敞篷车以最快的速度穿越瑞士边境。这个紧密联系的漩涡——女人、跑车、嘲弄愚昧无知的褐衫党以及对危险的某种兴趣——将这两个年轻男人捆绑在一起。

战争爆发后,两人在贝尔格莱德团聚。波波夫发现那个衣冠楚楚的年轻人变了:衣冠不整、酗酒成瘾、烟不离嘴,牙齿都被烟草染黄了,甚至在为阿勃维尔工作。为什么会这样?一个像杰布森这样强烈反对纳粹的人怎么会加入德国情报组织?波波夫百思不得其解。但是当年多亏这个大学老朋友他才活了下来,因此他同意帮助杰布森的新事业。很快他意识到,杰布森并不是他的所谓头目的朋友。

几个月后,波波夫在贝尔格莱德与杰布森的一个"朋友"一起就餐,那个人名叫蒙青格尔,他大力吹捧德国必将胜利,并很直白地询问这个塞尔维亚人是否想加入胜利者的一边。听着这番话,杰布森坐立不安,甚至不敢看波波夫的眼睛。"我不能说很震惊或者有多惊喜,因为潜意识里我对这个邀请已有了一定准备,但尽管如此,我仍旧觉得兴奋之感流遍全身。"杰布森后来承认那个德国人是他在阿勃维尔的上司,他擅自向上级举荐波波夫为间谍的人选。

波波夫假装接受了阿勃维尔的提议。他得到了一小瓶隐显墨水,并被告知神秘莫测的杰布森将成为他的操控者和联络人。随后,这个塞尔维亚人去了英国大使馆,志愿以一个双面间谍的身份为盟军效力。

几天后,杰布森冲进波波夫的卧室告诉了他一个不幸的消息:一直载着波波夫在城里转悠的家庭司机背叛了他。他记录了这个新间谍曾访问过的每个地方,包括六次停靠在英国护照检查处——这里通常被认为是军情六处在贝尔格莱德的工作地址。如果这份列表落到其他贝尔格莱德阿勃维尔人的手中,波波夫只有死路一条。

两天后,他们在贝尔格莱德的一个铁道站找到了这个司机,他被人开了好几枪。波波夫支付了葬礼费用并送了一束美丽的鲜花。究竟是谁杀死了这个奸诈的司机至今仍是一个谜,但枪杀的下令者却不难猜到。

代号"嘉宝"
Agent Garbo: The Brilliant, Eccentric Secret Agent Who Tricked Hitler and Saved D-Day

波波夫完成了他想生存所必须做的事。

为了报答杰布森，波波夫多次尝试让军情五处同意杰布森的加入：他勇敢无畏、聪明过人、反对纳粹、与己为伍。英国却一再反对——他们的情报网已经有波波夫这样的明星了。杰布森是纨绔子弟，还是阿勃维尔的间谍，谁知道他是否可以信赖？如果军情五处允许他加入，结果他却是忠于第三帝国的，那波波夫将遭到无可挽回的连累。

到了1943年夏天，情况发生了改变。杰布森在自己一方陷入严重危机。他被卷入一场走私货币的案件，帮盖世太保军官将钱存放在瑞士，违反了德国的严格规定。原本一切进展顺利，直到有一天杰布森仔细端详希姆莱的人早前递给他的纸币时才发现是假币。大发雷霆的他揭露了该案并指控盖世太保对他的欺骗。杰布森相信自己的组织机构阿勃维尔会在他与盖世太保的对峙中支持他，但当他被叫去柏林总部讨论这个争议时，他收到了一封神秘电报告诉他不要去。

陷入疯狂的杰布森去了马德里的英国大使馆道出了一切。现在，他不相信任何人了。"他想知道阿勃维尔是否像盖世太保一样在跟踪他，"大使馆给伦敦写信道，"如果是，那么三轮车就暴露了。在这种情况下，杰布森就会制造自杀的假象。"然后销声匿迹。他写了一张便条寄给马德里阿勃维尔，称与波波夫的友谊已将他逼到自杀的绝境，因为他知道对方是英国间谍。"我知道军事法庭会因我的所作所为判我死刑……你们不必害怕丑闻的发生。我会把我的所有交给告解神父赠予穷人。然后我将带着罪过归沉大海。"

军情五处利用超拦截的优势得知杰布森并没有生命危险。在柏林的会议是常规性的，并没有政治迫害。但如果军情五处告诉杰布森此事就会揭露超级拦截的存在。他们没有这样做，而是让戏剧顺其自然的发展，得知盖世太保并没有敲响自家的门时，杰布森开始冷静下来。但他很快就意识到自己所面临的另一巨大风险：去找英国人。如果有人看见他溜进敌人的总部，他就要在集中营里结束此生了。他试图撤回自己在担任英国间谍工作的申请，然而军情五处却有其他打算。"我们明确向他指出……他已经跨出了覆水难收的一步。"现在回头为时晚矣。

第三章 远洋战线

杰布森和英国方面之间的一次会面定于1943年12月,地点在里斯本。这将是杰布森作为双面间谍的亮相派对,他的代号为"艺术家"(Artist)。两个英国情报官员——军情六处的少校弗兰克·弗利和军情五处的伊恩·威尔逊飞往里斯本前去盘问他。衣着时髦的波波夫就在同一班机上,尽管英国人假装没有注意到他。在里斯本机场,特勤处间谍钻进一辆前往大使馆的车,波波夫则让司机带他去埃斯托里尔赌场,即嘉宝用偷来的外交通行证取得了第一个重大胜利的地方。波波夫的枪套里装着新款鲁格尔手枪,而他的公文包里则有一个外交信袋,里面装满了秘密文件和一些未冲洗的胶卷,多数是当天早上军情五处的一个官员拍摄的。双十委员会给了那个塞尔维亚间谍一批宝藏——坚忍行动的材料,让他交给阿勃维尔。

在杰布森准备与英国间谍谈话时,波波夫正在里斯本街头等待会见他的德国操控者——少校冯·卡索夫,人称"伊凡"。一辆车停了下来,波波夫进了后座急忙低下头将背靠着皮革座位,这样他的鲁格尔手枪就不会受到挤压。然而,当他到达卡索夫的新别墅时,警钟开始在他的脑海里敲响。迎接他的女子是新来的,而不是平常那个他已见惯了的秘书。她带他来到客厅后径自去找德国军官。波波夫在原地等待,神经如弦一样紧绷着。

但波波夫终归是纨绔子弟,当卡索夫的声音出现在他身后时,他正站在一扇玻璃窗门前端详自己。

"慢慢转过身来,伊凡,不要轻举妄动。"那个声音说道。

波波夫全身僵硬。他确信自己暴露了,卡索夫的手枪肯定熟练地顶着他的脊柱底部。波波夫想,如果自己真的要死了,也要争取最后机会展示老杜布罗夫尼克用枪技巧。他的手在西装外套里滑向那把鲁格尔手枪。他开始转动枢轴,但是就在他完全转过身把枪挥向他的纳粹操控者之前,他捕捉到了玻璃门上反射出的影子。卡索夫并没有拿枪摆好姿势准备杀他。相反,他站姿局促,手无寸铁,肩上还坐着一只敏捷矫健的猴子。

波波夫放开了鲁格尔手枪,转过身笑道:"有事吗?"卡索夫愤怒

代号"嘉宝"
Agent Garbo: The Brilliant, Eccentric Secret Agent Who Tricked Hitler and Saved D-Day

地吼道:"我看起来很可笑吗?"这只猴子是阿勃维尔的一个刚从非洲回来的间谍送给他的礼物。这个间谍操控者一直担心他的间谍会吓着它,所以才警告他不要突然移动。波波夫差一点就杀了卡索夫暴露了自己的身份,也差一点暴露了杰布森和其他只有上帝知道的一切。

当英国间谍弗利和威尔逊坐下来盘问杰布森时,一个更加令人震惊的时刻即将来临。他们新招募的这个成员居然原本就知道有一个双面间谍在给阿勃维尔提供信息。事实上,杰布森跟两个军官说了许多有关嘉宝的信息,这些信息足以使他免遭怀疑。将杰布森纳入军情五处后,该机构无意中将其明星间谍置身于巨大的风险之中。如果杰布森向他的军情五处官员告发普吉却发现他并没有被逮捕,杰布森就会意识到那个间谍已在他们掌控之中。

真相的揭示令人毛骨悚然。弗利和威尔逊回到伦敦后写了一份关于此次会面的完整报告,军情五处高层幡然醒悟到,里斯本暗巷里的这出利欲熏心的戏剧性事件可能改变二战的进程。

军情五处忧心忡忡,以至于他们考虑是否要终止波波夫作为双面间谍的工作并将杰布森偷渡出葡萄牙。比起嘉宝,他们宁可损失掉三轮车。军情五处甚至考虑要不要杀了杰布森,因为行动暴露的风险实在太大了。

但最后,这种想法被否决了。欺骗行动的规划者只能寄望于杰布森保持忠诚,最重要的是,要来去自如。三轮车被排除在坚忍行动之外,就是因为担心他可能会招致厄运。"三轮车的整个组织可能会随时瓦解……"1943年12月8日盖伊·里德尔在他的日记中写道,"代号艺术家也听说了梦计划,"——即1942的货币走私行动,也是胡安·普吉在伦敦的最早一次行动——"这使他接近嘉宝变得危机四伏。"但在接下来的几个月里,杰布森都未受限制,对他命运的担忧也慢慢消散。

这种乐观整整持续了四个半月。直到1944年4月下旬,一条信息传到了伦敦:杰布森消失了。超级拦截道出了严峻的情形:他被自己的一方挟持了。

2月,杰布森的下落开始浮出水面。他的一个好朋友兼阿勃维尔同事变节加入盟军,而杰布森是他母亲家的常客。阿勃维尔开始观察杰布森看他是否会带他们找到逃跑的人。4月,关于杰布森的一个更坏的消息传来:他的支持者卡纳里斯已经因他的忠诚度愈发遭到怀疑而被阿勃维尔解雇,不久后他就被软禁了。卡纳里斯的势力现在将流向做派强硬的帝国保安部,他们不会忠于杰布森。杰布森失去了坚定保护者。

但这个间谍操控者仍然斗志昂扬、信心满满。当杰布森认识多年的一个男爵夫人告诉他一个特殊的间谍团队从RHSA(帝国保安部的指挥机构)飞往里斯本视图查清货币骗局的真相时,杰布森告诉她不要担心。事实上,一个陷阱已经埋下了。他的一个同事检举了他,向帝国保安部提供了一份有关他每次联络盟军的记录以及所有能证明他罪行的言辞。整个捕捉范围越来越小了。

杰布森接到命令,于4月21日参加在比亚里茨的一个会议,讨论波波夫经费要求过高的问题(他要价15万美元,即使对于挥霍无度的德国情报组织而言,这都是天价巨资)。杰布森终于开始担心:比亚里茨就在法国边境边上,如果帝国保安部想将他秘密送出这个国家,没有比此更理想的地方来绑架他了。因此他拒绝参加会议。他的上司警告他不参加会议就视为叛逃。

然后,事态看似逐渐明朗起来。帝国保安部同意给杰布森75000美元,让他转交给波波夫。此外,他们还决定授予杰布森名誉勋章,即一级战功十字勋章,在里斯本没有任何其他德国间谍获此殊荣。杰布森松了一口气,在比亚里茨会议当天写信给波波夫,"祝贺你成为我最敬爱的元首的最佳间谍,你是毋庸置疑的天才。"他甚至在离开前会见了一个军情六处的间谍。那个英国间谍向伦敦发回报告称他们的间谍表现得十分轻松愉快。这是英国人与杰布森的最后一次谈话。

4月29日,这个间谍和一个朋友被叫去与一个帝国保安部的官员会面。杰布森现身后,帝国保安部的人把真相告诉了他:他马上要被带到柏林。杰布森试图夺门而去,但是那个官员制服了他并强行麻醉他,而后将他塞进一个巨大的金属箱子的假底。后来,他的朋友遭到了和他一样的待遇。这两只箱子被装入一辆斯图特贝克汽车开往比亚里茨。此时,

代号"嘉宝"
Agent Garbo: The Brilliant, Eccentric Secret Agent Who Tricked Hitler and Saved D-Day

两个囚犯已经完全恢复了意识并对自己的命运了然于心。随后,他们被转移到一架飞机上,飞机抵达柏林后二人被移交给盖世太保。

离诺曼底登陆还有两个月时间,杰布森被安置在距首都以北20英里的萨克森豪森集中营。盟军料想他已经被严刑折磨。盖世太保在集中营的酷刑花样繁多,包括用裹着铁丝网的棍子殴打囚犯,用拇指夹夹断囚犯的手指,用烟头烫烧囚犯,电击男囚的睾丸或者先用链子捆住囚犯然后用止血带收紧链条,直到他们皮开肉绽。双十委员会主席麦斯特曼写道:"在审讯中,即便假定他的活动历史没有全部暴露出来,但只要暴露了大部分,我们的许多完美计划就注定要失败。"一旦杰布森开口,不仅会牵连波波夫,整个双面间谍名单上的人包括嘉宝在内,都会暴露无遗。

盟军应该把嘉宝这条线切断吗?5月10日,距诺曼底登陆已不到一个月的时间,汤米·哈里斯会见了负责双面间谍工作的主要人员:麦斯特曼、军情五处反间谍头目盖伊·里德尔和塔尔·罗伯逊,共同决定这个问题。会议气氛紧张,哈里斯的神经已经不堪重负。"汤米仍然非常忧虑。"里德尔报道说。麦斯特曼一开始认为事已至此,没有必要再做何改变,因为他们并没有确切得知"艺术家"招认了什么,也不清楚"三轮车"供出了多少事。如果有消息传来称情况恶化了,"间谍就可以用来扰乱德国人的思维,而不是将一个完整的计划忽略掉。"如果不然,就坚持到底。

汤米·哈里斯强烈反对麦斯特曼的观点。他显然受够了信任危机的折磨,而现在他最大的噩梦已经开始应验。他的脑海里对杰布森在集中营里的景象挥之不去。他想象着那个间谍脱口供出嘉宝的秘密活动的细节。哈里斯深知接下来会发生什么。一个有着像罗恩尼那样敏锐机智的分析师会认真聆听被行刑者的话语,然后调出档案仔细重读嘉宝发送的关于美国第一集团军的信息,而不是通过库伦塔尔一开始就摆在嘉宝面前的镜头——即嘉宝是超级纳粹分子——而是像一个固执的怀疑论者一样热切追踪这个间谍。可以想象,他可以全程追溯至1941年。上帝啊!他们仍存有普吉谈到格拉斯哥工人渴望喝到几升酒的消息!真是滔天灾难。哈里斯知道，敌人只要稍稍转变视角，就会揭开一个间谍的真面目。一种突如其来、冷彻心扉的信心丧失感流遍他全身。

但这还不是全部。分析师会拿出三轮车的信息，和嘉宝的并排放着同时阅读，然后布鲁特斯、泰特最后到整个阿勃维尔都会意识到他们在看这些报告发送时间不同，但是所说的事都一样——实际的进攻起源于英国东南部，目标指向加莱海峡——但这只是一场无法想象的大规模阴谋，目的是掩饰真正的目标，而目标的唯一可能就是诺曼底。

军情五处起草了一份表格比较嘉宝和三轮车发出的信息，包括记录在小盒子里连同其他情报一起发送给敌人的有关日期、兵团和师旅的信息。当然，两套虚构的消息几乎完全匹配。然后，军情五处把一份嘉宝的信息记录拿给一个对坚忍行动完全不知情的官员看。他能检测出盟军进攻法国海岸线的一部分目标吗？这个官员说道，他看出有指向加莱海峡的倾向，但只是轻微的指向。这个测试无法说明结论。

哈里斯感觉他们已经暴露了，他一直以来所担忧的——究竟怎样才能隐瞒史上最大的进攻？——如针扎般刺激着他。他抽了一根又一根黑烟，迫使他的同事们拿上他们应得的赶紧离开。嘉宝的操控者是敏感欺诈艺术家，但在这个外地的土包子的全部价值被夺走的前一晚，他已经不知所措。

军情五处总部房间里每一员都承受着巨大的压力，但哈里斯还有他自己隐藏的负担。这个半犹太人官员被秘密告知发生在德国和其他地方的大屠杀和大规模谋杀的信息。在伦敦，他有许多犹太人朋友会，他们在边境被关闭前逃过了德国的恐怖屠杀，而后他们公开与哈里斯讨论逃离德国的理由。他甚至聘请了一个难民在他的艺术画廊工作。"他们告诉了他在德国发生的一切。"哈里斯的传记作家安德鲁说道。

哈里斯的酒饮得越来越凶，战争期间，他少有的几幅画作笔法错乱，线条带有梵高式的模糊，且越来越繁乱——纠结与折磨，是哈里斯的侄子用来形容他的词。即便嘉宝——这个他帮忙创建起来的角色——不仅仅是一般的反犹太分子也于事无补：一次，嘉宝在一封写给库伦塔尔的信末签署到，他给库伦塔尔行纳粹军礼。这样的修辞给嘉宝提供了良好

代号"嘉宝"
Agent Garbo: The Brilliant, Eccentric Secret Agent Who Tricked Hitler and Saved D-Day

的掩护，使他像盖伊·里德尔所描述的"狂热纳粹分子"。但哈里斯知道第三帝国是想利用这种仇恨让他残杀自己的犹太伙伴。"我不确定自己是否被冲动冲昏了头脑，但我渴望看到这些人被赶尽杀绝。"嘉宝写下的这些有关盟军的话肯定会伤害到哈里斯。

具有讽刺意味的是，普吉并不知道这个三年来每天坐在他边上的是半个犹太人。"他的母亲是西班牙、吉普赛人，他的父亲是英国人，在伦敦社会地位稳固。"普吉后来说道。即便像他俩这样关系密切，哈里斯仍然保守双亲的秘密。

而现在由于杰布森的暴露，哈里斯眼看着嘉宝的行动就要土崩瓦解。他吓坏了。

里德尔和其他人听汤米·哈里斯把话说完后，为推进行动一事争执不下。如果双十委员会停止其明星间谍的工作，德国人可能会奇怪为何嘉宝突然消失了。而如果他们完全终止三轮车的工作，则可能会给敌人以提示。四个人一起研究纠结而复杂的案件，从每一种可能的角度研究每种排列组合，每个等式的中心都有一个变量，其价值暂时无法在5月的那晚得出定论：为何德国人要逮捕杰布森？杰布森跟他们都说了什么？阿勃维尔对嘉宝和三轮车的信任度又是怎样的？"不管你从哪个方面看这个事，它都充满了不确定性。"里德尔叹气道。

四个人最终达成一致，坚持原方案。丘吉尔在诺曼底登陆前三天被告知有关杰布森的案件。嘉宝的行动仍继续进行着。

九、决战时刻

汤米·哈里斯希望他的间谍能将游戏进行到最后时刻。他游说嘉宝，待对德国发动宣布诺曼底登陆后盟军将会授予他荣誉，双十委员会对此也表示同意。政变将使嘉宝的明星地位提升至更高处，他可以用他的影响来阻止德国人援引他们的预备部队。将德军装甲师牵制在远离诺曼底的地方不仅意味着诱骗德国人相信加莱是登陆点，更厉害的把戏是要说服他们在盟军登陆后仍旧无视诺曼底，甚至在登陆后一天、两天……争取到尽可能多的额外时间来完成反攻行动。

但首先，嘉宝必须用计使敌人乖乖就位。

4号间谍即直布罗陀的服务员负责推动挪威登陆的论调，观看在苏格兰法恩湾的驱逐舰和突击艇演习，他将"看到"甲板上的水手穿着极地装备。嘉宝在5月14日发出此消息。马德里用无线电回复道："我迫切想知道第五十二师是否仍在格拉斯哥地区的营地。"嘉宝呼叫另一个驻苏格兰间谍——"一个希腊海员"——来伦敦汇报最新消息。"他说，第五十二师目前集中在塞尔特考特斯—基尔马诺克—普雷斯维克地区和埃尔地区的营地。"嘉宝给了那个希腊间谍一个代码，让他等克莱德河上的船只离开后发送出去。

6月3日，位于哈里奇的一个嘉宝的"间谍"发来了一个令人吃惊的新情况："（这里出现了）一个前所未见的符号，图形是黄色的盾牌与三座勾勒出白色轮廓的蓝色山峰。这是从美国新来的部队。"来自美国的新攻击军队现已抵达英国，这表明进攻已经迫在眉睫。这则消息是真实的，除了一点——美国人并不在哈里奇，而是远在南方。一天后，

代号"嘉宝"
Agent Garbo: The Brilliant, Eccentric Secret Agent Who Tricked Hitler and Saved D-Day

这个虚构的希腊海员报道称,"一大批来自爱尔兰的军队降落在苏格兰……徽章是白底红玫瑰。他认为这是英国第五十五军团。"当希腊人回到格拉斯哥时,街道上挤满了"车辆和大批全副武装的士兵"。

随着日子一天天倒数,英国南部的营地——而非东部——满是美国武装力量,已到了爆发的临界点。海港因布满了海军护卫队而变成了灰色,嘉宝所有的工作因为一系列的重大失误而几乎未完成。尤其伦敦的派对更是成了高度危险的事物。酒精和渴望的传递对许多官员来说都是致命的。一个美国陆军空军将军——艾森豪威尔将军西点军校的同学——听着一群妇女抱怨甜点有多糟糕。将军告知宾客供给船只都运载战争物资去了,6月15日之后他们的糕点就会明显改善。他因此被剥去军衔、开除出军队并遣送回美国。5月,一个美国海军军官醉醺醺地站在一场聚会上,烂醉如泥地宣讲了真正的登陆计划,具体到登船区域和至关重要的日期。"我很乐意亲手枪毙这些违规者。"艾森豪威尔写道。一个年轻的英国军官告诉他的父母进攻的时间,便立即被列入盟军的反间谍名单中。

伦敦狂风大作的一天,一阵风引起了又一次恐慌。微风吹开了战争部的一扇窗,十二份进攻计划飘到外面楼下潮湿的路面上。工作人员跑到街上迅速地捡起其中的十一份文件。经过疯狂的搜寻过后,最后一份遗失的副本终于在白厅另一边的哨兵站被发现了。一个戴着厚镜片的男人将它递了过来,说打印的字体太小,阅读起来十分困难。战争部试图追捕这个人,但是他再也没有出现过。

另一份诺曼底登陆计划的副本被发现于一列英国火车上遗留的一个公文包里。一个反应迅速的售票员找到它后立即把它锁了起来,直到安全官员到达后才又拿出来。当规划者翻开5月2日《每日电讯报》(*Daily Telegraph*)时,他们几乎昏厥:纵横字谜第17行的线索是"美国一地名",正确答案是"犹他州"——目标海滩之一。第二天,纵横字谜第3列的线索是"密苏里州的印第安人",答案是"奥马哈"。从那以后,军情五处一直密切关注该报。5月22日,一条看似平凡的纵横字谜线索出现了:"一些大人物有时会赢得类似的声名"。5月30日和6月1日又出现了两条线索:"这片丛林是幼苗剧变的中心"和"大不列颠和它遵循的是同一原则"。这些字谜的答案都在6月2日揭晓:"霸王"(Overlord)即反攻行动的代号;"桑葚"(Mulberry)则是进攻时使用的人造港口的秘密代号;而"海王星"(Neptune)是诺曼底登陆自身的代号。军情五处已经受够了,它派出的两个官员敲开了字谜编写者的家门,要求知道他是不是在给阿勃维尔发送消息。那个人回答道,谜题是几个月前就创作好的,一切纯属巧合,这简直不可思议。

6月4日,伦敦美联社一个无所事事的电传机操作员正在练习她的操作技术。作为她训练的一部分,她打出了示例文本:纽约美联社急电,艾森豪威尔的通信总线宣布盟军在法国登陆。当她的上司递给她一份欲发往美国的苏联公报时,操作员不小心把它和反攻的消息一同发了出去。美联社赶紧收回这条电传并花了23分钟校正,但柏林电台和莫斯科电台已经将消息火速播给了他们的听众。

嘉宝连忙出面平息风波。他在20时27分用无线电联系马德里道:"看到报纸上关于那个女电传员发送虚假开战警报的消息我十分惊讶。今天早上我去了战争部,想从那里了解一下究竟发生了什么事。虽然这看似很奇怪,但我感觉,发表在报纸上是事实……可能会有一个佯攻目标……万一有情况发生我会优先考虑3(3)号间谍发来的回复。"他把这次失误变成他未来关于诺曼底的公告的预演。

这个"骇人听闻的电报事故"使每个人的神经进一步濒临崩溃。"我乞求上帝让我知道自己在做些什么。"6月6日临近前,艾森豪威尔说道。万一霸王行动失败,他想先做好准备。艾森豪威尔将军拟写下了他的著名公报,宣布任务失败,坦然地说道:"如果人们有任何怪责或非难请冲着我一个人。"然后,他把它放在自己皮夹里,准备好随时发表声明。

进攻迫近的压力逐渐压得人喘不过气来,普吉有时会偷偷地溜到伦敦一个辉煌依旧的公园里独自散步。他回忆说,"从踏进英国的那一刻起……我就从这里美丽的乡村和郁郁葱葱、绿意盎然的花园中获得了极大的乐趣。"但这种幸福夹杂着凝重的情绪。那条小路上还有数十个士兵,无论形单影只还是成双成对的,都在享受部队前往他们登船点的最

代号"嘉宝"
Agent Garbo: The Brilliant, Eccentric Secret Agent Who Tricked Hitler and Saved D-Day

后一次漫步。普吉知道自己与他们有着某种秘密联系,对此他们却一无所知——他正是令他们深感忧虑的守护天使。

普吉并不喜欢抽象思维,哈里斯和其他人也许能比普吉更清晰地看到战争的政治和意识形态的全局。但当他散步时,他却发现了一样对他在嘉宝的任务中影响最大的东西:这些不知名的士兵的生命。他们是自己工作的潜在受害者或者辅助者,而在6月初的这个温暖的夜里,他们都在自己的身边。

随着时间一小时一小时地倒数着来到了6月5日,嘉宝开始发送消息,敲响断续的战鼓:"这个部队注定要与来自美国及法国海岸的大批部队合作,攻击法国南大西洋海岸……除了出现在镇上的防御部队以外,我还看到了以下的军队:大批第一集团军和SOS(供应服务队)……"20点整,名为"轴心国突围"(Axis Sally)的德国宣传广播播出,警告盟军部队:"晚上好!第八十二空降师。明天一早你们五脏六腑的血液将成为我们坦克轮毂的润滑剂。"那天晚上,乔治·巴顿将军向真正的第三军将士演说道:"我们的愿望是结束战争,而结束战争的最快方法就是捉拿发动战争的混蛋。他们越早被击败,我们就能越早回家……等我们到达柏林,我就去亲自去枪毙了狗娘养的希特勒。"艾森豪威尔"满脸愁容"地前往威尔特郡和第一〇一空降部门的将士谈话。当他们的最后一架飞机离开地面,他转过身,眼里饱含着泪水,慢慢地走回他的吉普车中。远在巴伐利亚阿尔卑斯山的高处,希特勒在他的寓所伯格霍夫别墅里正欲就寝。

盟军舰队出发前数小时,嘉宝火速发送消息到马德里:"我刚刚收到3(3)号间谍(即那名希腊海员)的电报,他说今晚11点他将抵达伦敦。此前就公布克莱德舰队此次航行的事我们已互通过代码,现在一定有什么无法用我们之间商定的代码解释的事发生了。因此,今晚格林尼治时间3点整请务必收听电台。"阿勃维尔通常在晚上11时30分就停止广播,所以嘉宝想确保操作员在他播放进攻公告时能听到,艾森豪威尔将军已亲自批准于3点——即第一个士兵冲向海滩前三个半小时发布信息。嘉宝还宣称自己的 4 号间谍——可靠的直布罗陀服务员——也和两个美国逃兵从汉普郡一路赶来，承诺有重大新闻报道。

那天晚上，普吉、汤米·哈里斯和塔尔·罗伯逊聚集在哈里斯富丽堂皇的家中，吃了一顿"精心准备的家常晚餐"。他们一边吃，一边盯着自己的手表。时间一到，他们立即跳上一辆英国产的汉博陆军部专车，开到克雷斯皮尼街 35 号。无线电操作员查尔斯·海恩斯已经启动了发报机，收音机的黑色金属通风口下方的真空管逐渐发热。哈里斯和普吉最终敲定了公告的文稿，普吉亲自将它翻译成西班牙语然后破译它。

那一刻，6483 艘船只，包括远洋班轮、战舰、驱逐舰和成千上万的登陆艇，抄近路穿过英吉利海峡上驶往银色的诺曼底海滩；13000 架战斗机和轰炸机灌满了油，装满了炸弹目标直指德国的碉堡和装甲师；2 万辆汽车被捆绑在运输工具上。但宝最关心的是数字是 12 万人——200 万将参加登陆行动战士中的第一波人——或眺望着漆黑暗淡的前方，或随着英吉利海峡的涨潮在登陆艇上吐得肝肠寸断。普吉作为一个历史系的学生，可能会用一个词来概括他的恐惧：凡尔登，即第一次世界大战中的战役，正如他所说的，"持续这么长时间，造成如此多的伤亡。"如果柏林不相信他的消息——如果他未能让罗恩尼和希特勒相信他是登陆行动真正的神使——那么成千上万的人就将必死无疑。

那天晚上，随同真正的驱逐舰队一起前行还有两支不同的、尺寸较小的舰队。每支舰队都包含少量配有名为"月光"的发射设备，可以吸收从德国雷达站发出的电子信号，在放大后反弹回去。这种微小的发射机在敌人的屏幕上会显示为一万吨的驱逐舰。舰队还带有可以发出很大声响的音箱，里面录着前一年进攻萨勒诺的声音，包括大声的命令、水手长的哨声、喇叭的鸣声、锚链的咔嗒声和其他航海噪音。这几艘船模拟两支护航队：一支逼近加莱，另一支进军布伦。在它们上空的是飞行在夜空中、塞满成捆铝箔的英国皇家空军轰炸机，这些轰炸机将出现在敌人的雷达屏幕上显示为飞机。它们发出的虚假"回声"会吓坏雷达操作员，让他们误以为数以千计的飞机正朝着他们飞来。它们是盟军对幽灵部队投下巨大赌注的最后一举。

代号"嘉宝"
Agent Garbo: The Brilliant, Eccentric Secret Agent Who Tricked Hitler and Saved D-Day

19时29分,一则传入的消息开始在查尔斯·海恩斯的黑色耳机里敲打出来。这是发自马德里的例行消息。反攻前夕,阿勃维尔的低级别官员显然不知道发生了什么事。这只是持久战争中的又一个长夜。

凌晨1点,海恩斯调试他的耳机,听着无线电发出刺耳的声响,伴着电流和静电的声音流入他的耳机。他拨出嘉宝的呼叫信号,围在他身边的人都紧张起来。德国人会上钩吗?他们会把自己的部队留在远离成千上万的盟军士兵即将露面的海滩和城镇吗?

几个人焦急地听着,等待着海恩斯开始发送嘉宝的消息的那一刻。但一而再再而三地,他们听着接线员拨出的呼叫信号,而其手指仍停留在按钮上纹丝未动。

令人意想不到的状况发生了:德国人没有在收听电台!

一群人挤在无线电台旁几近崩溃。所有这些努力,只是换来无线电操作员令人失望的消息。终于,早晨8点,阿勃维尔接线员发出了回应,嘉宝作出猛烈响应。"我恨透了你们,在这种生死决战的时刻,我不能接受任何借口或过失。"他咆哮道,然后发出略经改动的文本,称自己已和4号间谍取得联系:

> 他按步骤溜出警戒区,一路历尽艰辛,终于抵达伦敦。他告诉我,三天前,速冻干粮和呕吐袋再次被分发到了加拿大第三军,现在该部队已经离开营地,原来的地盘现在被美国人占据了。现在在营地的美国军队隶属美国第一陆军。

德国人唯一可以得出的结论是,反攻正在进行中——但是,如果美国第一集团军还在营地,那么诺曼底的进攻就是一个假象。德国的雷达显示,成千上万架正在接近加莱的"飞机"一定是复杂骗局的一部分。

现在,欺骗规划者们静静等候着。

与此同时,海恩斯的莫尔斯电键在无线电台响起:一个名叫威廉·冯克豪瑟的美国大兵正在攀爬奥马哈海滩,背上绑着一个60毫米的迫击炮。他原是和号称"红一纵队"的第一步兵师一起的。不久前,他走下一艘登陆驳船挣扎着上了岸，行动中扯掉了他的救生用具。一架德国机枪的子弹就打在他头上方几英寸。"我害怕极了，如果当时我留在船上不乱移动就没事了。"他把手指插进潮湿的沙里，想把自己埋藏到地下，这时，他看见一个"白色爆炸"在他左侧爆炸，发出阴暗的光线。奇怪的是，他并不觉得有震波穿过了他的身体，只是有道白光闪了一下。当他抬起头来，眼前是从爆炸中心扩散开来的半径，里面混乱地分布着残尸碎肉——不是四肢而是大块的人肉，最大的如男人的拳头般大小，每一块都"惨白如雪"。原来，一个名叫斯贝克勒的士兵一直背着TNT炸药准备炸毁德国碉堡，结果它过早爆炸了。冯克豪瑟盯着掉在他前进途中的一块肉，在噪声和震荡之间，那块肉吸引了他的全部注意力，似乎那是某种护身符。"我无法爬过那块碎尸。"他对自己说。他试图站起来，但是腿不听使唤。他感觉到背上的60毫米迫击炮，便把它拆下来丢到一边。减去的重量似乎给了他的身体能量。他站起身来开始狂奔，只带着一把45式手枪作武器。

诺曼底登陆前，冯克豪瑟相信，或者说被引导相信，美国军队一爬上海滩，德国人就会投降。可惜事实却是相反的——他同伴里的每个官员都非死即伤，或是马上就要面临伤亡。现在，尸体被卷在海浪里来来回回地滚动，有三四具尸体深陷其中。"我们一整个战斗单位的同伴几乎都被消灭了。"

在接下来的七十二小时里，嘉宝受命保护像冯克豪瑟这样的士兵。坐在克雷斯皮尼的办公室里，普吉只能想象着奥马哈海滩的场景。"我记得当时自己想着美国海滩正陷入血腥惨败的危险之中，伤亡惨痛重。而且未能阻止这场大屠杀全是我们的责任。"

哈里斯还有其他顾虑。杰布森说了什么吗？嘉宝的最后一条消息被反过来理解了吗？装甲师已经朝诺曼底海滩席卷而去了吗？

当美国人在奥马哈海滩杀出一条路时，巴黎以西40英里外的拉罗舍居伊翁城堡里，隆美尔的总部电话响起了。隆美尔本人在德国赫尔林根的家中——这天是他妻子生日的前一天，他花了些时间采摘一束野花准

代号"嘉宝"
Agent Garbo: The Brilliant, Eccentric Secret Agent Who Tricked Hitler and Saved D-Day

备送给妻子。电话的另一端是罗恩尼上校,他在柏林郊外佐森的地堡里。他告诉隆美尔的副指挥,进攻已经展开,但经过分析后他认为,第二场更强大的攻击正在酝酿之中,目标是加莱。"分布在泰晤士河沿岸从南到北的美国的第一集团军有大约25支强大的部队,但是迄今没有一支作战单位开始行动……这表明敌人正在海峡区域计划一场更大规模的行动,目标很可能会是加莱海峡的某个沿海地区。"他还强调,没有一支军队从加莱撤回支援诺曼底。这是嘉宝和双十委员会的胜利,但德国最高层的想法仍然取决于盟军最后的策略。

隆美尔的参谋长点了点头。早前他已经被告知,一些在德国防线后方的圣瓦莱里附近着陆的伞兵已被证明是假的士兵。事实上,这是保镖行动的另一种策略:四个英国特种航空队的伞兵带着两百个假人降落,并用一些老式留声机播放打斗声和求救声,伴随着化学炸弹散发的无烟火药气味。这种转移视线的佯攻有助于使隆美尔的参谋长相信整场进攻只是一个阴谋。

在伦德施泰特将军的总部,一个员工回忆说,"登陆日……被待以'切莫激动'的态度……这场进攻仅被视为又一次佯攻。"但伦德施泰特的参谋长却忧心忡忡。他致电柏林请求放出战略储备的装甲师抗击向奥马哈和犹他州海滩席卷而来的部队。

现在,决定权落在柏林的约德尔将军手中。他考量了这个请求后拒绝派遣坦克。他相信,此次进攻只是一种假象,真正的袭击即将发生在加莱。他还拒绝唤醒希特勒的警觉。德国第七军团虽驻扎在诺曼底,但被远远牵制在行动之外,在黑暗中沉睡着,甚至当美国军队涌上岸时都未能走出军营。约德尔的副参谋长后来承认,"1944年6月5日……德国最高指挥部丝毫不认为战争的决定性事件取决于他们。"直到希特勒清醒过来,德国最高统帅部才反应过来并下令装甲师莱尔和第十二军团加入战斗——彼时已经是当天下午4点,登陆行动已经开展了数小时。可是这道命令来得太晚了,对盟军第一天的行动已构不成影响。

盟军的立足点已经确立下来,但这是盟军将军计划之中的事。问题是,德国人的幻觉会持续多久呢?守卫在加莱的德国部队会大举离开那里的营地而转向诺曼底吗？"每一分钟，我们都在担心大规模反击的发生。"普吉说道。然而，登陆行动过去了一天、两天，德国并没有任何更为重大的增援。这种幻觉究竟还能持续多久呢？

6月9日凌晨1时44分，嘉宝开始发送整场战争中他将发出的最重要消息。他宣称会见了自己的四个主要间谍——7（2）号间谍，来自伦敦的威尔士水手；7（4）号间谍，来自布莱顿的印度诗人；7（7）号间谍，来自哈维奇的雅利安法西斯分子；4号间谍，来自苏格兰的直布罗陀服务员。这是嘉宝想象中的智囊团的集合，他通过走访信息部"线人"证实了这些间谍的结论。嘉宝不再给德国提供加莱阴谋的零碎信息，那样的时期已经过去。现在，他向德国人提供的是由那些眼花缭乱的消息来源所拼凑起来的整场阴谋。

> 今天，我与4（3）号间谍共进午餐时，从他那了解到一些有趣的信息。他告诉我，美国第一集团军并没有加入目前的行动……而是加入了来自地中海的一支更大的军队，主要的增援力量来自加拿大军队和美国军队。报告中提到，事态非常清楚，目前的攻击虽然是一场大范围的行动，但只是为了分散我们的注意力，意在建立一个强大的桥头堡，以吸引我们最大的储备军力来到行动区域，然后把它们牵制在那里，以便对其他地方的攻击能够获得预期的成功……加莱海峡地区连续不断的爆炸是苦肉计，这些军队的战略形势使我怀疑，将会有一场攻击发生在某法国地区，那个地区离他们最重视的终极目标——柏林路线最短。

海恩斯花了近两个小时又两分钟时间用右手食指敲打出那份加密信息。嘉宝作为盟军作战计划的伟大预言家的作用发挥到了极致，这个角色他已经塑造了三年之久。他不仅仅是在给德国人提供信息，还做出自己的推论，试图让希特勒相信他，嘉宝比所有的人都清楚盟军的计划。

消息一经发送，身处柏林的伦德施泰特将军就急迫地要求希特勒给

代号"嘉宝"
Agent Garbo: The Brilliant, Eccentric Secret Agent Who Tricked Hitler and Saved D-Day

他增派储备装甲师以抗击他们最薄弱的环节——诺曼底海岸的进攻者。他的第七军团刚从军营里出来就被卷入了一场激烈的战斗，在城镇的广场和灌木篱墙间与盟军进攻部队互搏。但这会是真正的进攻吗？"很明显，希特勒和他的随行人员都处在一种高度悬而未决的心境之中。"

最终，希特勒作出了让步。他同意给伦德施泰特增派第一装甲军、第二装甲部队和第二十一装甲师。战场上的指挥官们接到了南下攻击在诺曼底的美英军队的命令，艾森豪威尔最害怕的事开始发生了。这天是诺曼底登陆后的第三天。

就在那时，嘉宝的一条简缩消息火速从马德里发出，晚上10时22分送达柏林。希特勒的私人情报官员弗里德里希·阿道夫·克鲁马赫阅读了这份报告后，大笔一挥在上面写下"声东击西之计"，还添加了自己的批注："在此重申我们已达成的共识——进一步的攻击将会在另一个地方。（也许是比利时？）"他迅速将消息发给约德尔，后者也在他的话下面写下了自己的观点——"英国东部及东南部"，草签后把它放在元首的桌子上。罗恩尼写信给约德尔进一步证实了嘉宝的分析："盟军主要攻势随时会在加莱海峡一带爆发。"

当希特勒发现嘉宝的报告端放在他闪闪发亮的桌子上时，他仔细阅读并思量这条信息。然后他伸手拿起钢笔，在墨水里浸润笔尖，然后签署了"erl"（德语"完成"的缩写，在这里表示"阅"——译者注）。之后不久，最高统帅部迅速发出一条消息："由于接到某信息，向在比利时和法国北部的第十五军发布'二次警报状态'……因此，第一党卫军装甲师的转移将被中止。"装配迈巴赫300马力引擎加大油门前进的德国装甲车长队又掉头返回加莱。

在法国和比利时的十个装甲师已经准备增援诺曼底，包括第八十五步兵团和第一一六装甲师，后者就驻扎在巴黎以西。现在除了一支部队以外，其他部队全部回到了加莱或是正拔营准备前往加莱，迎接嘉宝的幽灵部队。唯一的一支增援部队——第二装甲师穿越塞纳河向南边的诺曼底行进。

嘉宝不仅阻止了已经上路的德国军队，还迫使其扭转了行动方向。

第三章 远洋战线

然而,差点毁掉了这一切杰作的不是别人,正是温斯顿·丘吉尔。登陆行动当天上午,他在下议院进行了一次演讲。整个英国政府——包括全体部长和外交官——均已接到命令不准提到在加莱或其他法国海岸地区的二次登陆,甚至不许暗示即将到来的行动。正如嘉宝对德国人所言,如果盟军要发动真正的攻击,就没有人敢谈论它。然而,这位英国首相却在广播的麦克风前对全世界演讲道:"我还要对下议院宣布,昨天夜里到今天凌晨,大规模登陆系列行动的第一步已经在欧洲大陆打响。"欺骗规划者吓得喘不过气。

嘉宝赶紧通过无线电台向德国人解释这一失言:"且不论舆论对丘吉尔所做的建议,"他跟马德里方面说道,"他的演讲应该包含了所有可能的军事准备,基于这个考虑,从他的政治立场出发,他有义务避免扭曲事实,不能容许即将发生的事证明他的演讲有不实之处。"德国人虽然感到吃惊,却也接受了这个解释。他们想信任自己的间谍,即使这样做意味着相信丘吉尔犯了一个严重的失误。

在伦敦苏活区一家由巴斯克移民开的小黑市餐厅里,普吉和哈里斯庆祝着他们足以改变世界的妙计。哈里斯叫店主准备了一桌正宗的巴斯克餐——毕尔巴鄂荷包蛋,即一种放在一层洋葱丁和西红柿丁上面的冷荷包蛋,代替不可能吃到的甜椒。店主从被称为波容的玻璃水罐里倒出一杯又一杯巴斯克酒,普吉二人一边吃着潘普洛纳鸡,一边笑谈着故事,直到店主手里将波容高高举过他们头顶,将酒通过绳子直接倒进他们的嘴里——这是西班牙人和巴斯克人庆祝伟大事件时的特色,其他食客见状欢呼雀跃。四波容酒之后,两人眼花缭乱、跌跌撞撞地走进伦敦的夜色中。

此刻,美国大兵、英国军队和加拿大飞行员正为拯救欧洲和西方世界朝着巴黎而去。但首先,正是这两个不为人知、半醉半醒的人拯救了那些士兵。

诺曼底登陆两周后,在加莱海峡的轴心国部队确实比登陆行动之前的还要多。一个月后,总共有22个驻加莱的师旅处于警戒状态,准备击

代号"嘉宝"
Agent Garbo: The Brilliant, Eccentric Secret Agent Who Tricked Hitler and Saved D-Day

退永远不会到来的进攻者。次年在纽伦堡的一次高度机密的采访中，审讯员询问陆军元帅兼德国战争部长威廉·凯特尔，为什么受命前往诺曼底的装甲师会在最后一刻转变线路时，他指出了嘉宝在6月9日的报告。"99%可以肯定这则消息是导致收回成命的直接原因。"艾森豪威尔将军对此也一样肯定：

> 敌军在诺曼底的失败主要归咎于缺乏步兵，而其未能弥补这个弱点主要归功于盟军进攻加莱威胁的胜利……无论怎么强调这次军事威胁的巨大成功的重要价值都不为过，在进攻时和后来整整两个月的成功行动中，它的收效不可不谓丰厚。德国第十五军如果在6月或7月投入战斗，就有可能依靠数量上的绝对优势击败我们，但即使在整场战争的关键时期德军仍未发挥其作用。

1944年10月14日，在隆美尔元帅吞下氰化物自杀前，他对他的儿子做了一次深入的忏悔。"让德国军队留在加莱海峡。"他说道，这是一个"决定性的错误"。

当普吉和哈里斯摇摇晃晃地穿梭于伦敦的大街小巷时，坚忍行动的策划者——势不可挡的大卫·斯特兰奇韦斯正穿行在法国的征途中。斯特兰奇韦斯带领着R军团，即由两个欺骗行动技术员和步兵战士组成的独一无二的团队。这个团队诱骗德国人将他们的装甲师和军队送到所谓的"臆想战区"，即空旷的田地或废弃的农场。为实现这一目的，他们充分使用了一整套有形欺骗战术：假的无线电通信，通过"夜间照明演习"模拟飞机跑道到大型护卫队的一切武装，假的师旅总指挥部，用闪光模拟器模拟火炮，用战斗噪声模拟器做出伞兵登陆的假象，误导性的路标，伪造的坦克，假的炸弹陨石坑以及在行军中伪造的一系列行动。团队里的技术员甚至嘲笑一些十分逼真的"假的狙击手人头"成功地调动了敌人的狙击手，使得一个官员跑到德勒霍克先生——当地的一个艺术家的工作室，询问他是否可以批量生产500个这种人头（他可以做，要价是每个200法郎）。而后，他们在整个法国农村发布并传播谣言。R军团在大卫·斯特兰奇韦斯的带领下，就像一个前进中的游艺队，从帽子里凭空掏出了兔子。

1944年夏末，R军团不断推进莱茵河。8月31日，斯特兰奇韦斯带领着他的士兵从南部向法国城市鲁昂进军。像往常一样，他的勇敢无畏使他的上司既惊又怒。一个步兵团的准将"得知R军团至今仍在编造谎言时感到惊恐万分，建议立即撤销这支军队"。斯特兰奇韦斯和他的战士们最终夺下了这座城市，而后他离开了此地，在美术宫做了一次有关高雅的欺骗艺术的演讲。一份对R军团在这段时期所做的工作的报告中总结道："公正地说，没有发生大规模的攻击在某种程度上说并不意外。"

斯特兰奇韦斯穿过了鲁昂南部的偏远的小镇辽——辽阔的勒波斯托，这里曾因帽徽行动的失败而一度遭遇毁灭。9月的一天傍晚，当R军团朝着德国北上时，一个小的里程碑事件出现在了这座沿海城镇：勒波斯托周边地区的最后一支德国驻军投降了。但是，周围没有一个人在庆祝，没有一个镇民冲到街上，挥舞三色旗或是给进军的部队奉上美酒。勒波斯托成了一座空城。它再没有从这场试图掩盖帽徽行动失败的轰炸中恢复过来。

唯一可能毁掉嘉宝的人——约翰·杰布森，在登陆日当天待在萨克森豪森，即第三帝国最古老的集中营，这里专门处置该国的政治犯和敌人。萨克森豪森是一个典型的集中营，周围被重重的电线和高高的石墙包围着，还有一条铺着灰白砾石的"死亡地带"，囚犯严禁踏入其中。任何人一旦踏入该地带就会被警卫射杀。一个住在杰布森隔壁牢房的囚犯后来说道，当这个间谍大师惨遭严刑拷打后被拖回牢房时，他冲着那些警卫大声叫道，"我相信我会重获清白的。"另一个囚犯在1944年9月遇到杰布森时，发现他躺在自己的床上，肋骨已经断了。这是这个悲剧间谍英雄的最后一幕。

他的朋友杜斯科·波波夫，即代号"三轮车"，对于杰布森的命运

代号"嘉宝"
Agent Garbo: The Brilliant, Eccentric Secret Agent Who Tricked Hitler and Saved D-Day

感到愧疚万分而又愤怒不已。他开着车穿过战后德国的废墟寻找要对他同事之死负责的人。那个人名叫沃尔特·赛尔泽，他是对杰布森行刑的一个次要工作人员。经过几周的侦查，波波夫在德国城市明登发现了赛尔泽。波波夫绑架了他并将他载到无人的森林准备杀了他。但赛尔泽表现得无比温顺可怜，致使波波夫无法下手扣动扳机。他让赛尔泽独自蜷缩在森林里并通过营救杰布森的妻子使自己获得了一丝安慰。波波夫甚至敲开了柏林英国区的剧场导演的门，试图让杰布森的妻子得到一份女演员的工作。这是他对自己感到亏欠的人的一种赎罪。

显然，杰布森从未告诉审讯人员他所知道的关于嘉宝的任何事。

随着夏天转秋，规划者和将军们终于有时间来回顾欺骗行动和嘉宝对其所做出的贡献——赞扬声蜂拥而至。"双面间谍鉴赏家一直把嘉宝的案例作为这门艺术的最成熟范例。"麦斯特曼后来说道。安东尼·布伦特称嘉宝的妙计为"整场战争中最伟大的欺骗行动"。欺骗规划师兼历史学家罗杰·弗利特伍德 赫斯基的概括最为简洁："他对诺曼底登陆的贡献确实比任何小说都要出奇……如果没有他，登陆行动就无法圆满完成……正是嘉宝的消息……改变了诺曼底战斗的进程。"在授予间谍操控者大英帝国勋章（Order of the British Empire，简称 OBE）的仪式上，艾森豪威尔借此机会见到汤米·哈里斯时（他从未与普吉本人当面对话过），这位美国将军站起身来伸出了他的手。"你和普吉先生的工作基本可谓相当于一整支军队，"他一边握着哈里斯的手，一边说道，"你拯救了很多生命，哈里斯先生。"

尽管德国的增援部队在 8 月下旬开始朝诺曼底转移，但想要粉碎第二战线为时已晚。当盟军搜查到德国情报地图时，图上显示嘉宝的幽灵部队就在他所说的地方。在罗恩尼的西线大地图上，莫须有的美国第一集团军的旗帜直到 10 月之前都固定在原位。

当德国统帅部的战争日记作者珀西·施拉姆教授在第二次世界大战欧战胜利日后接受盟军审讯，一个不同寻常、真相大白的时刻发生了。施拉姆是研究中世纪仪式的历史学家，他专门研究神圣的罗马帝国的统治者是如何将自己的力量通过图像和符号投射出来的。战争期间,他可以自由地接近德国军事领导人。

在审讯过程中,一个问题突然引起了历史学家的思考。他打断了审讯员——盟军军官的谈话,并疑惑地问道:"有关巴顿的所有事情都不是骗局,对吧?"他询问。

"你这么说是什么意思?"

"我的意思是,"施拉姆说,"所有这些发派到英国东南部的师旅都只是为了让我们的部队留在加莱吗?"

审问员停顿了一下,然后给了一个相当细致的答复。他说,那里的军队是为了增援诺曼底的蒙蒂,盟军不会进攻加莱,除非德国人放弃了该地。

"啊,"施拉姆说,松了一口气,"这就是我们原来一直以为的。"

战争结束了数月后,德国专家在概念中仍然相信美国第一集团军是真实存在的。嘉宝的谎言仍在继续。

十、大杀器

虽然嘉宝获得了胜利，但仍有两个遗留的威胁需要立即处理：一个之于英国，一个之于他的婚姻。其中，英国的危机首当其冲。

1943年的夏天，一场谣言席卷伦敦，称希特勒发明了一种超级武器。军情六处的信报听说这是某种巨型火箭，重约10到15吨，能够装满烈性炸药穿越平流层，是一种远在射程以外也无法用任何现有技术防御的武器。军情五处想让嘉宝试试看，是否能够查出这个超级武器究竟是何物。6月10日，他写信给马德里："现在我得讨论另一件事，这件事与一个名叫贡纳·皮赫尔的瑞典记者的一篇报道有关……他谈到德国在法国海岸安装了一个巨型火箭枪准备对伦敦实行报复轰炸……这导致我的妻子惶惶不可终日，希望不惜一切代价也要离开英国……（我）答应她如果这是真的我就送她到不会受到该武器威胁的国家。"那么，武器之说是真的吗？马德里对此置之不理，只是表示"你没有理由吓自己"。

但几个月后，阿勃维尔又出乎意料地发出公告："情况所迫，你必须考虑执行你的提议，把家安在伦敦以外的地方。"不仅如此，它还要求嘉宝"不考虑成本因素"建立第二个无线电台，以防第一个电台被毁。马德里后面的消息里所指的"威胁行动"究竟是什么呢？这种超级武器真的可怕到要把嘉宝赶出伦敦吗？嘉宝请求马德里在报复开始前几天给他发出通知，这样就能给英国国土安全局时间准备应对这场神秘的攻击。但马德里坚决拒绝提供更多信息。与此同时，嘉宝让娴瑞思利和他们的孩子搬出了英国。

超级拦截显示，该计划十分机密，甚至连马德里都不知道当下发生的事。计划的指令直接发自柏林,阿勃维尔总部让马德里等着接收准备发给嘉宝的一系列关于该秘密武器的高敏感问卷,这些问卷会加上前缀代号"棘鱼"(Stichling)。很快,附上相同前缀代号的答案就被发往柏林。总部不允许马德里在发送信息之前将其解密。

伦敦人仰望着天空,等待着与希特勒的殊死一搏的到来,而嘉宝则等待着棘鱼消息。神秘武器率先亮相。1944年6月13日,诺曼底登陆后的第七天,伦敦上空响起"嗡嗡"的轰鸣,第一架V-1火箭落在东区的铁路桥梁上,造成六人死亡。这种火箭看起来像一艘曲线光滑的无人驾驶飞机,其实是可携带2200磅弹头的遥控飞行炸弹。英国人称V-1火箭为"飞行机器人"和"飞机型导弹"。德国人为拯救他们国家的"无所不能的神奇武器"而欢呼雀跃。"(V-1导弹)日夜不停地轰隆落下,炮火猛烈地射在泰晤士河上的城市,战争的机器装上了新的方向盘。"德国报纸《帝国》(*Das Reich*)欢呼道。

6月16日,柏林终于将嘉宝期待已久的消息发送到马德里:"阿拉斯报告棘鱼开始。"德国人要求嘉宝在一张特殊的伦敦地图上标注V-1火箭的攻击区域。原因很清楚:德国工程师想调整火箭的制导系统,确保攻击正中伦敦市中心,消灭尽可能多的人。

嘉宝陷入了困境。如果他和其他的收到棘鱼信息的双面间谍——布鲁特斯和泰特,在V-1计划中充当德军的情报侦查员,就等于在协助大屠杀。嘉宝只传递了最近发生在伦敦西区的一则攻击信息,他相信仍然生活在伦敦的中立国外交官无论如何都会报道这些攻击,比如,"10号街区,即灰色部分……有8人死亡、13人受伤,许多房屋被夷为平地。82号街区……尸陈大街。"为了抑制德国人对V-1计划的热情,嘉宝随后写了一封长长的私人信件给库伦塔尔,信的主题很简单:"我们是在浪费自己的时间。"他辩解道,飞行炸弹不仅是无效的进攻武器,还是失望心理的表现,根本不足以吓到伦敦人。

但是,嘉宝能拖延的时间并不长。如果他无法发出攻击的坐标地点和次数,就将失去他在阿勃维尔的地位,因此他必须找到解决方法。哈里斯和普吉想出了一个主意:何不运用以前阿勃维尔应对婀瑞思利的相

代号"嘉宝"
Agent Garbo: The Brilliant, Eccentric Secret Agent Who Tricked Hitler and Saved D-Day

同策略来对付它呢？那是一种合乎常理的解决之道。一天，当他看着爆炸给这座城市造成的破坏，嘉宝未能回家。他的"副手"3号间谍用无线电向马德里报道，他们的头目失踪了，婀瑞思利也陷入了疯狂。所有迹象指出嘉宝很可能已经被逮捕。

此事的"细节"被及时爆出。当时正在贝思纳尔格林观察炸弹地点的嘉宝吸引了一个便衣警察的注意。用现代的术语说，嘉宝的形象被识别了出来。嘉宝向马德里声称："（那个警察）开始侮辱我，说西班牙人是狗，跟着有史以来最猖狂的屠夫的脚步，这样的人也应该被视为敌人。"被带到当地警所后，嘉宝在警察未能来得及劝阻时吞下了一张写有可疑内容的纸。幸运的是，他在信息部的神通广大的朋友介入其中替他说话，几天后他就被释放了，虽闷闷不乐但仍然目中无人。军情五处伪造了一封内政大臣主笔的道歉信，嘉宝将它转发给马德里。他的阿勃维尔操控者对此大为震惊，最终柏林决定，嘉宝是德国非常珍贵的人员资产，让他参与V-1计划太过冒险。嘉宝因此被解除了炸弹评估的职责，而这正是军情五处所希望的。

7月29日，库伦塔尔传出消息，"怀着极大的喜悦与满足之情"，他们宣布授予嘉宝铁十字（Iron Cross）勋章。这枚奖章通常只发放给前线作战的战士，但最高指挥部破例将它发给他们的明星间谍。嘉宝热情洋溢地回信道："此时此刻，我百感交集，无法用语言来表达对于元首授予我此殊荣的感激之情……我必须声明，这个奖不仅属于我个人，还属于卡洛斯（3号间谍）和其他同志……我希望自己能用更大的热情投身战斗，以对得起这枚仅用来纪念那些在战场上奋战的英雄同伴的勋章。"

1944年8月，嘉宝的职业生涯即将面临结束。许多前阿勃维尔间谍开始转向盟军一方，在接受询问时，他们中有几个人都指出了料事如神的嘉宝在整场战争中成功从伦敦发出情报。随着这一新信息的透露，在德国人意识到之前停用嘉宝只是时间问题。英国人若未能抓住他就会证明嘉宝是一个双面间谍。一个名叫罗伯特·布拉噶的西班牙线人甚至打电话给军情六处的马德里办公室，称如果英国给他一大笔钱他将自愿背弃伦敦最强大的德国间谍。军情六处官员对这个西班牙人进行审讯，很快就弄清了这个人对普吉的了解程度足以揭穿他。军情六处考虑过派遣一个间谍暗杀布拉噶，但这可能会给嘉宝的行动招致更多的怀疑。

只有一个解决办法：嘉宝必须消失，永远地消失。剩余的联络工作则由嘉宝的副手3号间谍来完成。嘉宝将"离开"伦敦（事实上，他哪儿也没去）。他告诉德国人他想逃到威尔士南部的一个藏身之处，一个远离所有城镇的农场，与"一对威尔士老夫妇、一个比利时逃兵和一个智力相对有缺陷的农场主"共用那块地。

回到伦敦后，军情五处假装对嘉宝进行搜索。随着他的不法工作细节的暴露，警察与想必陷入惊恐的婀瑞思利进行了深入的面谈。马德里的英国大使馆也发起抗议，为发现战争全程中有一个德国间谍团伙在伦敦行动而深感震惊。

几个月过去了，嘉宝不时发送消息给马德里，称自己躲在乡下。但随着二战即将在1945年春天落下帷幕，军情五处面临一个两难的窘境：是否要永远停用他们历史上最杰出的一个间谍。纳粹主义的幽灵已逐渐消退，但是斯大林又隐隐约约地在东方出现。军情五处开始探讨用嘉宝对付苏联的想法。盖伊·里德尔在日记里记录了一些细节："（汤米·哈里斯的）计划是让（嘉宝）在离开西班牙之前写匿名信给身在伦敦的苏联陆军武官。他会告诉后者他的全部故事并说出自己的代号。他还会透露自己帮助英国对付弗兰科，只要他们愿意就可以监控自己和德国之间的通信以获取他们想要的信息，在满足他们需求的同时顺便表明自己的诚意。"

这个计划看似合情合理，但它很快就被普吉的原研究者金·菲尔比否决了。个中原因几年后就会真相大白。自从西班牙内战时作为一个报纸记者开始，菲尔比就是苏联间谍。他对嘉宝的伎俩再清楚不过了，他不想看到这个西班牙人在他的地盘上耍把戏。

回到1944年12月，为了表彰普吉的服务，英国已经授予了他大英帝国最优秀勋章（the Most Excellent Order of the British Empire，简称MBE）。他是第一个获此殊荣的英国间谍。因为保密工作需要，要在白

代号"嘉宝"
Agent Garbo: The Brilliant, Eccentric Secret Agent Who Tricked Hitler and Saved D-Day

金汉宫举行正式的颁奖仪式是不可能的,但欺骗行动的主要成员——哈里斯、盖伊·里德尔、麦斯特曼、塔尔·罗伯逊和其他几个人——都一同为普吉庆祝。军情五处的处长大卫·皮特里爵士还在机构总部做了一场"精彩的小型演讲",之后普吉的朋友们又带着他到萨沃伊吃午餐。在餐厅里,普吉起立并用不太流利的英语向他们致谢。"我想他应该非常高兴。"里德尔在日记里写道。普吉发表完简短的独白后,里德尔用力拍着桌子为其欢呼。"那是一个感人至深的时刻。"他回忆道。

嘉宝向德国人预测,"世界性的内战"即将到来,这将导致"我们敌人的瓦解"。他写完这则信息后的第五天,即1945年5月8日,德国向嘉宝(对阿勃维尔)所谓的"英美苏猛攻"投降了。普吉长时间以来为之奋斗的那一刻,终于到来了。"伦敦爆发出了阵阵喜悦,"普吉回忆道,"大批人群蜂拥涌上皮卡迪利广场和丽晶广场,道路水泄不通,交通一度瘫痪。所有人都畅饮啤酒,载歌载舞,欢庆胜利。"

普吉与希特勒之间的个人战争已经结束。他所做的一切努力以及所付出的一切牺牲,全部反映在这些欣喜若狂的伦敦人脸上。

然而,普吉仍在不停地伪装着。他写信给马德里,"现在,一段混乱的野蛮时代正在逼近,但我相信在不远的将来,贵族斗争复活的那一天将会到来,那时(希特勒)一定会把我们从中拯救出来。"马德里回复了最后一条消息,给嘉宝和费德里科在西班牙的首都安排了一场会晤:"6月4日起,请于每周一晚8点至8点半之间常到阿尔卡拉大道141号的现代咖啡厅去。到了以后请坐在咖啡馆的最末端并带上一份《伦敦新闻报》(*London News*)。"

军情五处决定让普吉赴约。在这个西班牙人永远消失之前,他还有最后一个任务要完成。

英国人希望嘉宝会见费德里科和库伦塔尔,是为了看看纳粹是否会"提议在二战后成立任何形式的地下组织"。但要去马德里,嘉宝首先必须秘密"逃离"英国。如果让他用自己的护照出行太过危险,特别是从英国人假装下令让每架飞机和每艘商船都要清查这个人之后。

1945年6月,普吉离开了他的第二故乡,乘坐桑德兰水上飞机去往巴尔的摩，汤米·哈里斯就坐在他身边。直到那时，尽管事情没有大范围公开，但嘉宝已经是大西洋两岸知晓内情的成员间私下谈论的传奇人物。德国空军情报局的一个船长诉苦道，嘉宝使用了哪些方法骗过了整个德国情报部门，提出了对嘉宝能够获此成功的个人看法……因为事实上根本没有嘉宝这个人。"他……是阿勃维尔创造的，这样他们就可以假装做着重要的工作，为自己远离战斗前线、炮弹袭击和艰苦作战……的轻松工作开脱。"也许，比起英国的双面间谍，人们更愿意相信嘉宝是德国人幻想的产物。

但是，美国人却对嘉宝充满了敬畏。联邦调查局（FBI）主任助理米奇·莱德发送了一条消息给身在伦敦的一个联邦调查局的间谍，"命令他每次援助都要考虑嘉宝的意见。"埃德加·胡佛本人则要求与这个愚弄了希特勒的人握手。哈里斯和普吉一到美国，就被安排前往华盛顿。"（他）想与我私下见面，"嘉宝写道，"他邀请汤米和我去他家，我们一起在那里的一个地下室里吃饭。"尽管胡佛"自始至终都十分平易近人"，但他没有叫普吉来 FBI 工作，这似乎让他大吃一惊。美国人还给了他一些急需的旅行证件，他独自飞往古巴，作为他从伦敦偷渡到哈瓦那之说的证明。

在护照上留下了正确的出入境记录所花的时间比预期的要长，嘉宝直到 9 月 8 日才抵达马德里，比信中所指定的日期迟了几天。他与哈里斯和德斯蒙德·布里斯托再次聚首，这两人四年多以来在克雷斯皮尼街的办公室里听取他的报告，一起想着用何种方法让他接近库伦塔尔和费德里科。

按照阿勃维尔的指示，嘉宝去了现代咖啡厅，坐在一张桌子旁，手里拿着一份《伦敦新闻报》。但是联络人始终没有出现，因此他通过当地的联系人查找费德里科，一路追寻到环绕马德里北部的瓜达拉马山附近小村庄的一所房子里。看到站在门口的嘉宝，费德里科"被彻底征服了"，紧张地让普吉跟自己到附近一个可以安全说话的树林里去。两人徒步来到山林后，费德里科解释说，如今他生活在害怕被驱逐回德国的恐惧之中，甚至担心被盟军绑架并杀害。"谈到未来，他预言自己和家人将不得翻

代号"嘉宝"
Agent Garbo: The Brilliant, Eccentric Secret Agent Who Tricked Hitler and Saved D-Day

身。"费德里科和库伦塔尔已经断了联系，整个阿勃维尔机构一片混乱，他害怕身边的每一个人。

在普吉眼里曾是硬汉形象、世界级间谍的费德里科，现在几乎一蹶不振。微风轻拂树林，费德里科十分悲凉地询问嘉宝，是否能够用在欺骗行动中的才能帮他逃出西班牙。嘉宝告诉他自己会尽力而为。离开时，他告诉费德里科，德国的大业还没有完成。未来，当纳粹主义再次崛起时他们还会一起工作。

"他对此深信不疑。"嘉宝后来说道。

紧接着嘉宝去了阿维拉，在那里，库伦塔尔与他的妻子过着比以前更加穷困的生活。当嘉宝敲开门时，库伦塔尔"被情感所冲溃"，告诉嘉宝他一直想象着这团圆的场景。库伦塔尔坐在简陋的客厅里，向嘉宝诉说自己的经历，包括身为半个犹太人在希特勒时期的德国的艰难生活以及他对纳粹事业的奉献精神。他告诉嘉宝，如果他能让第四帝国崛起，他将毫不迟疑，虽然"他不相信德国有可能再次重振雄风"。两人谈论到可以合伙经商、兜售情报，所得利润五五分成，但库伦塔尔目前暂时不在状态："我能够推断出他目前不接手任何服务事务。"嘉宝问库伦塔尔自己从伦敦寄出的疯狂信件是否让他觉得很愚蠢。库伦塔尔证实了军情五处一直怀疑所怀疑的事，但"相反的是那些信成了嘉宝忠实和真诚的证据"。但最重要的是，库伦塔尔岁这个曾代表他在阿勃维尔事业顶峰的超级间谍深表惊叹。"他几乎认为我是神，还说不知道该给我什么建议。"

诺曼底登陆后的第二大危机关系到普吉的婚姻状况。事实证明，这将比炸弹落在伦敦的位置或第四帝国的可能性更加难以确定。

实际上，仍身在伦敦的嘉宝假装从威尔士南部的藏身处写信，让德国人帮忙转寄几封信给婀瑞思利，并请求帮忙，让她相信自己现在是在西班牙。这些虽然都是秘密信息，但嘉宝仍使用一贯的间谍技巧，在信中暗示了一点现实生活。他写道：

> 我现在根本不知生活及其乐趣所为何物。看着不幸一直追随我的脚步，我感到理想的幻灭。我唯一的愿望就是未来能越来越好，将你过去所有不好的回忆通通清除。
>
> 我一再请求你原谅我让你所受的苦。知道你并没有怨恨我，这让我如释重负。
>
> 再见了我亲爱的荷西（昵称——译者注），千万次的吻。

一个月后，据说婀瑞思利从西班牙南部的格拉纳达寄来了回信：

> 虽然来到这里只有短短几天，但这座我一度以为会充满幸福的城市，如今却显得那么悲伤和苦涩。我想起我们一起多次来访此地以及与你共度的那段快乐时光。
>
> 我是如此思念你，亲爱的。每一分每一秒你都在我心中。
>
> ……想到我们现在的悲惨境地，我真正后悔自己的所作所为，导致了你我的毁灭。我的内心将永远不得安宁，我将永远无法得到发自内心的平静。对于所有我使你受的苦，只有你、你的温柔和你的感情可以治愈这被称为"悔恨"的烦恼。

胡安是否对那场虚假的逮捕对她造成的巨大痛苦感到内疚了呢？尽管他们是为了欺骗德国，但婀瑞思利的信似乎植根于强烈的悔恨之情，也透露出未来他的婚姻的不祥之兆。

他的婚姻陷入麻烦的证据可以从军情五处档案中的一份报告里找到。1945年后期，由于她的丈夫仍在"躲躲藏藏"（其实那时他在委内瑞拉），而她在那年早些时候就已经回到西班牙，并去见了库伦塔尔。她希望拿到属于丈夫的最后报酬，尽管普吉曾警告她不要接触德国人。库伦塔尔付了他所谓的"赌债"，然后询问他是否可以躲在她卢戈的家中。普吉得知她违反自己的指示去见了库伦塔尔时，气得快炸了。军情六处的马德里代表会见了婀瑞思利，并报告了她的陈述："我亲自访问了嘉宝太太，发现她的情绪糟糕透顶。她发誓嘉宝曾在电话里对她说了最不可原谅的

代号"嘉宝"
Agent Garbo: The Brilliant, Eccentric Secret Agent Who Tricked Hitler and Saved D-Day

事情使她难以忍受,因此她要和嘉宝与我们断绝所有联系,将来她要走她自己的路。她还进一步补充说,不能在这个国家离婚真是一个遗憾。"

撇开他们过去的争斗不说,汤米·哈里斯至少在某种程度上还是维护婀瑞思利的。"我并不觉得嘉宝太太对我们有任何恶意,"11月1日他写道,"虽然我认为她很可能会开始把库伦塔尔和他的朋友们混在一起,不管是有意冒险还是无意之举,借此来伤害我以使我们妥协。"

电报在马德里和伦敦之间来回发送着。一份写有普吉现在对妻子的刻薄态度的草稿中称她是"女冒险家","很可能重新尝试冒险与德国人合作,因为如果她与嘉宝决裂很可能会从德国人那得到更多的钱,她的所作所为正是受这一贪念所驱。"显然,普吉怀疑妻子背着他去敲诈阿勃维尔,这对于他们夫妻二人而言都是一场非常危险的游戏。

最终此事被平息了,两人也重逢了。婀瑞思利只是想要回别人欠她们家的,并没有任何证据可以表明她想敲诈更多的钱,或是想与普吉一刀两断。但是这两个曾经生死相托的人之间,如今变得相互猜疑是显而易见的。

第四章　功成身退

PART IV : BREAKOFF

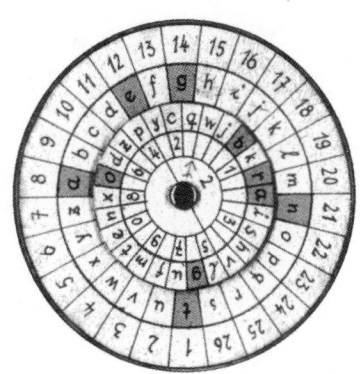

一、生前与身后

一旦完成与阿勃维尔人员的会面，普吉就不再是"嘉宝"了。从过去四年所扮演的角色中脱身后，他也想逃离原来的生活环境，决心离开欧洲。"我害怕德国人复仇。他们一定会认为我是他们最大的叛徒之一。"

军情五处给了普吉一笔钱，是阿勃维尔派他到英国充当间谍的报酬的一半，总共17554英镑。他们还打算从机构的基金中再拿一些钱给他，但他拒绝了。普吉同时婉拒了军情五处给他安排的在鹰星保险公司的工作。他和婀瑞思利——婚姻关系危在旦夕的两人——带着两个小儿子飞到委内瑞拉。哈里斯和安东尼·布伦特为他们的朋友编造了一个托词：普吉将搬到加拉加斯，宣传自己是销售西班牙艺术大师——戈雅、委拉斯开兹和厄尔·格列柯作品的专家。普吉和他的家人一起旅行并最终定居在玻利维亚某大道的一栋豪华房子里。哈里斯给了他的共谋者一批自己收藏的画作供他变卖，也许他将那些画卖给了委内瑞拉政府作为其国家艺术博物馆的镇馆之物。

这场冒险开局就不顺。西班牙大使馆驻加拉加斯代办处注意到，一份报纸报道普吉携带着他的艺术珍品抵达该首都的消息，并提醒西班牙政府"西班牙内战时流出的公共艺术宝藏"可能会被出售。相关部门立即展开调查。一个调查员报道婀瑞思利已经出现在加拉加斯："这个女士因其古怪的生活方式吸引了大批群众的目光。她经常去参加一些休闲社团，尽量让自己融入最上流的圈子——她穿上优雅的连衣裙，比划着高雅的手势以吸引周围人的目光。"婀瑞思利还有一辆"豪华轿车"，看上去就很贵重，但是她的丈夫却"不见踪影"。

代号"嘉宝"

Agent Garbo: The Brilliant, Eccentric Secret Agent Who Tricked Hitler and Saved D-Day

德斯蒙德·布里斯托后来声称普吉和哈里斯想出了一个计划，即在加拉加斯出售假冒的艺术巨作，这些赝品被用来欺骗大批毫无戒心的拉美收藏家。但是并没有证据证实这一说法。西班牙政府在普吉和哈里斯的业务中没有发现任何可疑之处，就停止了调查。

在加拉加斯待了两年后，普吉受够了那里的生活。他们一家搬到了瓦伦西亚，那里距首都约三小时的路程，并在当地买了一个大农场。这个昔日的养鸡户倾注了10万博利瓦（委内瑞拉货币单位——译者注）投资房地产，用他为军情五处的工作报酬购置了农场设备和现代化设施，还有一栋包围其中的富丽堂皇的豪宅。"在委内瑞拉从未见过这样的人，"他的儿子说，"这个农场运用了最新的农业科技和最新的灌溉系统。"但在1948年，抗议声横扫整个国家。以委内瑞拉国防部长卡洛斯·德尔加多·查尔沃为首的一个集团推翻了民选政府并建立了军政府，富裕的地主成了打击对象——普吉在瓦伦西亚房产遭遇破坏并被摧毁。他被迫变卖了所有房产，仅取回投资金额的四分之一，即25000博利瓦。

普吉崩溃了。先是弗朗哥，而后是希特勒，现在是查尔沃。"这些独裁者就像紧跟着我一样，如影随形。"

同年，婀瑞思利离开了他，还带走了他们的孩子，包括还在襁褓中的小女儿玛丽亚，回到了西班牙。

每一段婚姻的结束都会包含两种版本的故事。有人说普吉假借送婀瑞思利回家乡看看，进而冷酷无情地"抛弃"了她。军情六处官员德斯蒙德·布里斯托当然也是这么认为的。但婀瑞思利的家人却十分坚信这是她自己的决定。婀瑞思利久经世故、雄心勃勃，她早已厌倦了委内瑞拉偏僻地区的农场生活。在瓦伦西亚她看不到自己的未来，而在二战中她已牺牲了自己与家人的感情，她不想再次做这样的事。她与胡安之间的信任问题由来已久。所以她应该是出于个人意愿离开普吉的，带上她的两个儿子和女婴玛丽亚回到了西班牙。

两人的决裂刻骨铭心。婀瑞思利抵达马德里后，普吉偶尔会写信给他的孩子们，但随着时间的流逝，这种信件往来也逐渐疏淡了。

普吉过上了独身的生活。婀瑞思利在马德里开始了新的生活，兼做导游及翻译的工作。她租了一套公寓，然后将其中的几个房间出租给附近英国大使馆的外交官。军情五处还没有完全遗忘她这个人，英国政府派了房客给她，这样她才能得以生存。手头缺钱，加拉加斯的那些舞会、派对和晚礼服现在对她而言只是遥远的回忆。几十年后，她在给孙子的一封不同寻常的信中写道："世界大战一结束，对抗饥饿和贫困的个人战斗就开始了。我的丈夫离开了我，身无分文的我社会地位堪称困窘。我靠着一个女性应有的尊严坚持下来，宁死也不寻求帮助。"

1949年，即婀瑞思利离开委内瑞拉一年之后，英国驻西班牙大使馆找上门来告知了一则官方消息：胡安·普吉在非洲东部的莫桑比克死于疟疾。没人清楚他在那里做了什么，也许他想在一个新的地方寻求自己的生活方式，也许是去追逐另一笔财富，就像他在委内瑞拉所失去的一样。

如今，婀瑞思利成了一名寡妇。普吉，这个曾被她视为自己"命运"的人，撒手人寰。

婀瑞思利对她第一个爱人逝世的感想在新闻中找不到记载。她是否对他们的不欢而散感到后悔？或者，她是否松了口气，庆幸自己没有跟着丈夫去寻求最后致命的探索？不论她作何感想，只有她自己知道。未来数年内，她都没有再提及普吉。

凭借她的努力工作和坚强意志，婀瑞思利挺了过来。她开始在一个名叫爱德华·克莱斯勒的犹太裔美国移民开的纪念品店里工作。店主是一个英俊的前特技演员，曾任无声电影明星鲁道夫·瓦伦蒂诺的替身。很快，婀瑞思利就成了他的私人翻译兼秘书。坠入爱河后，两人于1958年在直布罗陀完婚。婀瑞思利帮助克莱斯勒经营马德里的商店，取得了令人难以置信的成功。后来，他们的经营范围又扩展到西班牙艺术品。克莱斯勒的画廊成为整个乡村中的第一艺术品经销商，婀瑞思利也终于跻身西班牙上流社会的中心。她招待查尔顿·赫斯顿、索菲亚·罗兰、弗兰克·辛纳屈和罗杰·摩尔来到她位于瓦尔迪维亚佩德罗街8号的家中做客，并帮忙招募最负激情的年轻画家来画廊工作。与美国大使馆联系密切的克莱斯勒成了西班牙政坛中的一员：1981年2月23日的一场未遂政变后，他成了此事的调停者，将两个右翼派别聚集在马德里的一

代号"嘉宝"
Agent Garbo: The Brilliant, Eccentric Secret Agent Who Tricked Hitler and Saved D-Day

家豪华酒店里,引导那些西班牙人从失败的尝试中走上全面民主的道路。婀瑞思利的梦想——爱情、家庭、财富、排队、魅力——终于成真。

当被问及普吉和与他生活的那段日子时,婀瑞思利沉默良久后说:"难以言表。"相反,她开始撰写回忆录,讲述她与赌徒同伴的冒险经历。西班牙作家劳尔·德尔·博索承认自己几乎爱上了她,尽管那时婀瑞思利已经年过七旬,但他们的关系从未有何进展。婀婀瑞思利在战时伦敦的生活中确实发生了一些难以置信的故事。她谈到与丘吉尔在白厅办公室会面的场景,描述了他们聊天时丘吉尔的雪茄烟灰掉在他的翻领上,自己就伸手去帮他掸掉。她还谈到某天肯特公爵夫人去她家里领取包裹的场景。

这些都是精彩纷呈的故事,但这些仅仅代表婀瑞思利渴望的生活而非她实际的经历。丘吉尔的秘书记录了战争期间所有丘吉尔的访客,婀瑞思利并没有出现在名单之列。丘吉尔的官方传记作家和其他专家也质疑这场会面是否真的发生过。"普吉一家一直与世隔绝,不为外人所知。"活跃在伦敦外籍人士圈的一个西班牙记者的儿子说道。至于肯特公爵夫人会出入一个毫不起眼的西班牙夫妇家庭这个想法简直难以服人。

但当婀瑞思利讲述她的故事时,你几乎可以看到丘吉尔的黑羊毛套装上的烟灰。

二战结束后,汤米·哈里斯回到他位于西班牙沿岸马略卡岛上的海岸别墅里。尽管英国国王为嘉奖他的贡献颁给他大英帝国勋章,但他想忘记所有关于军情五处、战争和间谍的所有一切。"马略卡岛对他而言是个完美的匿迹之地。"他的侄子说。哈里斯希望思考艺术、创作艺术并过上更惬意的生活。至于他能否如愿就是另一个故事了。

哈里斯的家庭生活常常笼罩在紧张气氛之中。他的妻子希尔达憎恶马略卡隐世且无聊的生活,两人常常陷入大吵大闹和酒后斗殴中,朋友们闻讯都心惊胆战。他的朋友德斯蒙德·布里斯托回忆起他们夫妻二人一次大摔碗碟过后的场景:"希尔达开始歇斯底里地大哭起来……汤米坐在凳子上,双手不停地抓着他的头发。'哦上帝!德斯蒙德,很抱歉让你看到这副场景。'"他们问希尔达是什么原因引起争吵,她回答说"菲尔比",简直让人摸不着头脑。

艺术是哈里斯的安慰,是他的避难所。他写的关于西班牙大师的文章深刻而尖锐,他的《戈雅、雕刻和石版画》(*Goya, Engravings and Lithographs*)仍被视为艺术家绘画作品研究的最佳读物之一。他还喜欢画画,经常从早上 7 点画到晚上 11 点。他的作品往往主题苍凉:尸体、十字架上的耶稣、绿得病态的风景,尽管画得很好,效果上却几乎令人作呕。1954 年,在哈里斯的作品展上,评论家们发现他画中的苍凉感是一种挑战。"如果作品被画在碎玻璃上,那种脆弱性也几乎不会有更大程度的提升。"

但是除了婚姻失败以外,还有其他事情困扰着汤米·哈里斯。他去马略卡岛是为了寻求光明与独处,但是战争一直跟随着他。当他的别墅需要重装电线时,前来维修的电工居然是曾在马德里负责查收嘉宝消息的阿勃维尔无线电话务员。据报道,这个西班牙情报人员一直密切关注着哈里斯,怀疑他是苏联间谍,并认为他选择海滨别墅不是因为喜欢海风,而是为了那里沿着海岸、冒着蒸汽行驶的美国第六舰队。

哈里斯连同他的朋友安东尼·布伦特和金·菲尔以及其他两个叛徒,他们是剑桥间谍圈中声名狼藉的"五人组"吗?他给菲尔比的儿子支付了学费,甚至当菲尔比不愿意写回忆录时将 3000 磅的预付款退给了英国出版商。他还在梅林达·麦克林叛逃到苏联前见过她,她是苏联间谍唐纳德·麦克林的妻子。伦敦的小道消息指出哈里斯是剑桥集团的军需官。"作为一个艺术品经销商的他拥有完美的掩护,"一个艺术专家说,"他尽可处理大笔金钱却不会招致奇异的目光。"哈里斯的展会上挤满了记者,并不是因为他的画,而是因为他的恶名。

谣传所言为虚,哈里斯并不是所谓的第五人,但质疑仍纠缠着他。他咨询了心理医生,然后给他戈雅的石版画用来抵医疗费。"他情绪焦躁不安、变化多端。"哈里斯的侄子说。"希特勒所做的一切深深地影响了他。"他们家的一个世交安德鲁·豪梅说,"我认为是战争把他给毁了。"

代号"嘉宝"
Agent Garbo: The Brilliant, Eccentric Secret Agent Who Tricked Hitler and Saved D-Day

最终，一个与艺术相关的差事导致了他的死亡。一天，哈里斯和希尔达在一家马略卡岛餐馆与诗人兼小说家罗伯特·格雷夫斯共进午餐，两人喝得昏天黑地后开着崭新的雪铁龙去取一件烧制好的陶器。如往常一样，这对夫妇中途又开始争论起来。哈里斯的车失去了控制，驶出了弯曲的道路后撞上一棵树，是经常作为主题出现在他画作中的他最喜欢的杏仁树。这个优雅的前间谍当场被甩出车外。当希尔达跑到他身边时，他的鞋掉了，嘴巴和耳朵里都流出了血，已经奄奄一息。"我也说不清这事究竟是怎么发生的。"她说。

神秘的死亡让哈里斯身边的反共主义者兴奋得歇斯底里。他死时仍然陷在他和嘉宝创建的间谍世界中。情报界的一些人士说像他这样如此擅长间谍工作的人永远无法真正放弃这项事业。

有关他的档案中留下的还有关于他的一幅白、绿色调绘画作品的评论，一个评论家证实这幅画中"鲜艳耀眼且眼花缭乱的精密程度令人叹为观止"。这幅作品名叫《胡安的画像》（*Portrait of Juan*）。哈里斯可能是在南美替普吉画的，因为在那里他至少见过普吉两次。

如今，这幅画已经失传了。

二、"嘉宝"归来

1984年，一个老人漫步穿过加拉加斯附近的特立尼达。他是一个72岁、脑袋秃顶、慈眉善目的退休人员，伴随着他的是一个比他年轻得多的妻子，性情温和、体态丰腴。两人一起漫步在毫不起眼的中产阶级社区的低层住宅间。这个老人为当地人所熟知，被公认为溺爱孩子的父亲，经常拍摄他们一家去委内瑞拉海岸远足的画面，他会对着镜头挥手，和他年幼的孩子一起蹦蹦跳跳，幸福的笑容写在他的脸上。每到夜晚，他偶尔会看看电视体育，尤其喜欢足球和奥运会。有时他会和加拉斯加的其他西班牙流亡者聚会。在那里，由于他政治性质的混乱及非常规性，他被称为"无政府主义者"。为人开朗却颇具威严的他喜欢在闷热的晚上与朋友聚会，在晚饭后喝一杯茴香酒，玩桥牌游戏——从他父亲那里学到的游戏。

被军情五处掩藏了近四十年，胡安·普吉实际上还活着，并且在委内瑞拉生活得很好。

普吉的死亡是一个假象，这也是嘉宝的最后一个行动。这样做的目的是想把所有可能想报复他的纳粹支持者引入圈套，毕竟纳粹的报复是普吉战后生活中最担心的问题。费德里科，普吉在阿勃维尔的前操控者造成了他的伪死亡。1948年5月，普吉的内兄收到来自费德里科的一封信，要求得到普吉的联系方式，却未作出任何解释。婀瑞思利的哥哥将这则消息传递给了普吉。

普吉给费德里科回了信，但再没有听到回音。这使他焦虑万分，他

代号"嘉宝"
Agent Garbo: The Brilliant, Eccentric Secret Agent Who Tricked Hitler and Saved D-Day

联系了汤米·哈里斯想看看自己到底能做什么。（普吉从未相信哈里斯是苏联间谍的谣言，顺便说一句："如果他曾为苏联工作过，我早就知道了。"）"我恳求他告诉每个问起我的人说我已经死了，"普吉回忆道，"不要留下任何痕迹，因为我仍然希望被保护不受纳粹迫害。"因此，哈里斯让嘉宝"死于"安哥拉的一场疟疾（而不是像那个驻西班牙的英国大使告诉婀瑞思利的那样在莫桑比克）。后来，谣言将他的死亡归咎于被毒蛇咬伤。通过军情五处和英国外交部的各级官员，他将这些消息散播了出去。

至于婀瑞思利，她早已看穿了该计划。也许见识了普吉在020营地的表演之后她就识破了，但她从未相信普吉死于疟疾的事。1957年，她甚至写信给她前夫，向他提出离婚，这样她就可以嫁给爱德华·克莱斯勒。

1948年，婀瑞思利回到了西班牙，普吉也在他36岁时从零开始，重建新生活。他遇见了一个比自己年轻二十岁的女人卡门·西莉亚·阿尔瓦雷斯，她是金丝雀岛民中的一个混血后裔，在西班牙是众所周知的美女。两人于1959年在墨西哥结婚后生了两个儿子——卡洛斯·米格尔和胡安·卡洛斯，还有一个女儿玛丽亚·艾琳娜。普吉经营了一个报摊维持一家生计但最终去了马拉开波的壳牌石油公司上班，教委内瑞拉工人英语，教外国员工西班牙语。在拉瓜尼拉斯的度假小镇，他还在一家豪华酒店里开了一家小纪念品商店——颇具讽刺意味的是，婀瑞思利也曾有过短暂却同样的业务经历。他的铁十字勋章一直收藏在褪色的丝绸盒子里，有一次他的朋友无意中看见了它，普吉解释说，"噢，那是我在战争期间赢得的奖牌。"除此之外，再没有说什么。

他最后一次尝试独立经商是经营一家名叫玛丽赛尔（Marisel，意思是"海洋与天空"）的酒店。酒店位于从前科隆尼的种植园小镇上，那里几乎没有任何道路可以输送游客出入——如他以往所做的风投一样，普吉又一次惨烈失败。镇上的孩子们还能回忆起普吉在酒店的小型影院里放映的电影，那是他在西班牙的老年生活最后残留的记忆，但也和他的生意一样，最后消失得无影无踪。他所选的那个小镇在今天已拥有数十家酒店，成了一个著名的旅游景点，可惜他生活的时代过早，无法经营得这般兴旺。虽然经历了这一切失败，但是普吉从未愤世嫉俗。相反，他经常给穷人送去食物，还是一个虔诚的基督徒，直到玛丽亚·艾琳娜给他生了孙子，普吉才痛苦地放弃了信仰。

就这样，二战期间最伟大的间谍隐姓埋名，离群索居，他的劣迹除了家人以外，他再没有告诉其他人。"我想忘记所有关于战争的一切。"他说。他的生命中从未有一个角色能与"嘉宝"的工作相提并论，他丰富多彩的想象力在其他任何职业中都未发挥作用。他努力工作，供养一个家庭，偶尔旅行到巴塞罗那看看他的弟弟妹妹。婀瑞思利从未谈起过他与他们孩子间的事情，但是，被母亲带大的儿女们都相信普吉多年前就已经死了。普吉还悼念他的朋友汤米·哈里斯："从一开始我就很喜欢（他），不仅是因为他跟我握手时的那种坚定，还因为伸手搂住我的肩膀以示保护的那种感觉。"

和哈里斯一样，战争从未离开过普吉，它已把普吉彻底改造成双面间谍。"他对安全的狂热是所有间谍都拥有的。"一个记者回忆道。在咖啡馆，他会背靠着墙、面朝着入口坐下，这样他就可以观察每个出入的人。他从来不会留下电话号码，也不会透露自己是从哪里打来的电话。走访西班牙时，他住的酒店总是靠近机场，"以防不得不迅速逃离该地"。当他探望巴塞罗那的家人时，他总会前往领事馆谈论一些他不会谈论的神秘业务，并拒绝透露自己在委内瑞拉的具体住址和家庭信息。对此他所编造一个借口就是"地址非常难写"。他递给他们一张写有一个邮政信箱的纸。当他想寄信时，他也会绕过途中的十个邮箱来到中央邮局寄信。这些邮政信箱的安全性难以让他放心。

普吉在巴塞罗那的家人深深地爱着他，但毫无疑问，叔叔胡安是个与众不同的人。"我们觉得很奇怪，一个正常人是不会做这些事的。"他的侄子承认道。后来他的侄子才意识到，事实上，他的叔叔是两个人："他的身体里既有胡安·普吉，也有嘉宝。胡安·普吉是与我们相亲相爱的亲人。"但对于嘉宝，他们却一无所知。

1973 年，普吉在委内瑞拉的小儿子胡安接到了父亲打来的电话。两个带有英国口音的陌生男子突然打电话给老胡安，要求在加拉加斯的一

代号"嘉宝"
Agent Garbo: The Brilliant, Eccentric Secret Agent Who Tricked Hitler and Saved D-Day

家酒店会面他。小胡安知道他的父亲在二战中的冒险经历，那些事情已经成为了他童年的一小部分。但很难想到这个绅士曾在伦敦参与了间谍游戏，与纳粹分子斗智斗勇，因为普吉看起来不像是一个通晓欺骗艺术的人。"他是一个非常单纯的人，一个可敬的人。如果他打算要做什么，他就去做了。"

这个秘密只乍现过几次。其中一次，是当小胡安在密西西比州读大学时。那时他开始与一个当地女孩谈恋爱，然而事实上，女孩的继父不喜欢拉丁美洲人或是任何皮肤黝黑的人。"他非常古板且有很深的种族意识。"当胡安的父亲来看望他时，他提到自己与女友的继父之间的问题。这件事伤害了这个前间谍。不久之后，在儿子女友的家人共进午餐时，普吉倚靠着餐桌与女孩的继父当面交谈。"他告诉女孩的继父自己在战争期间所做的事，包括是如何欺骗德国从而拯救了成千上万美国人的生命。"继父静静地听着故事，"不敢相信"坐在对面的这个带有奇怪口音的西班牙人正是帮助拯救诺曼底登陆行动的英雄。

现在，往事又在这两个英国间谍身上重现了。在电话里，普吉让他的儿子过来酒店帮忙，以防意外发生。至于到底会发生什么意外，普吉却不能说。经过深思熟虑，这个年轻人担心了起来。南美洲是战后纳粹分子逃离德国之后的聚集地。如果这是一场预谋怎么办？如果他的父亲最终还是要因为他四十多岁所做的不可告人之事被暗杀怎么办？胡安决定做好充分准备——他找到一个朋友借了一把枪。

胡安随同父亲一起抵达了酒店，普吉上前会见两个英国间谍。楼下，胡安感到口袋里的手枪的重量，随着大堂的时钟一分一秒地数着时间。"如果超过三十分钟，你就上来。"他父亲曾交代过他。五分钟过去了，没有他父亲的任何迹象，紧接着十分钟很快又过去了。大约在普吉进去二十五分钟后，胡安感到自己的神经已疲惫不堪以至于他已经完全忘记了会面的房间号。他急忙跑到前台查询到房间号码，然后直奔电梯跑去，口袋里的枪拍打着他的大腿。他按下了右边楼层的按钮，电梯箱一路下降到地下室就停止了。带着一丝恐慌，胡安乘坐电梯上了楼，找到了房间，猛地推开门冲进去——里面竟空无一人。

第四章 功成身退

后来,他在大厅楼下找到了他的父亲。原来那两个间谍是来自加拉加斯英国大使馆的官员,想找普吉讨论一些关于军情五处的事,并没有纳粹刺客在跟踪他。庆幸的是,该机构的档案中并没有揭示普吉的真名。

多年来,嘉宝的身份被二战的间谍史学家奉为圣杯。间谍塞夫顿·德尔马——在英吉利海峡可以燃烧起来的谣言蔓延到整个欧洲大陆后教德国人用英语说"我烧着了"的人——撰写了一本名为《冒牌间谍》(*The Counterfeit Spy*)的作品,其中描述了一些欺骗行动的细节,给普吉取了代号"卡托"(Cato)。但大多数人认为真正的普吉已经死了很久了。即使是那些曾与他密切合作的军情五处官员,如西里尔·米尔斯、德斯蒙德·布里斯托、塔尔·罗伯逊,也相信他已在安哥拉丛林中死于疾病。知道普吉真相的人可谓屈指可数。

然而,英国情报史学家奈杰尔·韦斯特却因个人原因成功找到了嘉宝其人。1972年,在阅读了约翰·麦斯特曼关于二战的欺骗行动的记录后,他开始寻找这个传奇双面间谍。韦斯特曾两度以为自己找到了真正的嘉宝,但两次他找到的人都终被证明与此事无关。然后,在1981年,韦斯特采访了汤米·哈里斯的朋友兼剑桥间谍圈成员安东尼·布伦特。布伦特在他出版的一本书中提到了嘉宝,韦斯特要求他透露更多的细节。但布伦特只回忆起一个:嘉宝曾使用过胡安或何塞·加西亚这两个名字。

韦斯特在他撰写的关于军情五处的书中提到了嘉宝的名字及他的故事。军情五处的一个前成员在马拉加——西班牙南部的沿海城市,到处装点着酒吧和英国退休人员喜爱的卖炸鱼和薯条餐馆——无意中看到了这本书。当年第一个盘问普吉的官员德斯蒙德·布里斯托看了这本书后给韦斯特写了封信,描述他四十多年前在克雷斯皮尼街35号的房子里遇到的那个西班牙年轻人。当韦斯特飞往西班牙后,两个英国人相遇了,布里斯托揭露了嘉宝的真名——胡安·普吉·加西亚。

韦斯特觉得胜利在望了。他雇用了一个西班牙研究人员给巴塞罗那电话簿上每一个叫做胡安·普吉·加西亚的人打电话。研究人员在这些男男女女接起电话时都问了他们三个问题:知道胡安·普吉·加西亚这

代号"嘉宝"
Agent Garbo: The Brilliant, Eccentric Secret Agent Who Tricked Hitler and Saved D-Day

个人吗？他是六七十岁的人吗？二战期间他在伦敦吗？几个星期过去了，这个调查员问遍了电话簿上的每个同名者。但每个电话都给出了相同的结果：没有一个四十多岁时曾在英国待过的老年胡安·普吉·加西亚。对于多年来探索嘉宝的韦斯特而言，事情再次陷入僵局，尽管整个过程中都充斥着这种状况。

然而，在回想电话访问时，那个研究员记起有个人似乎表现得和其他所有人不太一样："电话里的那个人太年轻了，不可能是我们的目标，但他不停地问我问题。在进行了那么多无果的对话后，这一通与众不同的电话却清楚地记在我脑海里。"电话那头的年轻人要求知道是谁在寻找胡安·普吉·加西亚以及寻找他的理由。

韦斯特敦促调查员再次尝试拨打电话，经过一系列充满戒备的对话过后，电话那头的人终于惊人地承认道：他是胡安·普吉的侄子，几年前他曾收到一张他叔叔发来的明信片，上面盖有委内瑞拉的邮戳，但是他已有二十年没见过他了。

1984年，随着诺曼底登陆胜利四十周年纪念日的临近，韦斯特邀请塔尔·罗伯逊、西里尔·米尔斯和德斯蒙德·布里斯托等人——所有知道嘉宝真实身份的人，以及所有以为嘉宝在几十年前就死于安哥拉丛林的人——来到伦敦特种部队俱乐部会见"真正的嘉宝"。前情报官员都一致认为韦斯特又要再次做傻事了。"我已经错了两次了。他们可能以为过来后喝杯免费饮料就该走了。他们认定我从南美洲带回来的这个人肯定又是个冒牌货。"

到了约定的时间，胡安·普吉走进了房间。在场的人沉默地研究着这个站在他们面前的老人的特征。终于，西里尔·米尔斯大喊道，"我不相信！怎么会是你？你不是死了吗？"塔尔·罗伯逊放声大哭起来，几个官员一齐跑过去拥抱这个身材矮小的西班牙人，普吉的妻子卡门·西莉亚在一旁看着。这个军情五处前间谍，在与众官员分隔了四十年后"互相拥抱着，就像进球后紧紧抱作一团的足球运动员一样"。目睹着这一切的韦斯特认为这是"我一生中见过的最值得纪念的一幕"。

从一开始就一直站在那里、意志坚强的德斯蒙德·布里斯托，虽然拥抱着普吉,还是想不明白他到底是谁。普吉究竟是伟大的英雄还是卑鄙的骗子?"普吉身上发生过一些非常奇怪的事……直到今天我还不清楚他(参与间谍工作)的原因。"布里斯托与娴瑞思利在战后的友谊使他对这个男人深感失望。"我父亲在某种程度上很尊敬他,但就个人角度而言,他并不喜欢普吉。他认为普吉是个冷漠无情、精于算计、我行我素的人。"布里斯托的儿子比尔说道。

但是布里斯托以外的世人却不这么想。普吉在英国乃至世界人民的眼中是二战中最伟大的英雄。《星期日邮报》(*Mail on Sunday*)发布了《死而复生的间谍》(*The Spy Who Came Back from the Dead*)这样的一篇报道。一份报纸刊登了电视广告上说的:"你听说过艾森豪威尔将军,你听说过蒙哥马利将军,但在本周日我们将揭露给诺曼底登陆的成功创造可能性的第三人的名字。"普吉受邀到白金汉宫被正式授予大英帝国勋章,在那里他见到了爱丁堡公爵以及伊丽莎白二世的丈夫,后者问普吉是什么原因驱使他自愿拯救英国、解放全世界。"我只知道纳粹必须被摧毁,"普吉回答道,"而且我知道他们只能从内部被摧毁。"在旋风般的访谈和个人会议中,普吉一遍又一遍地强调一点:他获得的最大满足并不在于意识形态或民族主义方面,而是来源于知道他能够挽救成千上万人的生命,包括那些本会牺牲的德国士兵。如果诺曼底登陆失败了,战争就会比实际多持续几个月乃至几年时间。

然后,整个奥马哈海滩都被这个前间谍所震惊了。韦斯特带着普吉到那里追忆诺曼底登陆的部分情节。那里的沙滩上挤满了10万名游客,其中有许多是曾经参与诺曼底登陆的美国和英国的退伍军人。当普吉参观成千上万死于不远处海滩上的军人墓地的遗像时,他不禁开始哭泣。他跪在沙滩上画了一个十字,然后低下了头。韦斯特记得他们以为来诺曼底是来庆祝的,却不想这里其实是普吉的伤心地。等普吉终于站起身来走近韦斯特时,他只说了一句话:"当年我做的还不够。"

但很快,有关这个矮小的西班牙人的真实身份就在奥马哈海滩传得沸沸扬扬。一个美国上校在海滩上接受采访时被问到是否听说过代号"嘉宝"的间谍,他回答道:"是的,我听说过那个先生。"记者说:"嗯,

代号"嘉宝"
Agent Garbo: The Brilliant, Eccentric Secret Agent Who Tricked Hitler and Saved D-Day

他现在就站在你身边。"上校转过身拥抱了普吉。另一个士兵牵着普吉的手走到一群老兵中间说："我很荣幸向你们介绍嘉宝，一个救了我们性命的男人。"老兵们一拥而上与他握手，他们的妻子儿女们也上前拥抱并亲吻了他，一众人都流下了眼泪。"这真是太令人激动了。"普吉回忆道。看着这些人过上了殷实的一生，娶妻生子，进而抱上孙子，而这都归功于他和汤米·哈里斯所做的努力，那种幸福之情和心照不宣的欢乐全写在普吉的脸上。这些士兵中也有当年他在伦敦的公园散步时所遇到的那些漫步者，他们的守护天使一直在为他们的解脱祈祷着。

普吉的再度出现笼罩在人们热烈欢迎的光芒之中，却也暴露了伦敦故事的黑暗结局：这么热心和平事业、深爱父亲和家庭的人怎么会几十年来都离群索居，无法与自己的孩子团聚呢？这是这个神秘间谍一生中最后的秘密。

当他看到英国报纸头条时，普吉询问韦斯特这些新闻是否会传到西班牙。韦斯特告诉他这是当然的，因为他是全西班牙最伟大的二战英雄。你将变得无人不知、无人不晓。

普吉开始紧张起来。即使这么多年过去了，他仍害怕新旧纳粹分子知道他的名字。事实上，当他在庆祝完诺曼底登陆后回到委内瑞拉，就有五个"金发碧眼、酷似日耳曼人的"美国光头党在此出现，寻找当年背叛了希特勒的人。"各种威胁、恐吓电话一再打来，撂下了各种狠话。"他只好求助市长赶跑这些暴徒。

但是普吉还有更深一层的恐惧。"他告诉我他的一些西班牙家人并不知道他还活着。"韦斯特回忆道。而现在，他的孩子们应该会知道有关他的秘密。

1984年6月，马德里。由婀瑞思利所生的普吉的长子胡安（他和卡门·西莉亚所生的小儿子同名）正在洗手间洗漱准备开始新的一天。这时收音机里宣布一个失踪多年的西班牙战争英雄再次露面了。当播音员念出那个人的名字时，胡安霎时愕然，一动不动。他打电话给他的哥哥、姐姐和家里每个能够联系到的人。几乎在同一时间，普吉的妹妹艾琳娜

第四章 功成身退

正在巴塞罗那乘坐地铁，一个同事发现了一篇关于一个加泰罗尼亚间谍拯救了诺曼底登陆的报道。艾琳娜四下扫了一眼报纸，看到了她的哥哥的照片，她盯着照片陷入了震惊之中。婀瑞思利也在一份西班牙报纸的头版上看到了普吉的肖像。"她在床上躺了三天。"她的孙女回忆道。初恋的再现对她的震撼直捣内心。

普吉与他在西班牙的孩子们的再聚首被安排在巴塞罗那的马捷斯特饭店。见面之前，婀瑞思利给她的孩子——胡安、豪尔赫和玛丽亚一个忠告："不要揭开旧伤疤，"她告诉他们，"他说什么就听什么。"当孩子们和父亲再次相见，他们冲向彼此、抱作一团、号啕大哭。普吉对于错过他们的人生深表歉疚，并和孩子们一起度过了愉快的几个小时。但他从未对失踪的那几十年作出解释。

因为得不到解释，普吉的孩子们只能猜测。他的长子摊开双手表示无奈——在伦敦爆炸事件和嘉宝冒险期间他还只是个男孩。"也许他觉得自己无法为我们做任何事。"胡安·普吉为儿子提供了良好的教育，但普吉自己却没有钱维持家庭生计。也许想起两手空空出现在马德里的往事伤他太深。普吉生活在一个普遍认可父亲应该养活家庭的时代和西班牙社会阶层中。但他的手头太过于拮据，难以为孩子们提供教育。普吉失踪的另一个可能因素是纳粹报复——他由衷担心这一点。对他而言，与家人保持联系也许就意味着将他们置于危险境地。

在与家人重聚后的几年内，普吉给他的孩子和孙子们写了几封长长的充满爱和遗憾的信。"命运的插手是一件最痛苦的事。"他写信给儿子豪赫尔时提到了婀瑞思利把他和他的弟弟妹妹带去西班牙的场景。"我简直想死。"但他从未给过完完整整的解释。"我一直是一个好父亲，但是对此我不愿再多言，因为它已经过去了，这使我非常难过。"另一封信中则包含了更多的提示："我不怎么谈论自己的个人感情。我的人生一直充满着事件、耐心、幻想、苦难和欺骗。"

对于婀瑞思利的孩子们而言，没有父亲的那几十年仍然使他们感到伤痛。即使到了今天，他的长子一谈论到普吉时就泣不成声，尽管他公开发誓自己并不觉得痛苦。不过，那些信确实帮助修复了被父亲遗弃的

代号"嘉宝"
Agent Garbo: The Brilliant, Eccentric Secret Agent Who Tricked Hitler and Saved D-Day

深深伤口。信写得十分凄美，充满了拾回逝去时光的渴望。"今天，和昨天无异，与往常一样，你的信件仍是滋养这个老人健康的爱与快乐的源泉。阅读你的信件如同接收新的能量，你的爱让我重新活了过来。我很高兴你还记得……我非常地爱你，我也很难过自己不能够与你共享更多的年华。"

但在阅读信件时，他的家人也一定知道，在某些方面，这个资深的谎言家也有着不实之言。长长的信件、充满激情的内容、发自遥远的流亡地——难道这与对付阿勃维尔的方法不是异曲同工吗？难道这些信件不正如一个见过普吉的西班牙记者所说，产自"伟大的伪装者、无可匹敌的喜剧演员"笔下吗？难道那些细节不是处处都略显粗略吗？他写道，在新纳粹分子来寻找他之后，他"必须消失一段时间"，所以不能写信。然而他在委内瑞拉的孩子们却不记得有过这样的消失。即使面对的是人生中最痛苦的一件大事，难道普吉没有可能忍不住创作一两个戏剧性的细节吗？

但他的孩子和孙子并不在乎这点。他们接受普吉并欢迎他回到他们的生活中。那些信送到了与之相配的人手中，这些孩子富有同情心、风趣幽默、性情温柔且受过重创。即便普吉所言是借口也是充满了温柔的。他的孩子对普吉敞开怀抱，普吉也用爱来回报他们。"他用书信诱使我们接纳他。"他的孙女毫无遗憾地承认道。

普吉从未停止做回普吉。在他公开亮相后来到西班牙时，一个女人看到了这个老间谍正在接受采访，她走过来问普吉他是谁。"我是一个著名作家。"他若无其事地回答道。采访者盯着他觉得又惊又好笑。普吉在为西班牙报纸《国家报》（*El País*）照相时戴着一顶军帽，双手各握着一只手榴弹，重现他在内战期间玩命地逃离共和党边线的场景。在德国驻马德里大使馆里，他爬上楼梯脸上露出微笑，眼里闪烁着戏谑的光芒。经历多次为人文主义和那些无辜的穿着制服的男孩冒生命危险之后，很明显可以看出，愚弄纳粹给普吉带来了邪恶及无止境的快感。

婀瑞思利也未能逃脱他的恶作剧。当他看到自己在西班牙的孩子们生活得那么好，他转向她问道："我们为什么不复婚？"（全然不顾他们都已各自同别人幸福地结婚了。）这一次，婀瑞思利语塞了。后来她跟孩子们重述了这个故事后只说了一句："你们的父亲是个疯子。"

四十年前，普吉在克雷斯皮尼街办公室里跟听取他报告的官员讲过一个故事，那是关于他的兄弟华金和可怕的盖世太保的屠杀的故事，汤米·哈里斯一边听着，一边清楚地看到这个西班牙人英俊的脸上的每一下抽动。这个善意的谎言让普吉将他的幻想与现实世界的战争和间谍活动联系到了一起，使他走出童年梦想的领域，在人生中进入到一场伟大的戏剧里。但他在想象中也仍固执己见——他保留使用自己认为合适的手段的权利。普吉有一种直觉，他坚信自己无论有多少秘密公诸于世，它们终归是属于他的，而且仅属于他一个人。

1988年10月10日，胡安·普吉中风后死亡。他葬于科隆尼，正位于他女儿的旁边。该地位于委内瑞拉的亨利·毕迪尔国家公园，这里林立着郁郁葱葱的森林，沐浴着加勒比海带来的暖雨。墓地缺乏维护长出了不少野草。许多坟墓上的字迹已斑驳。然而，普吉的墓碑却依然保持原样，上面有一句简单的题词——"爱妻、孩子和孙子缅"，还有他的名字、出生日期和去世日期。

除了"慈爱的父亲"和"尽职的丈夫"这些常用的陈词滥调，还有什么词可以确切描述普吉的一生呢？空白的墓碑才是他的成就的真实写照——最好的间谍存于沉默。

附录一　情报机构

APPENDIX A: ORGANIZATIONS

阿勃维尔（Abwehr）：纳粹德国军事情报局，成立于1921年，负责人事和情报工作。

BiA：军情五处下属部门，"管理"英国境内所有受管制的间谍。

德国最高指挥部（German High Command）：协调德国海、陆、空三军及国防军军事行动的军职人员。

伦敦控制站（London Controlling Section）：成立于1942年6月，是联合规划署的下设部门之一，负责制定及规划战略欺骗策略。

军情五处（MI5）：英国国内反情报及安全机构。

军情六处（MI6）：英国秘密情报局，负责国外情报运作。

SD：帝国保安部（"特勤局"），党卫队及纳粹党的情报组织。

陆军部（War Office）：负责管理英国陆军的政府机构。

双十委员会（XX Committee）：给英国境内的双面间谍提供信息服务的机构，主席为约翰·塞西尔·麦斯特曼。

附录二 "嘉宝"间谍网
（纯属虚构）

APPENDIX B: THE GARBO NETWORK
(ENTIRELY FICTITIOUS)

J（1）：英国与葡萄牙间的普通航班飞行员，嘉宝的情报员。

J（2）：英国皇家空军官员，"无意识的通敌者"，在海德公园用火箭炮发送情报信息。

J（3）：英国信息部西班牙分部头目，另一个"无意识的通敌者"，嘉宝最重要的线人之一。德国人以为他是该部门的真正头目W.B.麦肯。

J（4）：英国信息部审查员。

J（5）：战争部秘书处秘书，嘉宝的情人。

No.1：名叫"卡瓦略"（Carvalho）的葡萄牙旅行商人，在德文郡和康沃尔郡汇报工作。"一个隐形人"，报告略显懒散、随意。

No.2：英国人威廉·马克西米利安·戈伯，祖先是瑞士－德国人，"马耳他护航队"报告的源头，首次向英国揭示普吉的行动。

No.2（1）：2号间谍威廉·戈伯的遗孀，被招募到间谍网中担任无线电操作员，并充当嘉宝及其线人的"中间联络人"。

No.3：受过大学教育的委内瑞拉人，绰号"卡洛斯"（Carlos），是嘉宝间谍网的主要副手。

No.3（1）：皇家空军的士官，驻扎在格拉斯哥。负责购买飞机识别手册，后来这些手册被2（1）号间谍藏入烤蛋糕里。

No.3（2）：英国步兵第四十九师中尉，主要参与火炬行动。

No.3（3）：驻扎于格拉斯哥的希腊商船海员，狂热的共产主义者，

代号"嘉宝"

Agent Garbo: The Brilliant, Eccentric Secret Agent Who Tricked Hitler and Saved D-Day

主要参与坚忍行动。

No.4:"弗雷德"(Fred),来自直布罗陀的服务员,对赫斯特洞穴计划起到了至关重要的作用,后来参与了南部坚忍行动。

No.4(1):左倾技术员,帮助嘉宝获得了一台无线电装置。

No.4(2): 失败了的赫斯特洞穴计划(Chislehurst Caves plot)的守卫,4号间谍的情报提供者。

No.4(3):美军士官(NCO),协助4号间谍工作,是美国第一集团军多数情报的提供者。

No.5:3号间谍委内瑞拉人的兄弟,一个"性格浮躁"的人,迁移到加拿大前曾在英国和威尔士南部海岸散步。

No.5(1):旅行商人,5号间谍的表兄弟,从位于布法罗的家中传递美国国民的情报信息。

No.6:绰号"迪克"(Dick),南非语言学家,带有强烈的反共意识。现实中他的抄写员在一次飞往苏格兰的旅途中遇难,因而在间谍网中被扼杀。

No.7:威尔士的船员,人称"斯丹利"(Stanley),后成为嘉宝联络网中的线人头目之一。

No.7(1): 英国装甲师("熊猫")第九师士兵,曾参与了斯塔基行动。

No.7(2):退休的威尔士海员,雅利安世界秩序联盟的创始人,南部坚忍行动的主要参与者。

No.7(3):雅利安世界秩序联盟的英国秘书,7(4)号间谍的情人,后迁移到印度。

No.7(4):印度诗人,雅利安法西斯分子,人称"破布",在诺曼底登陆的预备阶段从布莱顿发送报告。

No.7(5): 威尔士商业公司雇员,主要监视陶顿和埃克塞特地区。

No.7(6):低级间谍,法西斯分子成员,从斯温西发送报告。

No.7(7):雅利安世界秩序联盟财务主管,从哈维奇地区发送军事动态报告。

致　谢

ACKNOWLEDGMENTS

我想感谢普吉和克莱斯勒两家人的慷慨协助，让我全面拜阅了胡安·普吉的信件，并无所不谈地向我介绍了他的生平。塔玛拉·克莱斯勒（Tamara Kreisler）特别亲切地欢迎我到她家做客，分享有关她家人的回忆。没有她的帮助，我无法完成这本书的写作。

还有在马德里孜孜不倦地为我翻译并协助我的研究工作的泰莎·艾斯特维斯，她对这本书的著成做出了重要贡献。她的丈夫理查德也不辞辛劳地通阅了译稿和最后的手稿。对他们的辛勤工作和友情帮助，我深表感谢。

汤米·哈里斯的侄子何塞·安东尼奥·布赛斯的亲切接待，让我得以阅读到他的档案，从而加深我对这位杰出英雄的理解。

另外，撒迪厄斯·霍尔特在欺骗行动的主题写作上给了我不可或缺的建议，对我的每个问题总是给予热心而完满的答复。奈杰尔·韦斯特也十分友善地谈论了他对普吉的寻找过程，并提供了他对于二战时期情报机构的见解。

非常感谢委拉斯开兹街楼上的邻居杰莎和马里亚诺·法兹热情欢迎我们去马德里。

感谢我的编辑布鲁斯·尼科尔斯以他清晰的视角完善了本书。感谢我的经纪人斯科特·威克斯曼从一开始就看到了我的创作潜力。

最后，我要再次感谢玛丽、亚瑟和戴尔芬，与我共享冒险之旅，我爱你们。

参考文献

BIBLIOGRAPHY

Ambrose, Stephen E. *D-Day*. New York: Pocket, 2002.
——. *Eisenhower: Soldier and President*. New York: Touchstone, 1990.
Andrew, Christopher. *Defend the Realm: The Authorized History of MI5*. New York: Knopf, 2009.
——. *The Secret Service: The Making of the British Intelligence Community*. London: Heinemann, 1985.
Breuer, William B. *Hoodwinking Hitler: The Normandy Deception*. New York: Praeger, 1993.
Bristow, Desmond, with Bill Bristow. *A Game of Moles*. London: Little, Brown, 1993.
Brown, Anthony Cave. *Bodyguard of Lies*. Guilford, CT: Lyons Press, 2002.
Burns, Jimmy. *Papa Spy: Love, Faith and Betrayal in Wartime Spain*. New York: Walker and Co., 2009.
Cameron, Norman, and R. H. Stevens, trans. *Hitler's Table Talk, 1941–1944: His Private Conversations*. New York: Enigma Books, 2000.
Carr, Raymond. *The Spanish Tragedy*. London: Weidenfeld, 1993.
Carter, Miranda. *Anthony Blunt: His Many Lives*. London: Pan Macmillan, 2002.
Churchill, Winston. *The World in Crisis, 1911–18*. New York: Simon and Schuster, 2005.
Crowdy, Terry. *Deceiving Hitler: Double-Cross and Deception in World War II*. London: Osprey, 2008.
Cumming, Michael. *The Starkey Sacrifice*. Phoenix Mill, UK: Sutton, 1996.
Delmer, Sefton. *The Counterfeit Spy*. New York: Harper & Row, 1971.
D'Este, Carlo. *Decision in Normandy*. New York: Harper Perennial, 1994.
Farago, Ladislas. *The Game of the Foxes*. New York: Bantam, 1973.
Graham, Helen. *The Spanish Civil War: A Very Short Introduction*. Oxford, UK: Oxford University Press, 2005.
Harris, Tomás. *Garbo: The Spy Who Saved D-Day*. Bath, UK: Bath Press, 2000.

Helm, Sarah. *A Life in Secrets: Vera Atkins and the Missing Agents of WWII.* New York: Anchor, 2007.

Hesketh, Roger. *Fortitude: The D-Day Deception Campaign.* Woodstock, NY: Overlook, 2000.

Holt, Thaddeus. *The Deceivers: Allied Military Deception in the Second World War.* London: Phoenix, 2005.

Howard, Michael Elliot. *British Intelligence in the Second World War: Strategic Deception.* London: Her Majesty's Stationery Office, 1990.

Irving, David. *Hitler's War.* New York: Avon, 1990.

Johnson, David Alan. *Righteous Deception: German Officers Against Hitler.* Westport, CT: Praeger, 2001.

Juárez, Javier. *Juan Pujol, el espía que derrotó a Hitler.* Madrid: Ediciones Temas de Hoy, 2004.

Kahn, David. *Hitler's Spies.* New York: Macmillan, 1978.

Levine, Joshua. *Operation Fortitude: The Story of the Spies and Spy Operation That Saved D-Day.* Kindle e-book. London: HarperCollins, 2011.

Liddell, Guy. *Diaries. Volume II: 1942–45.* London: Routledge, 2005.

Lochery, Neill. *Lisbon: War in the Shadows of the City of Light, 1939–1945.* New York: Public Affairs, 2011.

Macdonald, Scott. *Propaganda and Information Warfare in the Twenty-first Century: Altered Images and Deception Operations.* Oxford, UK: Taylor & Francis, 2007.

Macintyre, Ben. *Operation Mincemeat: How a Dead Man and a Bizarre Plan Fooled the Nazis and Assured an Allied Victory.* London: Bloomsbury, 2010.

Masterman, J. C. *The Double-Cross System in the War of 1939 to 1945.* New Haven: Yale University Press, 1972.

McManus, John P. *The Americans at D-Day: The American Experience at the Normandy Invasion.* New York: Macmillan, 2005.

Miller, Russell. *Codename Tricycle.* Kindle e-book. London: Vintage Digital, 2010.

Orwell, George. *Homage to Catalonia.* London: Secker & Warburg, 1938.

Patton, George S., and Martin Blumenson. *The Patton Papers.* New York: Da Capo, 1996.

Perrault, Gilles. *The Secret of D-Day: Where and Why?* Boston: Little, Brown, 1964.

Philby, Kim. *My Silent War.* London: Grafton, 1989.

Phillips, Gene D. *Some Like It Wilder: The Life and Controversial Films of Billy Wilder.* Lexington: University of Kentucky Press, 2010.

Pujol, Juan, with Nigel West. *Operation Garbo.* New York: Pocket Books, 1985.

Ruby, Marcel. *F Section SOE.* London: Grafton, 1988.

Sebag-Montefiore, Hugh. *Dunkirk: Fight to the Last Man.* Cambridge: Harvard University Press, 2008.

Speer, Albert. *Inside the Third Reich.* New York: Avon, 1970.

Thomas, Hugh. *The Spanish Civil War.* New York: Random House Digital, 2001.

Waller, John H. *The Unseen War in Europe: Espionage and Conspiracy in the Second World War.* New York: Random House, 1996.

Weber, Ronald. *The Lisbon Route: Entry and Escape in Nazi Europe.* Lanham, MD: Ivan R. Dee, 2011.

Wheatley, Dennis. *The Deception Planners.* London: Hutchinson, 1980.

Young, Martin, and Robbie Stamp. *Trojan Horses: Deception Operations in the Second World War.* London: The Bodley Head, 1989.